新时代中国
"藏粮于地"战略的
实现路径研究

国家出版基金资助项目
"十四五"国家重点出版物出版规划项目
全国高校出版社主题出版
四川省2021—2022年度重点出版规划项目
四川出版发展公益基金会出版资助项目
四川出版发展公益基金会青年骨干编辑激励计划项目

谢冬梅　胥镁　范丹　谢小蓉　汪希成

等 著

西南财经大学出版社
中国·成都

图书在版编目(CIP)数据

新时代中国"藏粮于地"战略的实现路径研究/汪希成
等著.--成都:西南财经大学出版社,2024.11.
ISBN 978-7-5504-6389-9

Ⅰ.F326.11

中国国家版本馆 CIP 数据核字第 2024T6J209 号

新时代中国"藏粮于地"战略的实现路径研究

XINSHIDAI ZHONGGUO "CANGLIANGYUDI" ZHANLÜE DE SHIXIAN LUJING YANJIU

汪希成　谢小蓉　范丹　胥镁　谢冬梅　等著

总 策 划	徐华
策划编辑	孙婧
责任编辑	王利　廖韧
助理编辑	余扬　陈子豪　王青杰
责任校对	邓克虎
封面设计	杨红英
责任印制	朱曼丽
出版发行	西南财经大学出版社(四川省成都市光华村街55号)
网　　址	http://cbs.swufe.edu.cn
电子邮件	bookcj@swufe.edu.cn
邮政编码	610074
电　　话	028-87353785
照　　排	四川胜翔数码印务设计有限公司
印　　刷	成都市金雅迪彩色印刷有限公司
成品尺寸	170 mm×240 mm
印　　张	23.125
字　　数	274 千字
版　　次	2024 年 11 月第 1 版
印　　次	2024 年 11 月第 1 次印刷
书　　号	ISBN 978-7-5504-6389-9
定　　价	88.00 元

前言

　　无论何时何地，"粮"与"地"的关系都密不可分。"粮"乃人类生存之本，粮食短缺或者粮价大幅度上涨都会引发社会动荡，中国历朝历代的更迭以及近年一些国家的政府破产，无不与粮食问题有关。随着经济的发展和人们生活水平的提高，人们对粮食的追求不再体现在数量上，而是体现在质量和品种结构上。"地"乃财富之母，无地则无粮。人类社会发展过程中的多次"圈地运动"以及从新中国成立之初的土地改革运动，到改革开放之后的家庭联产承包责任制的实施，再到目前正在进行的承包地"三权分置"（所有权、承包权、经营权分置）改革和"三块地改革"（农村土地征收制度、集体经营性建设用地入市和宅基地制度改革），无不说明土地问题之重要。

　　按照联合国的估计，截至 2023 年 4 月底，印度总人口已超过中国①。目前，中国是世界上人口第二多的发展中国家，在历史发展的长河中曾多次遭受饥饿的考验。新中国成立后，政府和人民为摆脱饥饿进行过长期的奋斗。改革开放以来，在人口不断增长和城镇化工业化快速推进的情况下，中国以极其有限的耕地和水资源成功解决了 14 亿多人的吃饭问题，而且食物的

---

　　① 白波. 中国人口学会会长：印度人口总量超中国，但中国仍有巨大优势 [EB/OL]. (2023 - 06 - 19) [2024 - 08 - 30]. https://baijiahao.baidu.com/s? id = 1769122217568599829&wfr = spider&for = pc.

种类日益丰富，品质不断提高，极大地改善了居民的膳食结构和营养状况，同时也为维护世界粮食安全作出了巨大贡献。然而，中国的粮食安全仍然面临着耕地和水资源短缺、水土污染严重、粮食生产成本上升、粮食价格波动以及国际局势动荡等多重挑战。从长远来看，以饲料用粮和工业用粮等转化用粮为引擎的粮食需求刚性增长的趋势仍将持续，粮食供需"紧平衡"将成为常态，粮食安全这根弦始终都不能放松。

当今世界正在经历百年未有之大变局。2020 年，突如其来的新型冠状病毒感染疫情（以下简称"疫情"），使全球粮食安全面临多重威胁和挑战。根据联合国粮食及农业组织（Food and Agriculture Organization of the United Nations，FAO）发布的《世界粮食安全和营养状况（2023）》，2022 年，全世界估计有 6.91 亿至 7.83 亿人面临饥饿。按中位数（约 7.35 亿人）计算，2022 年，全球饥饿人口较疫情发生前的 2019 年增加了 1.22 亿人。到 2030 年，全世界预计有近 6 亿人长期面临食物供给不足。另据联合国粮食及农业组织（FAO）、世界粮食计划署（WFP）等机构发布的《2023 年全球粮食危机报告》，2022 年，面临突发重度粮食不安全状况且急需粮食、营养和生计援助的人数连续第四年增加，有 58 个国家和地区的 2.58 亿人处于危机以上级别重度粮食不安全状况，7 个国家的民众即将陷入饥荒。2015 年，联合国在《2030 年可持续发展议程》中提出，到 2030 年消除贫困并实现零饥饿目标，但从近年日益动荡的国际局势来看，这个目标恐将无法实现。

"藏粮于地、藏粮于技"是党中央为确保国家粮食安全和农业可持续发展而确立的一项重大战略。习近平总书记多次强调指出，中国人的饭碗任何时候都要牢牢端在自己手中，我们的饭碗应该主要装中国粮。这是针对中国基本国情和国际形势作出的高瞻远瞩的重要论断。本书聚焦"藏粮于地"战略，在从大食物观的视角分析"藏粮于地"战略理论内涵的基础上，构建了"藏在哪里"（藏粮的土地类型）—"能藏多少"（耕地的藏粮能力）—"由谁来藏"（藏粮主体意愿）—"如何来藏"（"藏粮于地"战略的实现路径）的分析框架，并基于联合国粮食及农业组织提出的粮食储备标准、中国《国务院关于深化粮食购销体制改革的通知》① 提出的粮食储备标准和学术界普遍认可的储备标准，分别测算了"藏粮于地"战略的耕地轮作休耕规模。本书根据对中低产田的改造、"撂荒地"的恢复以及可利

---

① 《国务院关于深化粮食购销体制改革的通知》（国发〔1994〕32 号）要求："完善国家粮食储备调节制度，健全国家粮食宏观调控体系，是粮食购销体制改革的重点……各地要掌握必需的周转粮和储备粮。周转粮的规模同确保当地的供应相适应，防止脱销。"

用耕地后备资源的开发而增加的粮食产量设计了"藏粮于地"的耕地藏粮能力分析框架，并计算了"藏粮于地"战略背景下的耕地藏粮能力，这也是中国潜在的粮食生产能力。本书还通过对东部地区的山东省、中部地区的河南省和江西省、西部地区的四川省的一些产粮大县展开问卷调查，运用 0-1 型决策行为的二元 logistic 模型分析了"藏粮于地"战略推进主体和实施主体的利益博弈以及农户种粮或轮作休耕意愿的影响因素。本书还对四川省实施"藏粮于地"战略的典型案例进行了深度挖掘。在此基础上，本书从"藏粮于地"战略的政策和制度设计、机制建设、实现方式等方面提出了"藏粮于地"战略的实现路径建议。

本书除了在理论上对"藏粮于地"战略进行阐释之外，更希望能在实践中为各级党委和政府提供决策参考，以加快推进"藏粮于地"战略落实落地，真正实现"谷物基本自给、口粮绝对安全"的战略目标。当然，"藏粮于地"战略涉及的内容众多，我们能力有限，本书必定还有诸多不足之处，希望广大读者不吝赐教，这将成为我们不懈努力的强大动力。

汪希成

2024 年 9 月于成都

目录

第一章

"藏粮于地"战略的
现实背景与理论内涵

粮食安全是"国之大者",是国家安全的重要基础。中国作为一个农业大国和人口大国,在气候变化无常、地区冲突加剧、粮食武器化金融化趋势日益明显、资源环境压力增大的背景下,端牢"中国饭碗"的重要性就更加突出。粮食安全是一个由粮食生产、粮食流通、粮食储备、粮食进出口、粮食应急保障等环节构成的复杂体系,其中,粮食生产是保障粮食安全的核心基础,粮食流通是保障粮食安全的关键,粮食储备是保障粮食安全的基本要求,粮食进出口是保障粮食安全的重要补充,粮食应急保障是应对重大突发事件背景下的粮食安全问题的重要手段。

粮食安全是"国之大者"，是国家安全的重要基础。中国作为一个农业大国和人口大国，在气候变化无常、地区冲突加剧、粮食武器化金融化趋势日益明显、资源环境压力增大的背景下，端牢"中国饭碗"的重要性就更加突出。粮食安全是一个由粮食生产、粮食流通、粮食储备、粮食进出口、粮食应急保障等环节构成的复杂体系，其中，粮食生产是保障粮食安全的核心基础，粮食流通是保障粮食安全的关键，粮食储备是保障粮食安全的基本要求，粮食进出口是保障粮食安全的重要补充，粮食应急保障是应对重大突发事件背景下的粮食安全问题的重要手段。

粮食生产是安天下、稳民心的战略产业。习近平总书记多次强调，"保障粮食安全对中国来说是永恒的课题，任何时候都不能放松"，"中国人的饭碗任何时候都要牢牢端在自己手上"。习近平总书记还强调："粮食生产根本在耕地，命脉在水利，出路在科技，动力在政策，这些关键点要一个一个抓落实、抓到位，努力在高基点上实现粮食生产新突破。"① 实施乡村振兴战略，必须把确保重要农产品特别是粮食供给作为首要任务，把提高农业综合生产能力放在更加突出的位置上，把"藏粮于地、藏粮于技"真正落实到位②。

第一节　"藏粮于地"战略的现实背景

最早提出实施"藏粮于地、藏粮于技"战略的官方文件是

① 中共中央党史和文献研究院. 习近平关于国家粮食安全论述摘编 ［G］. 北京：中央文献出版社，2023：30.

② 习近平总书记2022年3月6日在看望参加全国政协十三届五次会议的农业界、社会福利和社会保障界委员时的讲话 ［EB/OL］. (2022-03-06)［2024-08-30］. https://www.gov.cn/xinwen/2022-03/06/content_5677564.htm.

2015 年 10 月 29 日中国共产党第十八届中央委员会第五次全体会议通过的《中共中央关于制定国民经济和社会发展第十三个五年规划的建议》①，随后，2016 年的中央一号文件明确提出要"实施藏粮于地、藏粮于技战略"②。2018 年的中央经济工作会议和 2019 年的中央一号文件《中共中央　国务院关于坚持农业农村优先发展　做好"三农"工作的若干意见》进一步提出要推动"藏粮于地、藏粮于技"战略落实落地③。2019 年 10 月 14 日，国务院新闻办公室在发布的《中国的粮食安全》白皮书中再次提出要全面落实"藏粮于地、藏粮于技"战略。2020 年的中央一号文件提出以粮食生产功能区和重要农产品生产保护区（以下简称"两区"）为重点加快推进高标准农田建设④。"两区"的划定是落实"藏粮于地、藏粮于技"战略的重要举措。2021 年和 2022 年的中央一号文件又进一步从耕地保护和种业技术攻关方面对"藏粮于地、藏粮于技"

①　《中共中央关于制定国民经济和社会发展第十三个五年规划的建议》提出，要"坚持最严格的耕地保护制度，坚守耕地红线，实施藏粮于地、藏粮于技战略，提高粮食产能，确保谷物基本自给、口粮绝对安全"。

②　2016 年，中央一号文件《中共中央　国务院关于落实发展新理念　加快农业现代化　实现全面小康目标的若干意见》提出，要"大力推进农业现代化，必须着力强化物质装备和技术支撑，着力构建现代农业产业体系、生产体系、经营体系，实施藏粮于地、藏粮于技战略，推动粮经饲统筹、农林牧渔结合、种养加一体、一二三产业融合发展，让农业成为充满希望的朝阳产业"。

③　2019 年，中央一号文件《中共中央　国务院关于坚持农业农村优先发展　做好"三农"工作的若干意见》提出，要"毫不放松抓好粮食生产，推动藏粮于地、藏粮于技落实落地，确保粮食播种面积稳定在 16.5 亿亩"（1 亩 ≈ 666.67 平方米，全书同）。

④　2020 年，中央一号文件《中共中央　国务院关于抓好"三农"领域重点工作　确保如期实现全面小康的意见》提出，"以粮食生产功能区和重要农产品生产保护区为重点加快推进高标准农田建设，修编建设规划，合理确定投资标准，完善工程建设、验收、监督检查机制，确保建一块成一块"。

战略作出了具体部署。2023 年的中央一号文件又提出要强化"藏粮于地、藏粮于技"的物质基础。2023 年 7 月 20 日，习近平总书记在中央财经委员会第二次会议上强调："粮食安全是'国之大者'，耕地是粮食生产的命根子，要落实'藏粮于地、藏粮于技'战略，切实加强耕地保护，全力提升耕地质量，充分挖掘盐碱地综合利用潜力，稳步拓展农业生产空间，提高农业综合生产能力。"①2024 年的中央一号文件《中共中央 国务院关于学习运用"千村示范、万村整治"工程经验 有力有效推进乡村全面振兴的意见》虽然没有明确提到"藏粮于地、藏粮于技"战略，但对抓好粮食和重要农产品生产、严格落实耕地保护制度、加强农业基础设施建设方面提出了具体要求。这一系列政策措施的出台进一步印证了落实"藏粮于地、藏粮于技"战略的重要性。

粮从地中出。耕地是粮食生产的载体，中国人多地少的基本国情决定了要采取"长牙齿"的硬措施保护有限的耕地资源。从狭义的角度来看，"藏粮于地"战略更加侧重于"口粮观"，主要以粮食供给的无形储备为目标，以耕地为核心载体，搭建起一套以耕地保护、高标准农田建设、耕地占补平衡为关键内容的制度体系②。从大食物观的角度来看，"藏粮于地"战略是立足整个国土，强调拓宽食物来源，"向耕地草原森林海洋、向植物动物微生物要热量、要蛋白，全方位多途径开发食物资源"，"构建多元化食物供给体系"③，

① 共产党员网. 习近平主持召开中央财经委员会第二次会议强调 切实加强耕地保护 全力提升耕地质量 稳步拓展农业生产空间 [EB/OL]. (2023-07-20) [2024-08-30]. https://www.12371.cn/2023/07/20/ARTI1689855679941965.shtml.

② 梁鑫源，金晓斌，韩博，等. 藏粮于地背景下国家耕地战略储备制度演进 [J]. 资源科学，2022（1）：181-196.

③ 蓝红星，李芬妮. 基于大食物观的"藏粮于地"战略：内涵辨析与实践展望 [J]. 中州学刊，2022（12）：49-56.

以更好地满足人民对美好生活的迫切需要，积极主动应对国际市场波动。无论如何，"藏粮于地"战略比"藏粮于库""藏粮于民"的办法更积极、更长远、更主动，它是建立中国粮食安全和农业健康发展长效机制的重要组成部分。

长期以来，受"短缺经济"的影响，中国形成了从宏观层面追求粮食产量增长的粮食安全观，并且实行"藏粮于库"和"藏粮于民"、以丰补歉的策略，这在人口不断增长的情况下，为保障国家粮食安全发挥了重要作用。但是近年来，随着粮食需求的刚性增长，粮食供需的结构性矛盾日益突出，水土资源约束增强、极端气候变化对粮食生产的影响，以及地区动荡造成的国际紧张局势、进口难度增加，粮食武器化金融化趋势日益明显，均给中国的粮食安全埋下了诸多隐患。党的十九大报告指出："经过长期努力，中国特色社会主义进入了新时代，这是中国发展新的历史方位。""中国特色社会主义进入新时代，我国社会主要矛盾已经转化为人民日益增长的美好生活需要和不平衡不充分的发展之间的矛盾。"从粮食安全的角度来看，新时代的主要特征是居民的食物消费结构发生了根本性变化，口粮消费在粮食总消费中的占比显著下降，饲料用粮和工业用粮消费占比快速提升。2022 年，中国的粮食产量达到 6.87 亿吨，居世界第一位；人均粮食产量达到 483.95 千克/年，远高于国际公认的 400 千克/年的安全警戒线。但是，2022 年，中国的粮食消费量达到 7.98 亿吨，全年粮食总进口量达到 1.47 亿吨①。中国的粮食进口量逐年增加，而且，随着人口数量的绝对增加、水土资源约束持续增强、新型冠状病毒感染疫情造成的经济下行压力

---

① 农业农村部市场预警专家委员会. 中国农业展望报告（2023—2032）[M]. 北京：中国农业科学技术出版社，2023：2.

加大，中国粮食供需矛盾将更加突出。在居民消费结构升级和中国社会主要矛盾发生变化的新时代，需要重新审视中国的粮食安全战略及其实现形式。

从狭义的"粮食安全"角度来看，落实"藏粮于地"战略，根本在产能建设，关键在保护耕地。从现实来看，落实"藏粮于地"战略面临的主要问题在于：一是中国耕地数量减少、质量偏低、污染损毁严重；二是中低产田比例高，改造难度大；三是耕地撂荒严重；四是高标准农田建设的标准低、配套差，建后管护不到位。这些问题的存在，既影响粮食的现实产量，更影响粮食的潜在产能。

经过几十年的发展，虽然中国在保障粮食安全方面取得了重大成就，但从长期来看，仍然面临诸多挑战。

一是资源约束持续增强。人多地少缺水是中国的基本国情。第三次全国国土调查数据显示，2019 年，中国的耕地面积为 12 786.190 万公顷①，人均耕地面积仅为 0.091 公顷，相当于世界平均水平的 1/4。2022 年，耕地面积进一步减少到 12 760.100 万公顷②。而且，随着城镇化、工业化的快速推进，在耕地面积减少③的同时，工业污染、生活污染与农业面源污染三重叠加，造成了耕地质量的持续下降④。研究表明，如果中国不从国外市场进口农产品，全部

---

① 国务院第三次全国国土调查领导小组办公室，自然资源部，国家统计局. 第三次全国国土调查主要数据公报 ［N/OL］.（2021-08-26）［2024-08-30］. https://mnr.gov.cn/dt/ywbb/202108/t20210826_2678340.html.

② 自然资源部. 中国自然资源统计公报 2022 ［N/OL］.（2023-04-12）［2024-08-30］. https://gi.mnr.gov.cn/202304/t20230412_2781113.html.

③ 2009 年中国耕地面积为 13 538.500 万公顷，2019 年为 12 786.190 万公顷（第三次全国国土调查数据），10 年间净减少 752.310 万公顷，年均减少 75.231 万公顷。

④ 王钢，钱龙. 新中国成立 70 年来的粮食安全战略：演变路径和内在逻辑 ［J］. 中国农村经济，2019（9）：15-29.

依靠国内生产来保证农产品供给，应需要 2.00 亿公顷以上的耕种面积，但国内现在能提供的农作物播种面积只有 1.60 亿公顷，存在 20% 左右的缺口①。除了耕地数量减少之外，中国耕地总体质量不高，粮食增产难度较大。

第一，中国耕地质量总体偏低。根据农业农村部发布的《2019 年全国耕地质量等级情况公报》，在全国耕地中，一至三等耕地的面积为 6.32 亿亩（4 213.33 万公顷），占耕地总面积的 31.24%；四至六等耕地的面积为 9.47 亿亩（6 313.33 万公顷），占耕地总面积的 46.81%；七至十等耕地的面积为 4.44 亿亩（2 960.00 万公顷），占耕地总面积的 21.95%②。总体来讲，约 70% 的耕地是中低产田，这是中国粮食平均单位面积产量较低、高产良种增产潜力难以发挥的主要原因。因此，耕地红线已经退无可退，除了严防死守，别无选择。2015 年 5 月，习近平总书记对耕地保护工作作出重要指示："耕地是我国最为宝贵的资源。我国人多地少的基本国情，决定了我们必须把关系十几亿人吃饭大事的耕地保护好，绝不能有闪失。要实行最严格的耕地保护制度，依法依规做好耕地占补平衡，规范有序推进农村土地流转，像保护大熊猫一样保护耕地。"③

---

① 陈锡文. 农产品要全部自给将有 20% 播种面积缺口［EB/OL］.（2012-12-30）［2024-08-30］. https://m.yicai.com/news/2288722.html.

② 根据《2019 年全国耕地质量等级情况公报》，全国耕地一般分为 10 个等别：一至三等为高等地，四至六等为中等地，七至十等为低等地。中国的耕地质量等级评价标准有一定变化。在原国土资源部发布的《2016 年全国耕地质量等别更新评价主要数据成果的公告》中，全国耕地质量分为 15 个等别，其中一至四等为优等地，五至八等为高等地，九至十二等为中等地，十三至十五等为低等地。根据调查与评定结果，优等地、高等地、中等地、低等地面积比例分别约为 2.90%、26.59%、52.72%、17.79%。

③ 人民网. 耕地保护绝不能有闪失［EB/OL］.（2015-05-28）［2024-08-30］. http://politics.people.com.cn/n/2015/0528/c70731-27066581.html.

第二，中国耕地占补严重失衡。中国城镇化工业化的快速推进，对有限的耕地资源进行了掠夺式开发。耕地占补不平衡，造成耕地总体质量严重下滑，导致粮食综合生产能力下降，只能通过扩大粮食播种面积和提高单位面积产量来弥补占补失衡所造成的粮食产量不足。

第三，中国部分地区土壤环境严重恶化，粮食生产区粮田基础地力下降，耕层变薄，土壤板结、酸化、有机质下降和养分失衡等障碍因素突出。根据环境保护部和国土资源部 2014 年发布的《全国土壤污染状况调查公报》，全国土壤环境状况总体较差，甚至某些地区土壤污染较严重，耕地土壤环境质量堪忧，工矿企业、农业生产等人为活动是造成土壤污染的主要原因。全国土壤总的污染超标率为 16.10%，其中耕地点位超标率达 19.40%，轻微、轻度、中度和重度污染点位比例分别为 11.20%、2.30%、1.50% 和 1.10%[①]。随着人口的增多、城市化进程的加快以及部分农田土壤环境的恶化，耕地质量下降已成为影响耕地资源可持续利用的重要制约因素。中国是世界上 13 个贫水国之一，人均水资源占有量仅为1 918.42 立方米/年[②]，已接近国际公认的 1 700.00 立方米/年的用水紧张警戒线。超强度使用化肥和农药、大量排放生活污水和工业

[①]　环境保护部，国土资源部. 全国土壤污染状况调查公报［N/OL］.（2014-04-17）［2024-08-30］. https://www.gov.cn/foot/site/20140417/782bcb88840814ba158d01.pdf.

[②]　中华人民共和国水利部. 2022 年中国水资源公报［N/OL］.（2023-06-30）［2024-08-30］. http://www.mwr.gov.cn/sj/tjgb/szygb/202306/t20230630_1672556.html. 公报显示，2022 年全国水资源总量为 27 088.1 亿立方米，比多年平均值少1.9%。其中，地表水资源量为 25 984.4 亿立方米，地下水资源量为 7 924.4 亿立方米，地下水与地表水资源不重复量为 1 103.7 亿立方米。

废水也造成了农业生产用水和浅层地下水水质的恶化。根据水利部《2018 年中国水资源公报》数据①，中国 Ⅰ～Ⅲ 类、Ⅳ 类、Ⅴ 类水质监测井分别占评价监测井总数的 23.90%、29.20% 和 46.90%，浅层地下水水质较差。此外，水利基础设施薄弱、灌溉配套设施不齐全等导致的农田灌溉水有效利用系数较低，也在一定程度上加剧了水资源紧张局势。2022 年，中国农田灌溉水有效利用系数为0.57②，与发达国家 0.70~0.80 的利用系数有较大差距。

二是粮食需求增长压力增大。粮食消费水平受到人口数量、城镇化水平、收入水平、粮食产量、进口量等因素的影响。许多学者和研究机构对中国未来的粮食消费需求量进行过预测，但研究方法不同，结果有较大差异，总体结论是：随着人口的增长、城镇化和工业化进程的加快，中国粮食消费需求刚性增长的趋势在短期内难以改变，口粮消费量将继续呈下降趋势，饲料用粮、工业用粮将快速增长。随着中国经济的持续增长和居民收入的不断提高，居民的膳食结构不断优化，应加快推动农产品消费由粮菜为主向多样化转变。根据《中国农业展望报告（2023—2032）》的预测，未来 10年，中国的粮食需求增长主要来自饲用消费的较快增长，饲用消费将增长 13.40%，人均口粮消费呈下降趋势，大豆食用消费将增长34.80%。稻谷消费量将先增后降，其中食用消费的绝对量和占比稳中有降，饲用消费增长，稻谷供求总体宽松的格局不变。预计在

---

① 2019 年、2020 年、2021 年和 2022 年的《中国水资源公报》没有公布水质数据。

② 中华人民共和国水利部. 2022 年中国水资源公报 ［N/OL］. （2023-06-30）［2024-08-30］. http://www.mwr.gov.cn/sj/tjgb/szygb/202306/t20230630_1672556.html.

2032 年，小麦、玉米和大豆的消费量将分别达 1.413 亿吨、3.324 亿吨和 1.195 亿吨[1]。另据黄季焜研究，到 2035 年，作为主要口粮品种的稻谷和小麦的需求量将分别达 1.83 亿吨和 1.12 亿吨；而主要作为饲料用粮的玉米的需求量将超过国内产量的 5 600.00 万吨（粮食自给率为 82.00%）[2]。按照发达国家"吃得好"的标准，年人均消费粮食应至少达 800.00 千克。根据联合国《2017 年世界人口展望报告》，到 2035 年，中国人口将达到 14.33 亿人，考虑到中国的粮食生产能力和进口水平，按人均粮食消费量 650.00 千克计算，全国粮食消费总量将达到 9.31 亿吨。

三是粮食供需结构失衡。从生产角度来看，随着粮食综合生产能力的提高，粮食供需总量基本平衡，但分品种差异较大：小麦、稻谷市场供需相对宽松；玉米供需有一定缺口，短期虽然能够弥补，但随着饲料用粮的快速增长，玉米的长期缺口会增大；大豆严重短缺，主要依赖进口，但随着大豆生产支持政策的完善和大豆产业发展环境的进一步优化，其播种面积将逐年增加，自给率提高，进口量将呈下降趋势。从品质上来看，普通农产品市场供给充足，而高端和专用农产品比较短缺。从区域角度来看，粮食生产的重心将逐步向北方核心区集中，主产区和主销区之间的粮食流通压力增大。

四是粮食生产的机会成本快速上升。改革开放以来，随着经济的发展，农民的就业领域不断拓宽，非农就业机会和非农收入占比不断增加，农民种粮的机会成本越来越高，在很大程度上影响了农

---

[1] 农业农村部市场预警专家委员会. 中国农业展望报告（2023—2032）[M]. 北京：中国农业科学技术出版社，2023：15.

[2] 黄季焜. 对近期与中长期中国粮食安全的再认识 [J]. 农业经济问题，2021（1）：19-26.

民种粮的积极性。2021 年，稻谷、小麦、玉米三种粮食生产的平均总成本为 17 358.30 元/公顷[1]，比 2010 年提高了 7 267.95 元/公顷[2]，增幅 72.03%。粮食生产成本的快速上升导致粮食生产的净利润急剧下降。2021 年，稻谷、小麦、玉米三种粮食生产的净利润为 1 752.30 元/公顷，比 2010 年减少了 1 655.25 元/公顷。

五是"藏粮于库"成本过高，粮食安全机制亟须改革与创新。2022 年，中国粮食产量达到 6.87 亿吨，与此同时，粮食储备数量也达到历史高位[3]，粮食库存消费比超过 40%，远高于 FAO 提出的 17%左右的粮食储备安全警戒线。中国传统的"藏粮于库"做法造成三方面成本过高：①粮食储备和收储费用增加，导致储存成本增加。②仓储补贴负担较重，为了这些库存，国家每年都要支付大量的补贴费用。这不仅带来了高额的仓储费用，形成了巨大的财政负担，同时也影响了其他作物的发展和农民收入的增加。而"藏粮于地"战略则适时解决了这种问题：在粮食供过于求时，进行轮作休耕，使一部分土地减少粮食生产数量；在粮食紧缺时，又将这些土地迅速用于生产粮食，即通过粮食种植面积的增加或减少来维持粮食供求的大体平衡。实行土地轮作休耕，虽然不生产粮食，但粮食生产能力还在，并且土地轮作休耕后还可以提高地力，实际上就等于把粮食生产能力储存在土地中。③粮食存储时间长会导致粮食质变霉变，形成一部分库存损失。此外，粮食质量下降就要降价销售，又形成一部分损失。因此，传统的"藏粮于库"做法成本过高，要转变思路，推行"藏粮于地"的新做法。

---

① 国家统计局农村社会经济调查司. 中国农村统计年鉴（2022）[M]. 北京：中国统计出版社，2022.

② 国家发展和改革委员会价格司. 全国农产品成本收益资料汇编（2022）[G]. 北京：中国统计出版社，2022.

③ 粮食储备量为国家机密，不便在此列出具体数据。

六是粮食浪费严重。随着人口的增长和居民生活水平的提高，中国的粮食消费总需求量逐年上升。同时，中国在粮食生产、流通、加工、消费等环节存在大量损失和浪费现象，餐桌上的浪费尤为惊人。根据全国人民代表大会常务委员会专题调研组 2020 年 12 月的调研结果，中国每年在储藏、运输、加工环节损失的粮食达 700 亿斤（3 500 万吨）以上，在此基础上，仅城市餐饮每年食物浪费在 340 亿~360 亿斤（1 700 万~1 800 万吨），粮食全产业链总损耗率约为 12%。不科学的消费心理和方式、精细化管理程度不够、缺乏节俭意识是造成餐饮浪费的主要原因①。

学术界对"藏粮于地"的必要性也进行了较深入的研究。封志明等认为中国人均耕地不足、后备资源有限、粮食生产地域分布失衡，要保证我国耕地与粮食安全，从根本上解决"藏粮于库"问题，有必要实施"藏粮于土"计划，全面提高中国土地资源的综合生产力②。杨正礼等认为中国人口多，粮食总需求量大，国际粮食贸易数量有限且价格波动大，应以保护和增强粮食生产能力为基础，坚持"以我为主"，积极实施"藏粮于田"战略③。许经勇认为中国粮食储备成本过高，政府财政负担过重，而且粮食储备调控效率低、时效性差、透明度低。确保国家粮食安全的基础是在"地里"，而不是在"库里"，要突破单纯追求粮食播种面积和产量的观念，由单纯的"藏粮于库"向"藏粮于库""藏粮于地""藏粮

① 中国人大网. 全国人民代表大会常务委员会专题调研组关于珍惜粮食、反对浪费情况的调研报告［EB/OL］.（2020-12-23）［2024-08-30］. http://www.npc.gov.cn/npc/c30834/202012/54c3e0f5e7e94ecab9feb5cf9f522f25.shtml.

② 封志明，李香莲. 耕地与粮食安全战略：藏粮于土，提高中国土地资源的综合生产能力［J］. 地理学与国土研究，2000（3）：1-5.

③ 杨正礼，卫鸿. 我国粮食安全的基础在于"藏粮于田"［J］. 科技导报，2004（9）：14-17.

于科技"相结合转变①。胡承霖认为近年来中国为争取粮食高产而过量施用化肥、农药,进行大水漫灌等高生产投入,不合理的生产方式导致耕地资源受损,生态环境恶化。要破解这一难题,必须抓住恢复、提升耕地质量这个环节,并与科技创新紧密结合,不断提高耕地产粮的综合生产能力②。梁鑫源等认为,全球粮食安全正面临一系列严峻挑战,如何保障未来粮食系统的稳定性,实现农业资源可持续利用,成为国家生存与发展问题的重中之重。中国"藏粮于地、藏粮于技"战略是完善粮食安全保障体系与合理规划农业生产布局的现实途径③。郝晓燕等认为当前我国不仅面临着耕地数量减少、质量不优,农业科技创新基础薄弱、能力不足的瓶颈,也有极端天气频发、突发事件增多,粮食品种结构和区域结构矛盾突出,支持政策的协调性、精准性有待加强等诸多问题,对实施"藏粮于地"战略也提出了更高要求④。

总而言之,无论是从中国粮食生产的现实情况,还是从学术界的研究成果来看,加快推进"藏粮于地"战略落实落地,既是实现中国粮食生产可持续发展的需要,更是保障国家粮食长久安全的需要,对于稳定"三农"基本盘、实现乡村振兴战略目标、推动农业高质量发展具有重要的理论和实践价值。

---

① 许经勇. 新体制下的我国粮食安全路径 [J]. 南通师范学院学报(哲学社会科学版),2004,20(4):37-41.

② 胡承霖. 试论"藏粮于地、藏粮于技"的战略意义 [J]. 农村工作通讯,2017(3):38-40.

③ 梁鑫源,金晓斌,韩博,等. 新时期"藏粮于地、藏粮于技"战略解析与路径探索 [J]. 中国农业资源与区划,2022(4):2-12,23.

④ 郝晓燕,亢霞,袁舟航. 实施"藏粮于地、藏粮于技"的内涵逻辑与政策建议 [J]. 山西农业大学学报(社会科学版),2022(5):24-30.

第二节 "藏粮于地"战略的目标与现实意义

一、"藏粮于地"战略的目标

实施"藏粮于地"战略的短期目标是通过调减粮食种植面积，降低国内粮食库存，减轻仓储补贴负担；中长期目标是提升土地的粮食综合生产能力和农业可持续发展能力，确保粮食稳定供给。其主要目的可概括为：

第一，确保中国粮食和重要农产品的长期有效供给。作为一个拥有超多人口的发展中大国，保障粮食和重要农产品供给安全是实现经济稳定发展和社会长治久安的重要基础。耕地是粮食生产的重要物质基础，针对中国耕地资源数量和质量对粮食生产的约束性增强的现实，通过实现"藏粮于地"战略，保护好有限的耕地资源，并通过高标准农田建设等措施提升耕地粮食产能，确保粮食生产的数量充足、质量可靠，不仅是满足居民现实的食物消费需求结构变化的需要，更是有效满足居民未来的粮食和重要农产品消费需求的需要。

第二，调整优化农业种植结构和促进农户持续增收。针对中国农户收入相对偏低的现实，通过实施"藏粮于地"战略，在粮食供给充足的情况下大力发展高效经济作物和农业特色产业，既能够优化农业产业结构，促进粮—经—饲作物协同发展，又能够拓展农户增收渠道，实现共同富裕的目标，还能够缓解中国饲料用粮供给压力和满足居民的食物消费多样化需求。

第三，确保中国耕地资源的永续利用和缓解生态压力。针对中国农业面源污染严重、土壤肥力退化的现实，实施"藏粮于地"战略，采取耕地轮作休耕措施，让长期超负荷利用的耕地休养生息，既能够提高土壤肥力，提升耕地的产出效益，又能够缓解生态压力，实现耕地资源的永续利用。

二、"藏粮于地"战略的现实意义

中国耕地面积有限，耕地质量不高，对粮食生产的约束加剧。在中国全面推进乡村振兴战略和农业强国战略的重要历史时期，加强对新时代中国"藏粮于地"战略实现路径的研究，具有十分重要的理论价值和现实意义。

"藏粮于地"是确保国家粮食安全的战略选择。耕地是粮食生产的命根子，是粮食生产的主要载体。没有耕地，就没有口粮。粮食安全的保障程度如何，不只在于国家的粮仓里装着多少粮食，更在于土地的粮食生产能力如何。中国耕地数量有限、耕地总体质量不高、传统的"藏粮于库"做法成本过高。各种制约粮食增产的因素增多，粮食生产稳定发展的基础尚不稳固，长期保持粮食供需基本平衡的任务还很艰巨。保护耕地就是保住老百姓的饭碗，坚守耕地红线就是守住 14 亿人的口粮底线。据原国土资源部测算，耕地提供了人类 88% 的食物以及其他生活必需品，95% 以上的肉、蛋、奶是由耕地提供的产品转化而来的①。耕地直接或间接为农民提供了 40% 以上的经济收入和 60% 以上的生活必需品。因此，耕地在中国粮食生产要素中占有绝对主体地位。

为了深入推进"藏粮于地"战略落实落地，实现粮食和重要农产品的有效供给，实现"谷物基本自给、口粮绝对安全"的战略目

---

① 新华社评论员. 耕地红线必须严防死守［EB/OL］.（2013-12-26）［2024-08-30］. https://news. 12371.cn/2013/12/26/ARTI1388070155012995.shtml.

标，2015 年的中央一号文件就提出要"探索建立粮食生产功能区，将口粮生产能力落实到田块地头、保障措施落实到具体项目"；党的十八届五中全会通过的"十三五"规划建议，再次明确要求"探索建立粮食生产功能区和重要农产品生产保护区"，这一阶段的主要工作是探索和研究。此后，2016 年的中央一号文件要求"制定划定粮食生产功能区和大豆、棉花、油料、糖料蔗等重要农产品生产保护区的指导意见"，2016 年第十二届全国人民代表大会第四次会议审议通过的《中华人民共和国国民经济和社会发展第十三个五年规划纲要》进一步明确要求"建立粮食生产功能区和重要农产品生产保护区，确保稻谷、小麦等口粮种植面积基本稳定"，这一阶段主要是研究制定国家层面的政策制度来规范建立"两区"。在此基础上，2017 年的中央一号文件提出，科学合理划定稻谷、小麦、玉米粮食生产功能区和大豆、棉花、油菜籽、糖料蔗、天然橡胶等重要农产品生产保护区，要求落实政策，划定和建设"两区"。

2017 年 4 月 10 日，国务院发布《关于建立粮食生产功能区和重要农产品生产保护区的指导意见》，全面部署"两区"划定和建设工作。划定"两区"的主要目标是力争用 3 年时间完成 7 050 万公顷①地块的划定任务，做到全部建档立卡、上图入库，实现信息化和精准化管理；力争用 5 年时间基本完成"两区"建设任务，形成布局合理、数量充足、设施完善、产能提升、管护到位、生产现代化的"两区"，国家粮食安全的基础更加稳固，重要农产品自给水平保持稳定，农业产业安全显著增强。具体目标：一是划定粮食

---

① 参见《国务院关于建立粮食生产功能区和重要农产品生产保护区的指导意见》（国发〔2017〕24 号）。原文以"亩"为单位，本书按 1 亩 ≈ 0.066 7 公顷将亩换算为公顷。以下均按此方法处理。

生产功能区 6 000 万公顷，其中 4 000 万公顷用于稻麦生产。以东北平原、长江流域、东南沿海优势区为重点，划定水稻生产功能区 2 270 万公顷；以黄淮海地区、长江中下游地区、西北及西南优势区为重点，划定小麦生产功能区 2 130 万公顷（含水稻和小麦复种区 400 万公顷）；以松嫩平原、三江平原、辽河平原、黄淮海地区以及汾河和渭河流域等优势区为重点，划定玉米生产功能区 3 000 万公顷（含小麦和玉米复种区 1 000 万公顷）。二是划定重要农产品生产保护区 1 590 万公顷（与粮食生产功能区重叠 533.333 万公顷）。以东北地区为重点，黄淮海地区为补充，划定大豆生产保护区 670 万公顷（含小麦和大豆复种区 133.333 万公顷）；以新疆为重点，黄河流域、长江流域主产区为补充，划定棉花生产保护区 233.333 万公顷；以长江流域为重点，划定油菜籽生产保护区 466.667 万公顷（含水稻和油菜籽复种区 400 万公顷）；以广西、云南为重点，划定糖料蔗生产保护区 100 万公顷；以海南、云南、广东为重点，划定天然橡胶生产保护区 120 万公顷。"两区"耕地面积 6 920 万公顷，占现有耕地面积 1.353 亿公顷的 51.150%，占永久基本农田面积 1.031 亿公顷的 67.120%。

第三节 "藏粮于地"战略的理论阐释

国外并没有"藏粮于地"的说法，但在相关的经典学说和理论中，均强调了土地对粮食生产以及经济发展的重要性。粮从地中出，马克思高度重视粮食生产问题，并强调土地是"一切生产和一切存在的源泉"①。土地肥力是级差地租产生的重要原因，而且不同质量的土地对粮食生产有着重要影响。马克思把劳动力和土地看作社会财富形成的两个原始要素，认为土地是人的"原始的食物仓"和"原始的劳动资料库"②，是人类生产和生活的物质条件和自然基础。特别是在农业生产中，马克思认为土地是农业生产所必需的最基本的生产资料③，指出农业生产是"以土地的植物性产品或动物性产品的形式或渔业等产品的形式，提供出必要的生活资料"④。列宁认为，粮食储备是经济基础，只有解决了粮食问题，才能打好社会主义的基础⑤。

在阐释"藏粮于地"的理论内涵之前，我们需要对粮食、大食物观、粮食安全等重要概念的内涵进行充分理解，因为对粮食、大食物观等概念的理解不同，对"藏粮于地"理论内涵的理解也会有差异。

一、基本概念的内涵界定

（一）粮食

粮食有狭义和广义之分。狭义的粮食主要指谷物类，包括稻谷

---

① 中共中央马克思恩格斯列宁斯大林著作编译局. 马克思恩格斯文集：第8卷 [M]. 北京：人民出版社，2009：31.

② 马克思. 资本论：第1卷 [M]. 中共中央马克思恩格斯列宁斯大林著作编译局，译. 北京：人民出版社，2004：56-57，209.

③ 钟钰. 从粮食安全看"藏粮于地"的必然逻辑与内在要求 [J]. 人民论坛·学术前沿，2022（11）：78-85.

④ 马克思. 资本论：第3卷 [M]. 中共中央马克思恩格斯列宁斯大林著作编译局，译. 北京：人民出版社，2004：699，713.

⑤ 列宁. 列宁全集：第30卷 [M]. 中共中央马克思恩格斯列宁斯大林著作编译局，译. 北京：人民出版社，1957：123.

类、麦类、玉米、高粱等。广义的粮食包括谷物类、薯类和豆类。中国的粮食概念与国际上所指的粮食有一定区别。中国的粮食概念是广义的粮食，而国际上所指的粮食是狭义的粮食。1995 年，联合国粮食及农业组织所列的详细"food"（食物）产品目录包括八大类，共 106 种，即谷物类 8 种，块根和块茎作物类 5 种，豆类 5 种，油籽、油果和油仁作物 13 种，蔬菜和瓜类 20 种，糖料作物 3 种，水果、浆果 24 种，家畜、家禽、畜产品 28 种。在联合国粮食及农业组织的统计口径中，一般意义上的粮食是指谷物，包括麦类、稻谷、粗粮（又称杂粮，即经常被用作动物饲料的粮食，包括大麦、玉米、黑麦、燕麦、高粱等）。也有学者认为，粮食还应包括其他一切能够维持人体生命、保证肌体发育、补充营养消耗的各种动植物产品、养料和滋补品，等同于"food"一词的含义，即等同于食物或"大粮食"。"大粮食"概念的提出为解决中国粮食供求矛盾提供了一种新思路，有利于改变人们传统的膳食观念和食物结构，同时也促使我们逐步向国际粮食观靠拢。但也有学者认为"大粮食"概念并不能取代传统粮食的概念，因为中国传统概念的粮食是中国居民传统食物中的主要品种（"小粮食"），深入研究"小粮食"问题，有利于正确处理农业内部的种植业同畜牧业、渔业、林业等各业的关系。由于"粮食"的种类众多，"食物"的品种多样，对"粮食"的不同理解会造成对"藏粮于地"中"粮"的内涵理解的差异，进而会造成实施"藏粮于地"战略的路径差异。本书对耕地的藏粮能力和轮作休耕主体博弈的分析遵从狭义"粮食"的内涵，而对"藏粮于地"实现路径的政策措施则遵从大食物观的内涵。

粮食是一种特殊商品，学术界对粮食属性的界定一直存在争论。粮食供给的价格弹性大，而需求的价格弹性小，生产多了就会出现"卖粮难",造成谷贱伤农;生产少了价格就会相应上涨,消费者难以承受。另外,粮食供求不仅受价值规律的支配,还受宏观调控和政府干预的影响,后者往往起着稳定价格的重要作用。关于粮食属性的争论主要集中在粮食到底是否具有公共产品属性上。一是商品属性说。刘维根据公共产品所具有的非竞争性和非排他性两个特征判定粮食的本质属性是商品属性[①]。政府在处理粮食经济问题时与其他商品没有不同,即消除市场失灵的相关因素,抵御不利环境因素对市场的冲击。二是公共产品属性说。邓大才认为粮食承担了不少非经济职能,如保证人生存的社会性质、确保稳定供给的政治性质、确保国家经济安全的战略性质等,粮食是一种公共产品,相关粮食问题需要由政府作为主导力量来矫治和弥补[②]。三是准公共产品属性说。陆福兴糅合了上述两种观点,认为粮食具有有限的非竞争性或非排他性[③]。除此之外,胡靖把粮食分为市场上出售的粮食和政府收购用于备战、备荒的粮食,前者具有商品属性,后者具有公共产品属性[④]。普雁翔等则认为需要区别粮食与粮食安全,粮食本身仅具有商品属性,但粮食安全则具有公共产品属性[⑤]。周立等认为粮食并非经济学视角下的单一商品,而是具有社会和经济双重属性:社会属性主要表现为生存必需品、战略品和国家公共

---

① 刘维. 论粮食的经济属性与政府的基本定位:与邓大才同志商榷 [J]. 粮食问题研究, 2003 (4): 1003-2576.

② 邓大才. 论粮食的经济性质 [J]. 北京社会科学, 2001 (2): 84-89.

③ 陆福兴. 粮食准公共产品属性与国家农业政策 [J]. 粮食科技与经济, 2011 (4): 11-13.

④ 胡靖. 中国粮食安全:公共品属性与长期调控重点 [J]. 中国农村观察, 2000 (4): 24-30.

⑤ 普雁翔,张海翔. 粮食安全的公共属性及其政策含义 [J]. 农村经济, 2012 (6): 12-15.

物品；经济属性则表现为准自然品、私人物品和准公共物品①。在现实当中，粮食所具备的多重属性，使得其与其他物品区别开来。随着国际金融市场的发展，粮食市场成为全球金融体系的一部分，粮食价格除受供需因素影响外还受到资本和货币因素的影响，粮食的金融属性也日益凸显；全球能源紧缺，在全球生物能源战略的推动下，粮食也在逐渐能源化，这些正是粮食经济问题研究具有复杂性的根本原因。

（二）大食物观

新中国成立以来，中国居民实现了从"吃不饱"到"吃得饱"再到"吃得好、吃得营养、吃得健康、吃得安全"的根本性转变，走出了一条具有中国特色的粮食安全之路。随着居民收入水平的提高和膳食结构的转变，口粮消费占比明显下降，饲料用粮和工业用粮等转化用粮以及瓜果蔬菜等食物的消费占比大幅上升，食物消费结构多样化格局已经形成，绿色化、个性化、特色化消费成为趋势，"营养性"逐步成为粮食安全的核心，多元、多品种供给是满足食物消费结构升级的新要求。树立大食物观，不仅要保障口粮的数量和质量安全，还要保障非口粮食物的数量、质量以及营养安全；不仅要保障粮食的产量安全、储备安全，还要保障粮食的进口安全；不仅要保障"自然因素安全"，还要保障"人为因素安全"。基于大食物观的"藏粮于地"战略的实施，并非只紧盯有限的耕地资源，而是要面向整个国土资源，充分发挥耕地、森林、草原和江、河、湖、海等自然生态系统的生产功能，全方位开发并获取粮

---

① 周立，潘素梅，董小瑜. 粮食属性、AB 模式与发展主义时代的食物主权 [J]. 中国农业大学学报（社会科学版），2012（2）：20-33.

食和食物资源。只有确保粮食全方位、全产业链安全可控，多向度提升食物供给保障能力，才能满足人们日益多元化的食物消费需求。

（三）粮食安全

自"粮食安全"概念被提出以来，随着粮食供需形势的变化，其内涵也发生了很大变化。而且，粮食安全与食品安全也存在本质区别。

1974 年 11 月，联合国粮食及农业组织在第一届世界粮食会议上首次提出了"food security"（中国学者将其翻译为"粮食安全"）的概念，即"保证任何人在任何时候都能得到为了生存和健康所需要的足够食物"。这一概念是在 20 世纪 70 年代初世界发生严重的粮食危机的背景下被提出来的，其前提条件是要有充足的食物供给。当然，这一概念的含义过于狭窄，既没有涉及食物的营养问题，也没有涉及获取食物的手段问题。20 世纪 80 年代，相关国际组织对人类面临的食物问题有了新的认识。一方面，当时世界上一些农产品出口大国粮食严重过剩，在国际上到处寻找市场，同时在国内限制粮食生产；另一方面，一些缺粮国家食物严重不足，这些国家既缺乏生产能力增加国内供给，又缺乏外汇从国际市场上进口必要的粮食以满足国内居民的食物消费需求。针对世界上粮食"供给过剩"和"严重缺粮"并存的事实，联合国粮食及农业组织对"food security"进行了重新定义。1983 年，联合国粮食及农业组织总干事爱德华·萨乌马将"food security"的概念表述为"确保所有人在任何时候都能买得到又能买得起他们所需要的基本食物"。这一释义在相当长时间内被人们普遍使用，但它主要是从消费者的立场来解释"food security"这一概念的。这一释义有两个基本要求：一是食物的供给充足，使任何人在任何时候都能"买得到"。当然，食物的供给既可以通过自己生产，也可以通过进口来获得。二是消费者要有支付能力，能够"买得起"他们所需要的基本食物。其暗含的条件是消费者要通过经济手段在市场上购买他们所需要的基本食物。但是，在市场经济条件下，这两个要求很难同时实现，原因是：若某种物品的供给充足，又价格低廉，就意味着过剩，则生产者是不会生产这种物品的。而且，对于没有支付能力的消费者而言，即使市场上有充足的食物供给，他们也"买不起"，仍然无法实现"所有人"的粮食安全目标。而且，这一概念也没有涉及食物的营养问题。2009 年，联合国粮食及农业组织出版的《世界粮食不安全状况》报告将"food security"定义为："所有人在任何时候都能通过物质的（physical）、社会的（social）和经济的（economic）手段获得充足、安全和富有营养的食物，满足其保持积极和健康生活所需的膳食和食物喜好。"[1] 联合国粮食及农业组织此后一直沿用这一释义。在这个新的解释中，获取食物的手段除了经济手段（市场购买）外，还增加了"物质"和"社会"手段。这一解释内容的增加，说明联合国粮食及农业组织也意识到了仅仅依靠市场机制无法实现全社会的粮食安全目标。而且，这一释义更加注重食物的安全、营养和消费者偏好，而不仅仅是"吃饱"的问题。但是，本书认为，这里将"physical"翻译为"物质"手段并不准确。在现实中，获取食物的手段可以是自给自足、社会救助和市场购买，而"physical"本身也有"自然"之意，所以，将其翻译为"自然"手段可能更准确，即消费者通过自己生产、采集

---

① Food security "exists when all people, at all times, have physical, social and economic access to sufficient, safe and nutritious food to meet their dietary needs and food preferences for an active and healthy life".

或狩猎来获取他所需要的基本食物。而且，在这个新的解释中，获取食物的"物质"手段的具体评价指标是铺装道路①在道路总量中所占的比例、道路网密度和铁路网密度等，这些指标均与粮食流通有关，而非"物质"手段。所谓的从"社会"获取食物，意思是由政府或社会团体向那些没有足够经济能力的人提供食物②。

从字面意义来看，将"food security"译为"食品安全"或"粮食安全"都不是十分准确。"food"是"食物"而不是"粮食"（与"粮食"对应的英文单词是 grain，但国际上并没有"grain security"的说法）。"粮食"的内涵较为狭窄，主要指谷物和薯类。我们讲到的粮食安全，主要是指与城乡居民生活消费有关的粮食供给。在统计时，一般使用居民直接消费的粮食数量这一指标。而"食物"的内容十分广泛，它既包含了粮食以及由粮食转化而来的各种食品，如肉、禽、蛋、奶等，甚至是酒类，也包含了不需要用粮食转化的食物，如江、河、湖、海中的各种水产品，以及人类食用的各种植物，如瓜、果、蔬菜等。"security"是"安全而有保障"之意。联合国粮食及农业组织提出"food security"这个概念的目的是消除饥饿，保证人人有饭吃，即保障充足的食物供给。因此，"food security"更准确的意思应该是"食物供给保障"。而将"食品安全"译为"food safety"较为恰当。"safety"原意是指个人或家庭的生命和财产安全，"food safety"是指为个人或家庭提供安全、营养的食物。

---

① 为了保护路面，避免路面风沙飞扬、杂草丛生，用混凝土、沥青等铺装材料覆盖的道路。

② 汪希成，吴昊. 我国粮食供求结构新变化与改革方向 [J]. 社会科学研究，2016（7）：130-135.

从严格意义上来说，"食品安全"与"粮食安全"是两个不同的概念，分属于不同的研究范畴，但学者们经常将两者混淆。"粮食安全"主要侧重于粮食供给的数量和质量能够满足消费者的需求，而"食品安全"主要侧重于食品在生产、加工、消费环节的质量监管。在现实中，"粮食安全"和"食品安全"的职能也分属于不同的政府部门。

当人们的生活处于较低水平时，"粮食"在其食物中所占的比重通常较大，随着人们生活水平的提高，膳食结构得到改善，肉、禽、蛋、奶以及瓜、果、蔬菜等在食物中的比重逐渐上升，"粮食"所占的比重下降，而且人们更加注重安全、营养和健康，"粮食安全"逐渐向"食品安全"转变。但是，由于"粮食安全"这一概念在中国已沿用多年，而且解决了"粮食"问题，也就基本解决了"食物"问题，为了避免与"食品安全"的概念相混淆，本书仍然使用"粮食安全"的概念，其中的"粮食"既包括居民的生活用粮，也包括饲料和工业加工等转化用粮。

严格来说，"粮食安全"中的"粮食"本不应该包括饲料和工业用粮，原因在于：企业的饲料和工业用粮具有经营性质，企业经营粮食产品是为了获得利润。而居民的生活用粮供应是关系到社会稳定的重大问题，具有公共产品性质。正是在这个意义上，中央一直把粮食安全作为一项重要的战略目标。当然，不可否认的是，饲料和工业用粮与居民口粮存在着互相转化的情况。有些粮食既是饲料和工业用粮，又是居民日常消费的主要品种，饲料和工业用粮总量过大，会冲击到口粮的消费，特别是容易引起粮食价格波动，这正是统筹粮食安全时必须考虑的一个重要内容，也就是必须认真对待饲料和工业用粮增长过快对粮食总需求量以及粮食安全产生的影响。

（四）粮食安全新战略

随着中国粮食供需形势的变化，传统的保持 95% 粮食自给率的粮食安全战略已不能适应现实的需要，必须进行及时调整，才能满足人们膳食结构升级的需要。

长期以来，我国受"短缺经济"思维的影响，形成了从宏观层面追求粮食产量增长的粮食安全观，并一直强调 95% 的粮食自给率，但"粮食"的品类繁多，概念模糊，指向不明，导致粮食安全保障缺乏重点和针对性。在包括稻谷、小麦、玉米、大豆在内的主粮中，大豆的进口量太大，实际上中国的粮食自给率已不到 90%。面对中国粮食供需形势的变化，以 2020 年和 2030 年为节点，理论界和实际业务部门根据粮食消费需求结构的变化对中国的粮食需求规模进行了预测，但各自研究方法不同，结果有较大差异。总体结果是：距离今天的时间越近，预测的粮食需求量越大，之前的预测均被证实太过保守。其主要原因在于人口的绝对增加、膳食结构的改善导致对饲料用粮和工业用粮等转化用粮消费需求的快速增长。2004—2022 年，中国粮食产量不断增长，实现了来之不易的"十九连丰"，这是党和国家高度重视粮食安全的现实结果。但我们也必须清醒地看到，中国粮食增长速度正在逐渐放缓，工业化和城镇化过程加速耗用了宝贵的耕地资源，粮田良地"非农化"现象仍然比较严重，粮食持续增产面临严峻挑战，保障粮食安全的难度进一步增大。因此，在新形势下，有学者提出树立新的粮食安全观，重塑国家粮食安全保障战略边界，突出重点，有保有放，推进实施"立足国内、全球供应"的粮食安全新战略①。

---

① 程国强. 重塑边界：中国粮食安全新战略［M］. 北京：经济科学出版社，2013：13.

"立足国内"就是要立足国内保主粮、强储备、重保障；"全球供应"就是要适度从国外进口大豆、植物油等非口粮农产品，实现全球供应战略。中国耕地资源的粮食自给率只有80%，只能满足国内90%的谷物、油料等农产品消费需求。这意味着，我们不得不从国际市场进口相当于国内10%的农产品需求，以弥补20%的耕地资源缺口。因此，从中国现实出发，若要立足国内确保粮食安全，就必须适度进口国外非口粮农产品，利用国外农业资源，腾出宝贵的国内农业资源来确保稻谷、小麦等主粮生产，牢牢守住粮食安全的底线。

2013年的中央经济工作会议和中央农村工作会议首次提出要实施"以我为主，立足国内，确保产能，适度进口，科技支撑"的国家粮食安全新战略。会议明确了中国粮食安全战略思想，就是要充分保障中国粮食安全，就是要依靠自己保口粮，就是要集中国内资源保重点，提出了"谷物基本自给、口粮绝对安全"的新粮食安全观。

粮食安全新战略主要表现为以下四个方面的变化：

第一，保的范围有收缩，即从笼统的保"粮食"转向重点保"口粮"。中国的粮食安全中的"粮食"是一个较为宽泛的概念，包含了谷物类、豆类、薯类等粮食品种，而且不同粮食品种的用途也有较大差异。如果按中国的粮食内涵统计口径计算，中国的粮食自给率已不到90%，这主要是大豆①进口快速增长造成的。2022年，中国大豆进口量为9 108.10万吨，占中国粮食总产量的13.26%。即使按20%的出油率计算，剩余80%（7 286.48万吨）的豆粕主要

———————

① 大豆以前一直被当作油料作物，但大豆榨油的副产品豆粕是重要的饲料来源，因此，大豆现在已被当作主要粮食品种。

作为饲料用粮，占粮食总产量的 10.61%。在无法实现 95% 以上粮食自给率目标的情况下，中央明确提出，要通过合理配置资源集中力量保"口粮"，做到"谷物基本自给、口粮绝对安全"。重点口粮品种主要是稻谷和小麦，必须依靠国内资源和国内市场满足供给，达到 100% 的粮食自给率。对非口粮农产品和一些短缺的粮食品种，如玉米、高粱、大麦、食糖等，可以通过适当进口弥补国内的供需缺口。

第二，保的要求有提高，即从保粮食数量转向保粮食数量和质量并重。要达到"谷物基本自给、口粮绝对安全"的新目标，不仅要做到粮食数量上的满足，还要做到质量有所提高，能够让老百姓吃上"放心粮"。为了避免发生食品安全事件，以需求为导向，提升粮食品质，确保粮食质量安全，将是中长期内中国粮食安全战略的重点。2016 年的中央农村工作会议提出，"促进农业农村发展由过度依赖资源消耗、从主要满足'量'的需求，向追求绿色生态可持续、更加注重满足'质'的需求转变"①。这就是说，当前中国粮食安全问题主要不是在"量"上，而是在"质"上，特别是在产出结构上，尤其是在粮食生产和加工销售过程中，要加强源头治理和产销全程监管。

第三，保的途径有变化，即在立足国内的基础上，将"适度进口"作为粮食安全战略的重要组成部分。中国的耕地资源有限，仅仅依靠国内的耕地资源很难满足居民日益增长的粮食和农产品消费需求。在开放型经济体制的时代背景下，要充分利用国内国际两种资源和两个市场，畅通国内国际双循环通道，适度进口国内短缺的

---

① 人民网."绿色、有机、无公害"的那些事儿 ［EB/OL］. (2017-08-28) ［2024-08-30］. http://health.people.com.cn/n1/2017/0828/c14739-29498621.html.

粮食品种，以更好地满足国内居民"吃得好"的需求。将"适度进口"作为粮食安全战略的重要组成部分，能够广辟粮食进口渠道，拓展粮食供给来源，进一步增强粮食供应链韧性，真正实现"谷物基本自给、口粮绝对安全"目标。

第四，保的责任有调整，即从"米袋子"省长责任制转向中央和地方共同负责，中央承担首要责任。粮食安全具有公共产品属性，为了有效促进粮食安全战略的实施，需要更好地发挥"有为政府"的作用，承担起保障国家粮食安全的重要责任。自1995年实施"米袋子"省长责任制以来，虽然赋予了省一级政府保障当地粮食安全的责任，在特定的历史条件下也曾发挥过积极作用，但缺乏相应的粮食安全考核机制，随着粮食市场化进程的加快推进，"米袋子"省长责任制的制度安排逐步暴露出深层次的矛盾和问题。在新的时代背景下，政府与市场、中央与地方各自的作用边界需要重新划分。2013年的中央农村工作会议明确提出，"中央和地方要共同负责，中央承担首要责任，各级地方政府要树立大局意识，增加粮食生产投入，自觉承担维护国家粮食安全责任"[1]。明确"中央承担首要责任"，"是对'米袋子'省长责任制的重大完善，有利于形成全国统一的粮食市场"[2]。2015年1月22日，国务院发布了《关于建立健全粮食安全省长责任制的若干意见》（国发〔2014〕69号），从粮食生产、流通、消费等各环节对建立健全粮食安全省长责任制作出了全面部署和要求。2022年的中央一号文件《中共中

---

① 中国政府网. 中央农村工作会议在京举行［EB/OL］.（2013－12－24）［2024－08－30］. https://www.gov.cn/guowuyuan/2013－12/24/content_2590431.htm?cid＝303.

② 叶兴庆. 准确把握国家粮食安全战略的四个新变化［J］. 中国发展观察，2014（1）：6-7.

央　国务院关于做好 2022 年全面推进乡村振兴重点工作的意见》明确提出，要"全面落实粮食安全党政同责，严格粮食安全责任制考核"。党的二十大报告进一步强调，要"全方位夯实粮食安全根基，全面落实粮食安全党政同责"。这些要求旨在从战略上进一步强化地方党委和政府在保障本地区粮食安全、维护国家粮食安全上的政治责任。

二、"藏粮于地"战略的理论内涵

学术界对"藏粮于地"并没有一个确切的定义，也有学者将其称为"藏粮于土"或"藏粮于田"。封志明等认为"藏粮于土"是指加强对现有耕地的保护与能力建设，开发后备耕地资源以补充耕地之不足；立足全部国土，挖掘非耕地食物资源生产潜力，弥补耕地粮食生产能力的不足，其目的是通过耕地保护建设与土地开发，提升粮食与整个食物的生产能力[①]。杨正礼等认为"藏粮于田"战略的关键在于通过对农田基本生态因子的系统保护与改善，提高农田以粮食为主体的农产品可持续发展的综合生产能力[②]。周健民认为"藏粮于土"是指在农业结构调整和土地开发过程中，尽可能地避免破坏耕地或永久性占用耕地，要保护土壤，保护耕地，即保护中国的粮食生产能力[③]。许经勇认为"藏粮于地"是指保护和提高

---

① 封志明，李香莲. 耕地与粮食安全战略：藏粮于土，提高中国土地资源的综合生产能力［J］. 地理学与国土研究，2000（3）：1-5.

② 杨正礼，卫鸿. 我国粮食安全的基础在于"藏粮于田"［J］. 科技导报，2004（9）：14-17.

③ 周健民. 加强我国粮食安全保障能力建设的思考［J］. 中国科学院院刊，2004（1）：40-44.

基本农田粮食产出能力、农业基础设施抗灾减灾能力、粮食发展科技支撑能力，切实提高中国粮食综合生产能力，降低粮食生产波动，稳定地为社会提供所需粮食①。王华春等认为"藏粮于地"是指实施世界上最严格的土地管理制度，通过保护耕地资源来保护粮食产能②。唐华俊认为"藏粮于地"是指藏粮于综合生产能力，即通过提高耕地质量和土地生产力，实现粮食生产稳产高产，一旦出现粮食紧缺，就可很快恢复生产能力；而在粮食相对充足的情况下，则可以利用部分土地种植经济作物或从事其他经营，迅速增加农民收入③。周小萍等认为"藏粮于地"是指闲置于土地的那一部分粮食生产能力，即通过"撂荒地"恢复、复种指数提高和可调整地类转换而增加的粮食产量④。贺汉魂认为"藏粮于地"强调通过提高耕地质量和土地生产力，实现粮食稳产高产，确保粮食安全⑤。梁鑫源等认为，"藏"作为一项主体行为，包含多种宏观国家策略，例如潜在优质耕地的保护、设施落后耕地的整治、现状劣质耕地的修复等，不同过程涵盖多种要素、手段、尺度的相互关联。"粮"涉及粮食系统的生产、类型、需求、贸易、浪费等生命周期全过程。"地"的本质为耕地，无论是现有状态为粮食作物的耕地，还是"非

---

① 许经勇. 新体制下的我国粮食安全路径 [J]. 南通师范学院学报（哲学社会科学版），2004（4）：37-41.

② 王华春，唐任伍，赵春学. 实施最严格土地管理制度的一种解释：基于中国粮食供求新趋势的分析 [J]. 社会科学辑刊，2004（3）：69-73.

③ 唐华俊. 积极实施"藏粮于地"战略 [J]. 农村工作通讯，2005（3）：43.

④ 周小萍，陈百明，张添丁. 中国"藏粮于地"粮食生产能力评估 [J]. 经济地理，2008（3）：475-478.

⑤ 贺汉魂. 农地公有："藏粮于地"、"藏粮于技"的制度保障 [J]. 当代经济研究，2017（2）：29-36.

粮化""非农化"的耕地,甚至农村低效用地等都应在考虑范围内①。蓝红星等则从大食物观的角度出发,认为"藏粮于地"是实现藏"大食物"于"大国土",以"大食物安全"保障粮食综合安全②。

2015年11月,习近平总书记在《关于〈中共中央关于制定国民经济和社会发展第十三个五年规划的建议〉的说明》中指出,"经过长期发展,我国耕地开发利用强度过大,一些地方地力严重透支,水土流失、地下水严重超采、土壤退化、面源污染加重已成为制约农业可持续发展的突出矛盾。当前,国内粮食库存增加较多,仓储补贴负担较重。同时,国际市场粮食价格走低,国内外市场粮价倒挂明显。利用现阶段国内外市场粮食供给宽裕的时机,在部分地区实行耕地轮作休耕,既有利于耕地休养生息和农业可持续发展,又有利于平衡粮食供求矛盾、稳定农民收入、减轻财政压力。……休耕不能减少耕地、搞非农化、削弱农业综合生产能力,确保急用之时粮食能够产得出、供得上"③。该说明体现了"藏粮于地"的耕地轮作休耕内涵。2016年3月8日,习近平总书记在参加全国"两会"湖南代表团审议时指出,"藏粮于地",强调的是"研究和完善粮食安全政策,把产能建设作为根本"。

根据上述观点,"藏粮于地"的内涵可以概括为:一是通过提高耕地综合生产能力,实现粮食生产稳产高产;二是通过耕地轮作

---

① 梁鑫源,金晓斌,韩博,等. 新时期"藏粮于地、藏粮于技"战略解析与路径探索 [J]. 中国农业资源与区划,2022 (4):2-12,23.

② 蓝红星,李芬妮. 基于大食物观的"藏粮于地"战略:内涵辨析与实践展望 [J]. 中州学刊,2022 (12):49-56.

③ 习近平. 关于《中共中央关于制定国民经济和社会发展第十三个五年规划的建议》的说明 [EB/OL]. (2015-11-03) [2024-08-30]. http://www.xinhuanet.com//politics/2015-11/03/c_1117029621_3.htm.

休耕，涵养地力和改善生态环境；三是通过农业种植结构的调整，优化粮、经、饲之间的比例关系。但绝大多数学者是从充分保护和利用耕地资源的角度来理解"藏粮于地"战略的，并没有从大食物观的角度，即立足于整个国土资源，充分利用除耕地之外的林地、草原、滩涂和江、河、湖、海等国土资源，拓展食物来源渠道，以满足居民多样化的消费需要。

从确保"口粮安全"的角度出发，实施"藏粮于地"战略，关键是要保障耕地数量和提升耕地质量。实施"藏粮于地"战略的短期目标是通过耕地轮作休耕，"调减粮食种植面积，降低国内粮食库存，以减轻国家的仓储补贴负担；中长期目标是提高土地综合生产能力，促进农业可持续发展，保障国家粮食稳定供给"①。

但是本书认为，"藏粮于地"中的"藏"是指在现有粮食生产能力的基础上的增产潜力，这部分潜力主要来源于可提高地类（中低产田）、可恢复地类（"撂荒地"）、可开发地类（后备可开发利用的耕地资源）和复种指数的提高，通过中低产田改造、"撂荒地"整治、耕地后备资源开发和复种指数提高所能够增加的粮食产能。"藏粮于地"中的"粮"的狭义内涵是指谷物类、豆类、薯类，这些粮食主要来源于耕地。而广义的"粮"是指食物，即能够食用并能为人体健康提供营养的所有物质。它既包含了粮食以及由粮食转化而来的各种食品，如肉、禽、蛋、奶等，也包含了不需要用粮食转化的食物，如江、河、湖、海中的各种水产品，以及人类食用的各种植物，如瓜、果、蔬菜等。"藏粮于地"中的"地"的狭义内涵是指耕地，而从大食物观的角度来看，是指全域国土中能够产出

---

① 陈印军，易小燕，陈金强，等. 藏粮于地战略与路径选择［J］. 中国农业资源与区划，2016，37（12）：8-14.

人类所需食物的空间，包括耕地、森林、草地、滩涂以及江、河、湖、海等。因此，"藏粮于地"可以从狭义和广义两个维度来理解，狭义的"藏粮于地"是以耕地为载体的粮食生产能力；而广义的"藏粮于地"是基于大食物观视角，以耕地的增产潜力为基础，立足于整个国土资源，全方位、多方面挖掘森林、草地、滩涂以及江、河、湖、海的食物来源渠道，构建多元化食物供给体系。

第四节　实施"藏粮于地"战略需要明确的
几个辩证关系

一是"藏粮于地"与"藏粮于库"的辩证关系。"藏粮于地"着眼于潜在的粮食产能。粮食生产具有一定的周期性，一旦出现粮食短缺，潜在的粮食产能若不能及时转化为现实的粮食产量，仍然需要"库"中存粮进行应急调节。因此，应高度重视"库"中存粮的数量、质量和品种结构，以实现"藏粮于库"和"藏粮于地"的有机良性对接。

二是"藏粮于地"与粮食流通的辩证关系。粮食流通是保障粮食安全的关键环节。历史经验证明，在粮食供给总体形势向好的情况下，粮食安全的突发性风险往往发生在流通环节，能否把粮食安全危机消灭在萌芽状态，取决于国家是否掌握流通主渠道并能利用它来调控流通领域，保障粮食稳定供给。"藏粮于地"和"藏粮于库"一般分布于粮食主产区，若粮食主销区缺粮，潜在粮食产能又不能及时转化，就需要高度发达的粮食流通体系和合理的粮食仓储布局来保障缺粮地区的粮食安全，否则就有可能出现暂时的、局部的粮食紧张局面。

三是粮食储备和粮食消费需求的辩证关系。当前，中国粮食产量逐年增长，库存量和进口量却越来越多，这种"三量齐增"的奇特现象体现了中国粮食产业的结构性矛盾。多年来，中国的粮食储备率大大超过 FAO 规定的 17%～18%的安全储备水平，近年来以大豆为主的中国粮食进口量逐年增加，目前，中国已经成为全球第一粮食进口大国，稻谷、小麦、玉米、大豆四大主粮已全面转为净进口。2022 年，中国粮食进口约为 1.863 亿吨，其中，谷物及谷物粉进口约 5 319 万吨，玉米进口约 2 062 万吨，小麦进口约 996 万吨，大麦进口约 576 万吨，稻谷及大米进口约 619 万吨，大豆进口约 9 053 万吨[①]，其中大豆和稻米进口量为世界第一，还不包括进口的肉类、水产品、奶与奶制品、植物油等。因此，实施"藏粮于地"战略，除了采取有效措施提升现有粮食生产能力和优化粮食储备结构以外，还必须高度重视粮食生产、粮食储备、粮食消费之间关系的协调，通过推进农业供给侧结构性改革，缓解粮食供需之间的结构性矛盾，实现粮食产业高质量发展。

第五节　研究框架与研究内容

一、研究框架

总体来看，目前有关"藏粮于地"战略的研究已经积累了一些有价值的文献，为本书的研究提供了一定理论指导和成果借鉴。但

---

① 　国家统计局. 中国统计年鉴（2023）［M］. 北京：中国统计出版社，2023.

"藏粮于地"战略提出的时间还不长，多数研究尚停留在理论探讨层面，主要见诸政策性文件、报刊和宣传网页，宏观分析与微观实证相结合的研究还比较少见。一是对"藏粮于地"战略的一般论述性内容较多，对"藏粮于地"战略中耕地轮作休耕规模、藏粮能力的量化研究以及"藏粮于地"战略实现方式的研究较少，导致现有研究得出的结论或提出的政策建议具有较强的同质性，不能对"藏粮于地"战略的落实落地提供有针对性的路径指引。二是在实施"藏粮于地"战略的对策研究中，关注耕地保护和质量提升的研究较多，而对"藏粮于地"战略的推进主体（中央和地方政府）与实施主体（新型农业经营主体）之间的博弈，以及实施主体的耕地轮作休耕或种粮意愿和影响因素的研究较少，针对一定区域尺度的调研数据和实证研究严重不足。从大食物观视角研究"藏粮于地"战略的文献更少。

基于此，本书欲在现有研究成果的基础上有所突破，旨在有效推进"藏粮于地"战略落实落地。在理论价值上，本书对中国粮食安全战略演变的理论逻辑和"藏粮于地"战略的理论内涵进行分析，以丰富现有的粮食安全和粮食储备理论；在应用价值上，本书紧跟乡村振兴战略的实施和农业高质量发展的时代背景，立足中国国情、农情、粮情，针对"藏粮于地"战略在实施过程中存在的困难和问题，从政策与制度、机制建设和实际操作层面寻找突破点，提出相关政策建议，既可以为各级党委和政府提供相关决策参考，又可以为解决当前粮食安全面临的现实问题提供一些有用的思路。

"藏粮于地"战略的落实落地需要解决"藏在哪里""能藏多少""由谁来藏""如何来藏"等关键问题。本书从中国"藏粮于地"战略的理论内涵与战略目的出发，以"藏粮于地"战略的短期目标和中长期目标为研究视角，提出"藏粮于地"战略的实现路径。具体研究框架和研究设计见图1-1。

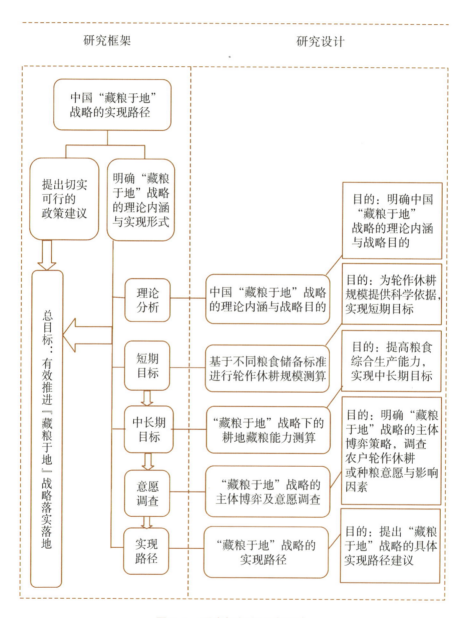

图1-1　研究框架和研究设计

二、研究内容

本书的研究内容包括五个部分:

第一部分,"藏粮于地"战略的现实背景与理论内涵。本部分重点阐明"藏粮于地"战略提出的时代背景;在界定粮食、大食物观、粮食安全、粮食安全新战略等概念内涵的基础上,从大食物观的视角阐释"藏粮于地"战略的理论内涵、战略目的与战略意义;明确"藏粮于地"与"藏粮于库"、粮食流通、粮食消费之间的辩证关系。

第二部分,基于不同粮食储备标准进行耕地轮作休耕规模测算。"藏粮于地"战略的短期目标是通过耕地轮作休耕调减粮食种植面积,降低国内粮食库存,减轻国家仓储补贴负担。中国从 2016 年开始在严重干旱缺水的地下水漏斗区、重金属超标的重度污染区和生态严重退化地区开展耕地轮作休耕试点,但是耕地轮作休耕规模的确定尚没有一个科学的依据。本书拟根据不同粮食储备标准设定三套方案测算耕地轮作休耕规模:一是 FAO 提出一个国家或地区的粮食储备量应达到当年粮食总消费量的 17%~18%。二是《国务院关于粮食部门深化改革实行两条线运行的通知》要求粮食产区要建立 3 个月以上粮食销售量的地方储备;粮食销区要建立 6 个月粮食销售量的地方储备。三是学术界认为粮食库存消费比必须保持在 25%~30%,才能有效保证粮食安全供给和国内粮食市场稳定。本书按照上述标准测算出中国的粮食储备规模,并与现有储备规模相比较,两者之差即应该减少的粮食库存量。在此基础上,我们再进一步测算在现有单位面积产量下的耕地轮作休耕规模。

第三部分,"藏粮于地"战略下的耕地藏粮能力测算。"藏粮于地"战略的中长期目标是提升土地的粮食综合生产能力和农业可持续发展能力，确保粮食稳定供给。本书认为，在现有粮食生产能力的基础上，适合于藏粮的土地主要分为可提高地类、可恢复地类与可开发地类。可提高地类主要是中低产田；可恢复地类主要指"撂荒地"；可开发地类包括可开发利用的后备耕地资源。要确保"藏粮于地"战略中长期目标的实现，在保持现有粮食生产能力的前提下，可以通过对中低产田的改造、"撂荒地"的恢复以及可利用后备耕地资源的开发进一步提升中国的粮食综合生产能力，这一部分粮食综合生产能力即潜在的耕地藏粮能力。本书将构建"藏粮于地"粮食生产能力评估框架，分类测算在现有技术水平下中国"藏粮于地"的各类土地粮食潜在生产能力。

第四部分，"藏粮于地"的主体博弈与意愿调查。明确"推进主体"和"实施主体"是实现"藏粮于地"战略的关键。在家庭联产承包责任制制度框架下，政府（包括中央政府和地方政府）是"藏粮于地"战略的推进主体，而种粮户（主要是新型农业经营主体）是"藏粮于地"战略的实施主体。"藏粮于地"的粮食生产能力是潜在的生产能力，但是种粮的比较效益较低，当粮食供不应求时，能否及时将潜在产能转化为现实产量，主要取决于种粮户的种粮意愿。在粮食供过于求时，"藏粮于地"战略的推进也取决于种粮户的耕地休耕意愿。出于对种粮户追求更高经济利益的考量，推进主体和实施主体之间存在一定的利益博弈。对此，本书将从三个方面展开研究：一是运用博弈论方法分析推进主体（中央政府与地方政府）之间以及推进主体与实施主体（种粮户）的利益博弈与策略选择；二是在粮食主产区选取若干产粮大县的新型农业经营主体，对其耕地休耕或粮食种植意愿进行访谈和问卷调查；三是在访谈和问卷调查的基础上，对农业经营主体的耕地休耕或种粮意愿的影响因素进行定量分析。

第五部分，"藏粮于地"战略的实现路径。本部分主要从三个方面寻求突破：一是政策和制度层面。本部分提出了包括粮食补贴政策、新型农业经营主体培育政策、耕地保护和利用制度等方面的政策支持和制度创新路径。二是机制建设层面。本部分提出了包括"藏粮于地"的投入保障机制、耕地质量的动态监测机制、农业经营方式的转变等方面的具体路径。三是实际操作层面。本部分提出了中低产田改造、"撂荒地"恢复、可调整地利用、后备耕地资源开发的具体方式与可行路径。

第二章

"藏粮于地"战略
与耕地轮作休耕制度

"藏粮于地"战略的短期目标是通过耕地轮作休耕涵养地力，并适当调减粮食种植面积，减轻仓储补贴负担。

耕地休耕，既可以让过于紧张、疲惫的耕地休养生息，让生态得以自动修复，也可以通过土壤改良，增强农业发展后劲，真正实现"藏粮于地"。

"藏粮于地"战略的短期目标是通过耕地轮作休耕涵养地力，并适当调减粮食种植面积，减轻仓储补贴负担。

耕地休耕，既可以让过于紧张、疲惫的耕地休养生息，让生态得以自动修复，也可以通过土壤改良，增强农业发展后劲，真正实现"藏粮于地"。

耕地休耕，是指在可种可耕的耕地上，为了恢复地力、保护耕地可持续生产能力而采取的积极主动的养地方法和措施，让耕地休养生息。耕地休养的耕作形式在中国有悠久的历史，最早出现在西周时期。班固在《汉书·食货志》中就已经记载了"民受田，上田夫百亩，中田夫二百亩，下田夫三百亩。岁耕种者为不易上田，休一岁者为一易中田，休两岁者为再易下田，三岁更耕之，自爰其处"的休耕制度。其含义是百姓接受田地，好田是 100 亩，中田就是 200 亩，差田就是 300 亩。每年耕种的人不交换好田；休耕一年的交换一次中田；休耕两年的交换两次差田，三年就交换耕种，自行改变位置。在战国之前，北方农作制中的熟荒制是土地休耕的主要方式。所谓的"熟荒制"是指在同一块土地上连种数年，待其地力即将耗尽、产出降低时，便抛弃不种，任其荒芜。经过一段时间休养，荒芜的土地表层植被可逐步恢复，然后再次开垦利用。在战国之后，北方的代田法（垄沟互换）、区田法（深耕播种施肥）、亲田法（分区集中施肥养地）都是耕地休耕的表现。南方稻田也有普遍的冬季休闲制度。《氾胜之书·耕田》中这样描绘："脯田与腊田①，皆伤田，二岁不起稼，则二岁休之。"其大意是：脯田与腊田，都损伤田力，两年内不能种植作物，这样一来就要休耕两年。

唐、宋时期，南方山区盛行畬田制。在这种制度下，菑田为休

---

① "腊田"意为秋季无雨时的耕田，会绝土气，使田土干燥板结；"脯田"意为隆冬时节的耕田，会泄地气，使田土干枯失水。

耕的田，新田为休耕后的新耕田，畲田为休耕后连续耕作的田。在宋代，南方圩田区遭到水淹以后，无法耕种，农民被迫休耕，反而使地力得到了恢复。"南宋时，南方稻区冬季沤田的耕作习惯与清代普遍存在于四川丘陵稻区的冬水田，其实质均是通过灌水的方式使土地得到休养和恢复。"① 这种休耕方式一直到二十世纪五六十年代还相当普遍地存在。西南和海南等热带和亚热带区域少数民族地区实施的"刀耕火种"方式实际上也是一种休耕方式。由此可见，耕地轮作休耕方法在中国已经有几千年的历史了。

耕地轮作休耕是耕地保护和利用的重要方式，在 20 世纪 30 年代，美国就开始实施土地休耕保护计划（CRP）；在 20 世纪 80 年代，欧盟将休耕作为共同农业政策的一个重要组成部分。休耕的主要目的，最初是控制粮食产量、稳定粮价，后来逐步向着耕地保护和生态保护的方向调整，并通过休耕补偿促进休耕制度的实施。Parks 等人利用异质土地面积基数模型，对美国农民可能的休耕规模进行了预测②。Szentandrasi 等人评价了美国休耕项目对生物多样性的影响③。Krieger 认为在美国芝加哥，进行农地保护的重要原因是保证将来的食品供应，保护家庭农场的发展④。Rosenberger 指出，有些学者简单地认为，农地保护的主体是政府机构，而忽视了不以

---

① 陈桂权，曾雄生. 我国农业轮作休耕制度的建立：来自农业发展历史的经验和启示 [J]. 地方财政研究，2016（7）：87-94，104.

② IAN W H，PARKS J P. Land use with heterogeneous land quality：an application of an area base mode [J]. American journal of agricultural economics，1997，79（2）：299-310.

③ SZENTANDRASI S，et al. Conserving biological diversity and the conservation reserve program [J]. Growth and change，1995，26（3）：383-404.

④ KRIEGER D J. Saving open spaces：public support for farmland protection [R]. Working paper series WP99－1，center for agriculture in the environment. Chicago，IL：1999，April.

营利为目的的私人农地保护协会在农地保护中的重要作用①。
Kline、Wichelns 进一步论述了私人农地保护协会在美国农地保护过程中的运行机制②。

耕地轮作休耕是落实"藏粮于地"战略的重要举措。本章将从耕地轮作休耕制度实施的背景、国内外发展历程和中国耕地轮作休耕制度发展现状等方面进行详细分析，这对科学推进耕地轮作休耕制度、探索"藏粮于地"具体实现途径具有重要的现实意义。

第一节　中国耕地轮作休耕制度的实施背景

耕地是粮食生产的命根子，它对人类生存和经济与社会发展的重要性不言而喻。在长期的农业生产实践中，经过艰苦努力，中国以极其有限的耕地资源养活了 14 亿多人口，为保障世界粮食安全作出了巨大贡献。但是，耕地长时期超负荷运转，导致耕地资源和生态环境受到一定程度的破坏，影响了耕地资源的可持续利用。因此，在人口增长和粮食需求刚性增长的情况下，保证耕地资源安全，不断提高耕地质量和粮食综合生产能力，增加粮食有效供给，成为国家迫切需要解决的关键问题。2016 年 6 月，原农业部等 10 部门联合发布《探索实行耕地轮作休耕制度试点方案》，并在地下水漏斗区、重金属污染区和生态严重退化地区开展轮作休耕试点，

---

① ROSENBERGER R S. Public preferences regarding the goals of farmland preservation programs：comment［J］. Land Economics，1998（74）：557-565.

② KLINE J，WICHELNS W. Public preferences regarding the goals of farmland preservation programs［J］. Land economics，1996（72）：538-549.

这标志着轮作休耕在中国正式成为一项国家层面的耕地保护政策，旨在促进耕地休养生息和农业可持续发展。

一、粮食增产难度增大

新中国成立以来，在中国共产党领导下，经过艰苦奋斗和不懈努力，中国在农业基础十分薄弱、人民生活极端贫困的基础上，依靠自己的力量实现了粮食基本自给，不仅成功解决了 14 亿多人口的吃饭问题，而且居民生活质量和营养水平显著提升，粮食安全取得了举世瞩目的巨大成就。但是，从近年来的粮食生产情况来看，受水土资源约束、成本价格上升、气候环境变化、国际局势动荡等诸多因素的影响，粮食增产难度增大，粮食供需紧平衡状态将长期存在。

实行改革开放以来，中国的粮食产量总体呈现增长趋势，尤其是 2004 年以来，中国粮食连年丰产，产量已连续 11 年达到了 6.00 亿吨以上，连续 8 年达到了 6.60 亿吨以上（见图 2-1）。但是，随着耕地面积的减少，粮食播种面积扩大的空间越来越小，耕地、水资源的约束越来越明显，粮食产量增长的难度日益增大，粮食产量增长率从 2004 年的 9.00% 下降到 2022 年的 0.54%（见图 2-2）。然而，随着经济的发展和居民生活水平的提高，以饲料用粮为引擎的粮食消费需求刚性增长的趋势在短期内难以逆转。在农业生产风险因素增加、农业基础条件仍然薄弱、农业科技支撑能力不强、农业劳动力老龄化程度日益加深等因素影响下，挖掘粮食生产新潜力的难度进一步增大，需要从全局和战略高度谋划紧平衡状态下确保国家粮食安全的长远对策。

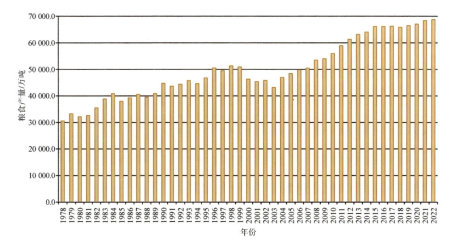

图 2-1　1978—2022 年中国粮食产量变化趋势

资料来源：历年《中国统计年鉴》。

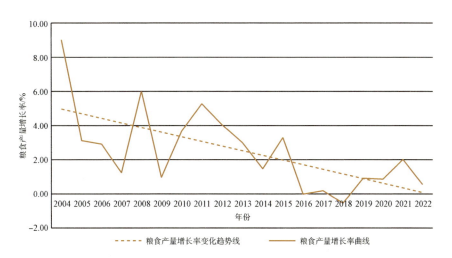

图 2-2　2004—2022 年中国粮食产量增长率变化趋势

资料来源：笔者根据历年《中国统计年鉴》数据计算。

　　《国家粮食安全中长期规划纲要（2008—2020 年）》指出，2020 年，中国的粮食消费量达到 395 千克/（人·年），依据该数据推算，中国要实现口粮自给自足，总产量到 2020 年应为 5.5 亿吨。而中国 2010 年粮食产量就已达到了 5.59 亿吨，提前实现了目标。

2020 年，中国粮食人均产量达到 474.15 千克/年，按照人均 395.00 千克/年的消费标准，生产消费比已达到 120.04%，较 95.00%的粮食安全水平已有明显过剩。

中国居高不下的粮食储备给国家财政带来了巨大的压力，同时粮食流通储备体系也面临巨大挑战。首先，粮食储备管理费高昂。研究显示，政策性粮食储备（包括中央储备粮、地方储备粮）的费用（包括收购费、收囤费、保管费和资金利息等）可达 250.00 元/（吨·年）①。其次，粮食储备过程中的损耗严重，粮食品质也有所下降。根据全国人民代表大会常务委员会专题调研组 2020 年 12 月发布的《关于珍惜粮食、反对浪费情况的调研报告》，在储运环节因农户储粮设施简陋、缺少科学储粮知识、产后烘干能力不足、仓储设施老化和布局不合理、标准化规范化运输程度不高、农村物流装备发展滞后、运输组织方式不科学等，每年损耗较高。在加工环节因粮食过度加工、副产品综合利用率不高、加工工艺落后等，损失粮食较多。据测算，每年粮食储藏、运输、加工环节损失量达 700.00 亿斤（3 500.00 万吨）以上②。

二、粮食生产的区域分化

粮食生产是粮食安全保障的核心基础，充分发挥粮食生产的区域比较优势，重点培育粮食优势产区，实施扶优扶强的非均衡发展战略，是提高中国粮食生产保障能力和确保国家粮食安全的战略性

---

① 程国强. 我国粮价政策改革的逻辑与思路［J］. 农业经济问题，2016（2）：4-9.

② 全国人民代表大会常务委员会专题调研组. 关于珍惜粮食、反对浪费情况的调研报告［EB/OL］.（2020-12-23）［2024-08-30］. http://www.npc.gov.cn/c2/c30834/202012/t20201223_309365.html.

措施之一。自 1980 年以来，国家先后提出了粮食主产区、粮食集中产区、优势农产品产业带、粮食生产功能区、粮食安全产业带等区域发展概念，陆续实施了优质粮食工程、粮食丰产工程、大型商品粮基地建设等重大项目，对于支撑国家农业发展和粮食安全起到了决定性作用。为了配合"藏粮于地、藏粮于技"战略的实施，进一步巩固国家粮食安全基础，提升重要农产品自给水平，2016 年的中央一号文件又提出了粮食生产功能区和重要农产品生产保护区的划定要求。1978—2022 年，中国粮食总产量从 30 476.50 万吨增加到 68 653.00 万吨，年人均粮食产量从 316.60 千克增加到 483.68 千克，实现了中国粮食由长期短缺向供求基本平衡的历史性跨越。总体来看，自 1980 年以来，总量问题对中国粮食供需平衡的影响已经明显减弱，而结构问题对中国粮食供需平衡的影响显著增强，现在结构问题已经成为中国粮食供需平衡的主要问题。与此同时，中国粮食生产的区域格局也发生了重要分化，原有"南粮北调"的格局发生逆转，粮食生产中心逐步北移，且有逐步集中到少数地区的趋势。分区域来看，目前中国已基本形成了晋冀鲁豫、东北、东南沿海、长江中游、西北、西南和京津等粮食生产区域的格局[①]，其中的一些区域目前在中国粮食生产中已经起到了决定性作用。但是从全国范围来看，虽然自 2004 年以来，中国粮食产量实现了来之不易的 19 年连续增产，但中国粮食生产长期持续增长的基础还

---

① 根据中国（非特别说明，均不含港、澳、台地区）自然经济特点和粮食生产情况，本书将粮食分区方案划分为：东北区，包括黑龙江、吉林、辽宁；晋冀鲁豫区，包括山西、河北、山东、河南；东南沿海区，包括上海、江苏、浙江、福建、广东、海南；长江中游区，包括湖北、湖南、安徽、江西；西北区，包括陕西、甘肃、宁夏、青海、新疆、内蒙古；西南区，包括重庆、四川、贵州、云南、西藏、广西；京津区，包括北京和天津。

不牢固，结构性、区域性矛盾日益突出，水土资源等制约因素日渐增强，极端气候条件和市场波动的不确定性导致粮食生产的风险增加。按照"推进新一轮千亿斤粮食产能提升行动"[①] 的要求，适应中国粮食生产区域格局以及品种结构供需变化的新趋势，充分发挥粮食生产的区域性比较优势，科学合理布局粮食的优势产区，对于协调中国区域间粮食供需关系和确保国家粮食安全具有重要意义。

（一）粮食生产的区域格局明显分化，主销区的地位显著下降[②]

1990—2022 年，中国 13 个传统粮食主产省份的粮食产量从 32 501.60 万吨增长到 53 718.00 万吨，增长了 65.30%，占全国粮食总产量的比重提高了 5.42 个百分点，达到了 78.20%；11 个传统粮食平衡区的粮食产量从 6 897.50 万吨增长到 11 969.60 万吨，增长了 73.50%，占全国粮食总产量的比重提高了 1.97 个百分点，达到了 17.40%；7 个传统粮食主销区的粮食产量从 5 225.20 万吨减少到 2 965.00 万吨，减少了 43.30%，占全国粮食总产量的比重下降了 7.39 个百分点。详见表 2-1。粮食主产省份的地位有所提升，主销区的地位则显著下降。

---

① 2009 年 11 月，国务院办公厅发布了《全国新增 1 000 亿斤粮食生产能力规划（2009—2020 年）》，明确提出要实施"粮食产能提升行动"。2022 年中央农村工作会议提出"实施新一轮千亿斤粮食产能提升行动"。2023 年的中央一号文件再次强调"集中必要资源力量和手段，努力推动粮食产能早日迈上新台阶"。2024 年的中央一号文件明确提出"扎实推进新一轮千亿斤粮食产能提升行动"。

② 按照传统的划分方法，中国粮食和农业主管部门一般将黑龙江、吉林、内蒙古、河南、江西、安徽、河北、辽宁、湖北、湖南、江苏、山东、四川 13 个省份作为粮食主产区，将北京、天津、上海、浙江、福建、广东及海南 7 个省份作为粮食主销区，将山西、重庆、广西、宁夏、新疆、青海、陕西、西藏、云南、贵州、甘肃 11 个省份作为平衡区。其主要依据是各省份粮食产量、播种面积和提供的商品粮数量及其占全国的比重。

表 2-1 1990—2022 年中国粮食产量的区域结构变化

年份	主产区		主销区		平衡区	
	粮食产量/万吨	占全国粮食总产量的比重/%	粮食产量/万吨	占全国粮食总产量的比重/%	粮食产量/万吨	占全国粮食总产量的比重/%
1990	32 501.60	72.83	5 225.20	11.71	6 897.50	15.46
1991	31 402.80	72.14	5 318.60	12.22	6 807.90	15.64
1992	32 231.50	72.81	5 126.10	11.58	6 908.20	15.61
1993	33 405.10	73.18	4 784.60	10.48	7 459.10	16.34
1994	32 825.20	73.75	4 757.60	10.69	6 927.40	15.56
1995	34 470.10	73.87	4 965.10	10.64	7 226.60	15.49
1996	37 129.10	73.59	5 176.60	10.26	8 147.80	16.15
1997	35 172.70	71.17	5 240.80	10.61	9 003.80	18.22
1998	36 315.70	70.89	5 213.60	10.18	9 700.40	18.93
1999	36 517.70	71.83	5 103.30	10.04	9 217.70	18.13
2000	32 607.40	70.55	4 474.40	9.68	9 135.80	19.77
2001	37 640.20	75.04	3 184.40	6.35	9 335.80	18.61
2002	39 917.50	75.50	3 244.90	6.14	9 708.50	18.36
2003	30 578.50	71.00	3 417.70	7.93	9 073.20	21.07
2004	34 115.00	72.67	3 450.80	7.35	9 381.40	19.98
2005	35 443.20	73.23	3 415.70	7.06	9 543.50	19.71
2006	36 824.20	74.02	3 522.70	7.08	9 400.90	18.90
2007	37 640.20	75.04	3 184.40	6.35	9 335.80	18.61
2008	39 917.50	75.50	3 244.90	6.14	9 708.50	18.36
2009	39 710.10	74.81	3 360.90	6.33	10 011.10	18.86
2010	41 184.00	76.89	3 323.30	6.20	9 055.30	16.91
2011	43 421.00	76.02	3 409.00	5.97	10 290.30	18.01
2012	44 609.80	75.67	3 421.80	5.80	10 925.40	18.53
2013	45 763.50	76.03	3 290.10	5.47	11 140.00	18.50
2014	46 021.30	75.80	3 332.50	5.49	11 356.30	18.71
2015	47 341.20	76.18	3 311.80	5.33	11 490.50	18.49

表 2-1（续）

年份	主产区		主销区		平衡区	
	粮食产量/万吨	占全国粮食总产量的比重/%	粮食产量/万吨	占全国粮食总产量的比重/%	粮食产量/万吨	占全国粮食总产量的比重/%
2016	46 776.40	75.91	3 290.90	5.34	11 556.70	18.75
2017	47 073.50	76.18	3 311.00	5.36	11 403.00	18.46
2018	51 767.00	78.69	2 786.00	4.23	11 234.00	17.08
2019	52 370.00	78.89	2 820.00	4.25	11 195.00	16.86
2020	52 597.00	78.56	2 871.00	4.29	11 479.00	17.15
2021	53 602.70	78.50	2 934.90	4.30	11 747.40	17.20
2022	53 718.00	78.25	2 965.00	4.32	11 969.60	17.43

数据来源：笔者根据历年《中国统计年鉴》原始数据整理。

在中国粮食生产的区域格局发生变化的同时，各区域内部的粮食供需关系也出现了严重分化[①]。

从主产区来看，变化最大的是四川省。1990—2022 年，四川省粮食产量净减少 756.30 万吨[②]，位次也从全国第一位下降到第九位，从粮食剩余区变成了粮食短缺区；黑龙江省的粮食产量净增 5 450.60 万吨，位次从全国第八位上升到第一位。7 个传统粮食主销区的粮食产量均有不同程度的减少，其中，广东省减少了 31.92%，浙江省减少了 60.84%。在 11 个传统粮食平衡区中，云南省粮食产量增加了 85.21%，粮食产量超过了新疆，并位居 11 个传统粮食平衡区的第一位。

从播种面积来看，1990—2022 年，13 个主产省份的粮食播种面积从 7 893.96 万公顷增长到 8 902.90 万公顷，增长了 12.80%，

① 汪希成，徐芳. 我国粮食生产的区域变化特征与政策建议 [J]. 财经科学，2012（4）：80-88.
② 1990—1996 年的四川粮食产量包括重庆市的粮食产量。

占全国的比重增加了 5.67 个百分点，但四川省的粮食播种面积净减少 336.42 万公顷，减少了 34.23%，位次也从全国第一位下降到第七位；黑龙江省的粮食播种面积净增 726.32 万公顷，位次从全国第四位跃居第一位。7 个主销区的粮食播种面积净减少 633.23 万公顷，减少了 56.10%，占全国粮食播种面积的比重下降了 5.76 个百分点，其中，广东、浙江粮食播种面积下降幅度较大。11 个平衡区粮食播种面积占全国的比重基本保持稳定，其中云南粮食播种面积增加了 16.25%，而陕西粮食播种面积减少了 27.02%，广西粮食播种面积减少了 22.27%。具体见表 2-2。

表 2-2　1990—2022 年中国粮食播种面积的区域结构变化

年份	主产区		主销区		平衡区	
	粮食播种面积/万公顷	占全国粮食播种面积的比重/%	粮食播种面积/万公顷	占全国粮食播种面积的比重/%	粮食播种面积/万公顷	占全国粮食播种面积的比重/%
1990	7 893.96	69.57	1 126.98	9.93	2 325.65	20.50
1991	7 805.53	69.54	1 115.17	9.93	2 303.99	20.53
1992	7 681.64	69.48	1 079.07	9.76	2 295.26	20.76
1993	7 753.18	70.16	1 001.83	9.06	2 295.86	20.78
1994	7 645.65	69.79	992.17	9.06	2 316.56	21.15
1995	7 696.53	69.93	1 010.02	9.18	2 299.49	20.89
1996	7 875.94	70.23	983.03	8.77	2 354.73	21.00
1997	7 651.04	67.76	1 025.09	9.08	2 615.09	23.16
1998	7 675.86	67.46	1 015.01	8.92	2 687.88	23.62
1999	7 640.25	67.52	987.58	8.72	2 688.29	23.76
2000	7 314.29	67.44	889.49	8.20	2 642.49	24.36
2001	7 240.57	68.26	806.38	7.60	2 561.03	24.14
2002	7 123.35	68.56	734.19	7.07	2 531.56	24.37
2003	6 854.87	68.96	676.03	6.80	2 410.11	24.24
2004	7 038.76	69.28	677.11	6.66	2 444.75	24.06

表 2-2（续）

年份	主产区		主销区		平衡区	
	粮食播种面积/万公顷	占全国粮食播种面积的比重/%	粮食播种面积/万公顷	占全国粮食播种面积的比重/%	粮食播种面积/万公顷	占全国粮食播种面积的比重/%
2005	7 256.84	69.59	680.83	6.53	2 490.18	23.88
2006	7 373.88	69.90	681.28	6.46	2 493.75	23.64
2007	7 615.64	72.09	596.19	5.65	2 352.01	22.26
2008	7 671.69	71.84	609.74	5.71	2 397.83	22.45
2009	7 801.03	71.58	621.62	5.70	2 475.93	22.72
2010	7 854.95	71.49	619.17	5.63	2 513.49	22.88
2011	7 910.41	71.54	614.84	5.56	2 531.96	22.90
2012	7 961.72	71.56	615.82	5.53	2 549.15	22.91
2013	8 023.22	71.67	604.55	5.40	2 567.38	22.93
2014	8 108.01	71.92	601.94	5.34	2 563.87	22.74
2015	8 164.68	72.04	596.88	5.26	2 572.49	22.70
2016	4 295.16	72.12	588.65	5.20	2 562.93	22.68
2017	5 720.44	72.27	584.65	5.21	2 527.28	22.52
2018	6 288.26	68.64	478.30	5.22	2 394.30	26.14
2019	6 990.13	75.52	473.60	4.08	2 367.20	20.40
2020	9 900.33	77.53	481.60	3.77	2 388.00	18.70
2021	8 323.23	75.29	487.80	4.15	2 418.50	20.56
2022	8 902.90	75.05	493.75	4.16	2 466.56	20.79

数据来源：笔者根据历年《中国统计年鉴》原始数据整理。

（二）粮食区域性生产格局业已形成，生产重心持续北移

分区域来看，目前中国已基本形成了晋冀鲁豫、东北、东南沿海、长江中游、西北、西南和京津等粮食生产区域格局[①]。1978—

———————

① 汪希成. 中国主要粮食品种生产的区域优势比较 [J]. 财经科学，2014(7)：102-113.

2022 年，晋冀鲁豫区的粮食产量和播种面积占全国的比重一直处于第一位，且在粮食播种面积所占比重略有下降（从 1978 年的24.52%下降到 2022 年的 24.39%）的情况下，粮食产量所占比重还提高了 4.19 个百分点；东南沿海区的粮食产量和播种面积占全国的比重分别下降了 11.33 个百分点和 6.49 个百分点；长江中游区、京津区、西南区的粮食产量和播种面积占全国的比重均略有下降；东北区、西北区的粮食产量和播种面积占全国的比重有较大幅度增加。具体见表 2-3。从总体来看，中国粮食生产在东南沿海区和长江中游区缩减的同时，有向晋冀鲁豫和东北区集中并向西北区扩展的趋势。

表 2-3 1978—2022 年中国粮食产量和粮食播种面积的区域变化

单位:%

地区	粮食产量占全国的比重				播种面积占全国的比重			
	1978年	1990年	2000年	2022年	1978年	1990年	2000年	2022年
晋冀鲁豫区	21.13	22.20	24.54	25.32	24.52	24.31	24.43	24.39
东南沿海区	20.69	17.93	15.82	9.36	15.10	14.71	12.49	8.61
长江中游区	20.20	20.71	19.63	17.75	17.73	18.08	17.23	17.45
京津区	0.99	1.02	0.58	0.42	0.96	0.83	0.60	0.37
西北区	6.74	8.30	9.01	12.53	10.82	12.20	12.59	13.54
西南区	18.00	16.73	18.89	13.46	17.48	17.47	19.25	15.61
东北区	11.85	13.12	11.52	21.15	13.38	12.40	13.41	20.25

数据来源：笔者根据历年《中国统计年鉴》原始数据整理。

（三）主要粮食品种向优势产区集中，空间布局趋于合理

分品种来看，中国稻谷生产主要集中在长江中游区和东南沿海区，但东南沿海区有逐年减少的趋势。1978 年，这两个区域的稻谷产量和播种面积占全国的比重分别为 70.91%和 71.38%，2022 年则

分别下降为 58.99% 和 59.80%。东北区稻谷产量和播种面积大幅度增加，占全国的比重分别从 1978 年的 2.95% 和 2.57% 增加到 2022 年的 15.84% 和 14.74%。小麦生产主要集中在晋冀鲁豫区，而且其产量和播种面积均有继续大幅度增加的趋势，占全国的比重分别从 1978 年的 45.36% 和 40.12% 增加到 2022 年的 58.03% 和 50.62%。长江中游区的小麦产量和播种面积占全国的比重略有增加，东北区、西北区、西南区的小麦产量和播种面积占全国的比重减少的幅度较大。玉米生产主要集中在晋冀鲁豫区和东北区，其产量和播种面积占全国的比重总体变化不大；西南区的玉米产量和播种面积占全国的比重有较大幅度减少，而西北区玉米生产增加幅度较大，其产量和播种面积分别从 1978 年的 9.88% 和 10.41% 增加到 2022 年的 19.24% 和 18.01%。大豆生产主要集中在东北区且增加速度较快，其产量和播种面积占全国的比重在 40% 左右；长江中游区和西北区的大豆产量和播种面积占全国的比重有所增加；晋冀鲁豫区的大豆产量和播种面积占全国的比重大幅度下降。具体见表 2-4。

表 2-4 1978—2022 年中国主要粮食品种和区域结构变化

单位:%

地区	品种	产量占比				播种面积占比			
		1978年	1990年	2000年	2022年	1978年	1990年	2000年	2022年
晋冀鲁豫区	稻谷	2.30	2.42	2.65	3.27	2.05	2.18	2.62	2.84
	小麦	45.36	45.80	55.39	58.03	40.12	40.50	45.93	50.62
	玉米	33.40	33.11	36.72	28.66	34.31	33.92	34.21	30.02
	大豆	—	22.30	20.72	10.82	—	23.06	18.47	12.43
东南沿海区	稻谷	34.25	30.42	27.33	20.85	33.48	30.83	26.82	20.48
	小麦	9.98	11.09	8.94	9.45	8.23	9.78	8.41	9.60
	玉米	2.90	2.75	3.33	1.71	3.14	2.85	3.14	1.98
	大豆	—	7.65	8.97	9.13	—	6.98	6.41	6.60

表 2-4（续）

59

第二章 『藏粮于地』战略与耕地轮作休耕制度

地区	品种	产量占比				播种面积占比			
		1978年	1990年	2000年	2022年	1978年	1990年	2000年	2022年
长江中游区	稻谷	36.66	37.42	35.14	38.14	37.90	38.14	36.58	39.32
	小麦	10.31	10.45	9.76	14.16	11.27	12.04	11.79	14.88
	玉米	2.93	3.06	5.37	4.59	3.97	4.37	5.26	5.11
	大豆	—	10.97	13.37	16.37	—	13.32	13.60	17.15
京津区	稻谷	0.26	0.26	0.13	0.05	0.25	0.24	0.17	0.05
	小麦	2.10	1.66	1.27	0.54	1.38	1.07	0.91	0.54
	玉米	1.64	2.12	0.94	0.70	1.75	1.80	1.16	0.76
	大豆	—	0.85	0.56	0.16	—	0.75	0.61	0.15
西北区	稻谷	1.02	1.22	1.57	1.32	0.94	1.17	1.42	1.15
	小麦	15.25	16.63	13.89	12.82	19.40	19.53	17.42	16.13
	玉米	9.88	11.17	15.14	19.24	10.41	12.23	14.47	18.01
	大豆	—	8.18	9.20	11.56	—	9.29	13.27	12.15
西南区	稻谷	22.56	22.58	23.63	20.53	22.81	22.49	23.45	21.43
	小麦	11.07	8.94	9.26	4.81	11.72	10.72	12.59	7.92
	玉米	16.95	13.33	16.47	10.59	19.54	17.94	18.25	12.54
	大豆	—	6.78	7.05	11.13	—	8.34	7.79	10.51
东北区	稻谷	2.95	5.14	9.55	15.84	2.57	4.95	8.95	14.74
	小麦	5.93	5.42	1.48	0.19	7.89	6.36	2.95	0.32
	玉米	32.28	34.46	22.03	34.52	26.87	26.88	23.51	31.58
	大豆	—	43.27	40.14	40.85	—	38.25	39.77	41.02

注：空白处加一字线，表示无相关数据。全书同。

数据来源：笔者根据历年《中国统计年鉴》原始数据整理。

从总体来看，中国稻谷生产在东南沿海区和长江中游区缩减的同时向东北区扩展，但在中国稻谷生产中仍然占据主导地位；小麦生产在东北区、西北区、西南区缩减的同时向晋冀鲁豫区和长江中游区集中，其中晋冀鲁豫区的小麦生产已占据全国产量的半壁江山；玉米生产在西南区缩减的同时向晋冀鲁豫区和东北区集中，并有向西北区扩展的趋势；大豆生产在晋冀鲁豫区大幅缩减的同时向东北区集中，并有向西北区和长江中游区扩展的趋势。这种变化趋势，使中国稻谷、小麦、玉米、大豆等主要粮食品种的产销区形成了严重的错位分布，进一步增大了产销区之间、品种之间和季节之间粮食供需平衡调剂的难度。目前，区域和品种结构问题已经成为中国粮食供需平衡的主要问题①。

（四）粮食生产的资源约束性增强

中国粮食生产区域的变化，受既有水土等自然条件的影响，又受区域经济发展和劳动力转移等因素的影响，是自然、经济、社会因素共同作用的结果。

1. 水土资源分布的矛盾

水资源短缺和人均耕地资源少是中国的基本国情。从总体来看，中国水资源在空间上呈明显的"南多北少、东多西少"的矛盾分布，而耕地资源在空间上的分布则是"南少北多、东少西多"，即水多的地区地少，地多的地区水少。这种水土资源分布的矛盾使中国的粮食生产面临严峻挑战。中国北方地区耕地相对较多，"南粮北移"的粮食生产格局虽然有利于实现粮食的土地规模化生产，在短期内能够保证中国粮食供需总量基本平衡，但从中长期来看，水资源严重匮乏，以及水利等基础设施建设的严重滞后，在很大程度上会制约中国粮食综合生产能力的提高。北方地区是中国重要的粮食产区，其径流量仅占全国的6%，却支持着全国近40%人口的

---

① 汪希成，徐芳. 我国粮食生产的区域变化特征与政策建议［J］. 财经科学，2012（4）：80-88.

粮食需求。由此可见，水资源短缺对中国粮食生产的制约已超过耕地上升到第一位。从中国粮食生产的区域变化情况来看，东南沿海区和京津区主要是中国的粮食主销区（江苏省除外）。随着这些地区城镇化和工业化的迅速推进，耕地面积大量减少，粮食产量和粮食播种面积大幅度下降，粮食供给的对外依存度日益提高。如果其粮食供需受到流通体系的制约，则这些地区可能会成为引发中国粮食供求失衡的先导性和敏感性地区。

2. 经济发展与粮食生产重心的区域矛盾

在中国粮食生产重心逐步北移的同时，东南沿海区以及京津区的市场化城镇化水平在迅速提高，经济水平也在逐步提高。由于区域经济发展的差异性，经济欠发达地区的农村劳动力向发达地区流动或向当地非农产业转移的规模逐步扩大，这种现象可能会导致中国未来粮食生产格局进一步发生重大变化。在人地关系紧张、农村劳动力报酬较高和非农就业机会较多的经济发达地区，其粮食产量将会进一步萎缩。而经济欠发达地区和粮食主产区大量农村青壮年劳动力转移，会导致粮食生产投入下降，粮食生产率增长缓慢甚至下降，从而可能导致粮食产量因农业生产机会成本上升而处于停滞甚至下降状态。与此同时，随着粮食主产区城镇化水平的逐步提高和经济的发展，非农就业机会可能增加，这将进一步导致粮食生产能力下降。因此，如果不采取有效的粮食支持政策，其粮食生产将难以保持持续的增长态势。这预示着人地关系、非农就业与劳动报酬的地区变化将是影响未来中国粮食生产区域均衡发展乃至国家粮食安全的关键因素。

3. 粮食生产的规模化、专业化水平和潜在生产能力的矛盾

充分发挥粮食生产的区域性比较优势，引导各地区按照比较优

势的原理进行粮食生产结构的调整，实现粮食生产的合理布局和专业化生产，是提高中国粮食综合生产能力的必然要求。实行改革开放以来，经过几次大规模的农业结构调整，中国粮食生产的空间布局已发生了根本性变化，主要粮食品种生产开始由分散生产向集中生产转化，由劣势产区向优势产区转化，由非区域性生产向区域性生产转化。目前，晋冀鲁豫区、长江中游区和东北区已成为中国现实和潜在粮食生产能力的集中蕴藏地区，粮食生产的规模化、专业化水平逐步提高，集中组织动员各种资源要素的能力也在不断提高。

从中长期来看，中国粮食安全还取决于粮食区域生产的潜在能力。随着中国粮食生产重心的逐步北移，受水资源的限制，在北方地区粮食生产压力增大的同时，粮食生产也蕴含着巨大潜力。一方面，中国大量的后备耕地资源和中低产田主要分布在西北区、华北区、东北区等北方地区，对后备耕地资源的开发和中低产田的改造，将能够激发这些地区粮食生产的巨大潜力；另一方面，东北区、西北区等地区的农田基础设施建设落后，有效灌溉面积、旱涝保收面积、机电灌溉面积等占耕地面积的比重还低于全国平均水平。加大农田基础设施建设的投入力度，改善水利灌溉条件，将能够较快地将潜在的粮食生产能力转化为现实的生产能力，尤其是西北干旱区有效灌溉面积的增加对提高粮食单位面积产量、稳定粮食产量将起到有力的保障作用。因此，从中长期来看，可将西北区作为中国粮食生产保障以及粮食安全的战略后备区。

三、国家政策导向

当前，中国耕地资源的总体质量不高，农业发展的基础还不牢固，保障粮食安全的任务还很艰巨。耕地轮作休耕能有效提高土壤质量，缓解农业生产与生态环境的尖锐矛盾。目前中国的粮食生产形势向好，粮食储备压力增大，为耕地轮作休耕创造了大好时机。对适当规模的耕地实行轮作休耕，使超负荷运转的耕地得到休养生息的机会，不仅不会对中国的粮食安全造成不良影响，反而有可能因地力水平提高，恢复和增加粮食产能。

2015 年 10 月 29 日，中国共产党第十八届中央委员会第五次全体会议通过的《中共中央关于制定国民经济和社会发展第十三个五年规划的建议》明确提出："坚持最严格的耕地保护制度，坚守耕地红线，实施藏粮于地、藏粮于技战略，全面划定永久基本农田，探索实行耕地轮作休耕制度试点。"针对不同区域耕地状况如地力透支、水土流失、地下水超采、土壤退化、土壤污染等制约农业发展的问题，实施轮作休耕，有利于缓解区域耕地压力和保障国家粮食安全，但根据不同耕地轮作休耕的复杂情况，要实现"藏粮于地、藏粮于技"，有必要开展试点工作，积极探索耕地轮作休耕制度。

2016 年 4 月，原农业部印发《全国种植业结构调整规划（2016—2020 年）》，提出构建用地与养地结合的耕作制度，根据不同区域的资源条件和生态特点，建立耕地轮作休耕制度，促进农业可持续发展。为全面贯彻党的十八大和党的十八届五中全会精神，2016 年 6 月，原农业部、原中央农办、国家发展改革委、财政部、原国土资源部、原环境保护部、水利部、原国家食品药品监管总局、原林业局、原粮食局十部门联合印发的《探索实行耕地轮作休耕制度试点方案》指出，"在部分地区探索实行耕地轮作休耕制度试点，是党中央、国务院着眼于我国农业发展突出矛盾和国内外粮食市场供求变化作出的重大决策部署，既有利于耕地休养生息和农业可持续发展，又有利于平衡粮食供求矛盾、稳定农民收入、减轻财政压力"，并指出实行轮作休耕要以保障国家粮食安全和不影响农民收入为前提，要提高耕地质量，严守耕地保护红线，对休耕地采取保护性措施；要以资源约束、生态压力大的区域为重点试点区，因地制宜，防治结合，以防为主，并突出问题导向，统筹协调不同区域轮作休耕工作；要以政府政策为引导，稳定农民收益，强化政策扶持，建立利益补偿机制，确保试点工作不影响农民收入。当年轮作休耕制度试点面积达到 41.06 万公顷（616.00 万亩），其中轮作 33.33 万公顷（500.00 万亩），休耕 7.73 万公顷（116.00 万亩），补助资金 14.36 亿元。轮作的 33.33 万公顷（500.00 万亩）主要在东北冷凉区、北方农牧交错区等地区开展试点，其中黑龙江 16.67 万公顷（250.00 万亩）、内蒙古 6.67 万公顷（100.00 万亩）、吉林 6.67 万公顷（100.00 万亩）、辽宁 3.32 万公顷（50.00 万亩）；休耕的 7.73 万公顷（116.00 万亩）主要在地下水漏斗区、重金属污染区、生态严重退化地区开展试点，其中河北省黑龙港地下水漏斗区季节性休耕 6.67 万公顷（100.00 万亩），湖南省长株潭重金属污染区连年休耕 0.67 万公顷（10.00 万亩），贵州省和云南省石漠化区连年休耕 0.27 万公顷（4.00 万亩），甘肃省生态严重退化地区连年休耕 0.12 万公顷（2.00 万亩）（以上括号中数据为文件中的原始数据）。为了进一步稳定农户收入，国家还因地制宜地制定了耕地轮作休耕补偿和实施方式，如在东北冷凉区、北方农牧交错区等地调整玉米种植结构，按照每年 2 250.00 元/公顷的标准安排补助资金；河北省黑龙港地下水漏斗区季节性休耕试点，每年补助 7 500.00 元/公顷；湖南省长株潭重金属污染区全年休耕试点，每年补助 19 500.00 元/公顷（含治理费用）；贵州省和云南省两季作物区全年休耕试点，每年补助 15 000.00 元/公顷；甘肃省一季作物区全年休耕试点，每年补助 12 000.00 元/公顷。

2017 年 10 月，党的十九大报告指出，要"严格保护耕地，扩大轮作休耕试点，健全耕地草原森林河流湖泊休养生息制度，建立市场化、多元化生态补偿机制"①，既要保证粮食综合生产能力，又要兼顾实施耕地休养生息，修复和提升耕地生态服务功能，耕地轮作休耕受到高度重视。当年，在原休耕试点省份继续推广轮作休耕制度试点，试点面积达 80.00 万公顷（1 200.00 万亩）。

到 2018 年，轮作休耕制度试点面积继续扩增，涉及的农村和农民越来越多，轮作休耕制度试点面积达 200.00 万公顷（3 000.00 万亩）。2019 年，实施耕地轮作休耕制度试点面积继续保持在 200.00 万公顷（3 000.00 万亩），其中，轮作试点面积 166.67 万公顷（2 500.00 万亩），主要在东北冷凉区、北方农牧交错区、黄淮海区和长江流域的大豆、花生、油菜籽产区实施；休耕试点面积 33.33 万公顷（500.00 万亩），主要在地下水超采区、重金属污染区、西南石漠化区、西北生态严重退化区实施。2020 年，实施耕地轮作休耕制度试点面积依然保持 200.00 万公顷（3 000.00 万亩）。到 2021 年，轮作休耕制度试点面积增至 266.67 万公顷（4 000.00 万亩），重点是在东北区推行薯类、杂粮杂豆与玉米的轮作模式，扩大玉米种植面积；在长江流域推行稻油、稻稻油的种植模式，在巩固双季稻播种面积的同时，大力发展冬油菜，提升中国的油料供给保障能力。2022 年，轮作休耕制度试点面积达到 461.73 万公顷

① 习近平. 决胜全面建成小康社会 夺取新时代中国特色社会主义伟大胜利：在中国共产党第十九次全国代表大会上的报告［EB/OL］.（2017-10-27）［2024-08-30］. https://www.gov.cn/zhuanti/2017-10-27/content_5234876.htm.

（6 926.00 万亩），补助资金 111.45 亿元，轮作主要在东北区、黄淮海区、长江流域、北方农牧交错区和西北区开展粮、棉、油等轮作模式，以及开发冬闲田扩种冬油菜；支持在西北、黄淮海、西南和长江中下游等适宜地区开展大豆+玉米带状复合种植；休耕主要在河北、新疆地下水超采区实行。

2016 年、2017 年、2018 年、2019 年的中央一号文件连续四年明确要求探索实行"耕地轮作休耕制度试点"。2020 年 12 月 30 日召开的全国农业农村厅局长会议和 2021 年的中央一号文件也强调，切实加强耕地保护建设是 2021 年要着力抓好的重点。2021 年的中央一号文件继续提出健全耕地轮作休耕制度。《中华人民共和国国民经济和社会发展第十四个五年规划和二〇三五年远景目标纲要》也明确提出，要"健全耕地轮作休耕制度"。国家通过出台一系列政策性文件，加快了完善中国耕地轮作休耕制度的进程，到 2022 年，中国耕地轮作休耕规模已经达到 461.73 万公顷（6 926 万亩），占全国耕地总面积的 3.62%。

轮作休耕是增产导向转为提质导向的种植方式变革，践行了绿色发展理念，升级了传统耕作制度。各试点省份立足资源禀赋，将各具特色、务实管用的绿色种植方式组装集成为符合当地实际的轮作休耕模式，形成耕地用养结合的种植制度。①实行玉米与大豆轮作，改善土壤理化性状，提高耕地地力水平，实现用地与养地相结合。黑龙江在轮作试点中形成了较为成熟的"三三制""二二制"种植模式，以玉米与大豆轮作为主，杂粮、薯类等轮作为辅的"一主多辅"模式已为广大农民所接受。河北推行冬休春（夏）种模式，将需抽取地下水灌溉的冬小麦休耕，春（夏）种植雨热同季的玉米、杂粮、杂豆等作物，既减少了地下水开采，又优化了农业供给结构。②采用资源高效利用的技术措施。吉林敦化、抚松等试点县推广轮作免耕技术，进一步减少作业环节，降低燃油、化肥等生产成本。湖南采取"春季深翻耕+淹水管理+秋冬季旋耕+绿肥"的技术路线，休耕区耕地质量平均提高 0.80 个等级，土壤微生物群系开始恢复。③实现农业投入品减量。在轮作休耕过程中科学安排作物茬口，改善了试点区域土壤结构，降低了病虫草害发生概率，减少了农药、化肥等投入品的施用次数、施用数量。江苏省在稻麦两熟种植地区实行小麦一季休耕，每年平均可减施纯氮 15.00 千克/亩、磷钾肥 10.00 千克/亩、农药 200.00 克/亩；再替代种植紫云英、苕子等绿肥作物进行压青还田，后茬水稻在同样单位面积产量下，可减少施用氮肥 3.00~5.00 千克/亩和磷钾肥 2.00~3.00 千克/亩，化肥用量减少了 20.00%~40.00%，病虫危害率降低了 10.00%~15.00%。

实践证明，轮作是保障土壤可持续利用的重要途径，是非常重要的恢复地力、保护土壤的技术手段。休耕减少了人为的干预，避免了向土地过度索取，减少了化肥、农药的投入，可增加土壤的有机质，有效改善土壤结构和性状，有利于恢复地力。特别是在重金属污染区进行休耕，能有效提升农产品质量，意义重大，影响深远。

经过多年过度耕作以及粮食丰产后，目前中国面临着较为严重的土壤短缺及土壤污染问题。在部分地区实施耕地休耕以及轮作制度，既有利于耕地休养生息和农业可持续发展，又有利于平衡粮食供求矛盾、稳定农民收入、减轻农民负担、减轻财政压力。根据《中国水资源公报（2022）》提供的数据，2022 年农业用水量达到 3 781.30 亿立方米，占总用水量的 63.00%[①]，其中农业用水量最多

---

① 中华人民共和国水利部. 中国水资源公报（2022）［N/OL］.（2023-06-30）［2024-08-30］. www.mwr.gov.cn/sj/tjgb/202306/t20230630_1672556.html.

的是新疆（513.90 亿立方米），其后依次是江苏（285.80 亿立方米）、黑龙江（273.80 亿立方米）、湖南（220.00 亿立方米），农业用水量均超过了 200.00 亿立方米，山东、河南、河北和辽宁等部分粮食主产省份水源短缺，其他一些地区的干燥缺水状况也非常严重。同时，城市化进程加快以及工业化发展加速意味着水资源消耗将继续增加，气候变化也会加剧水源供应短缺问题。开展耕地轮作休耕制度试点，要以保障国家粮食安全和不减少农民收入为前提，休耕不能减少耕地、搞"非农化"、削弱农业综合生产能力，确保急用之时粮食能够产得出、供得上。同时，要加快推动农业走出去，增加国内农产品供给。耕地轮作休耕情况复杂，必须要立足中国国情、政情和农情，从经济（国内外粮食价格、粮食供需状况、粮价补贴等）、社会（农民收入）、生态（水资源安全、耕地休养生息）、政治、科技进步等方面研究实行耕地轮作休耕制度的背景与特征，从而为中国耕地轮作休耕制度的构建和有效运行提供科学依据。

尽管中国的耕地轮作休耕制度试点已取得了一定成效，但仍存在诸多问题，需要在以后的轮作休耕实践中予以高度重视。目前，中国大部分大宗作物，如水稻、小麦、玉米、棉花等，均实现了长期连作，短的连作几年、十几年，长的连作几十年，甚至几百年（如南方双季稻），只有极少数是轮作或暂时轮作的。即使近年反复提倡、强调轮作，但真正实现轮作的作物（特别是大宗作物）和实际轮作的农田都极为有限。

从理论上讲，作物对连作的反应有三种类型：第一，较耐连作的作物，如稻麦类、玉米、棉花、甘蔗等，这些作物是国民经济中具有重大意义的作物，具有一定的耐连作的生物学特性，只要采取适当措施，长期实行连作，受害不明显（但肯定不如实行轮作好）；

第二，耐短期连作的作物，如甘薯、紫云英、苕子等，这些作物对连作的反应属于中等类型，可连作2~3年，受害较轻；第三，不耐连作（忌连作）的作物，如茄科中的烟草、马铃薯、番茄、辣椒、茄子，葫芦科中的西瓜，豆科中的豌豆、蚕豆、大豆，菊科中的向日葵，一年生的麻类作物（亚麻、黄麻、红麻）和甜菜等。这类作物，对连作反应十分灵敏，如连作则迅速出现生长受阻、植株矮小、发育不正常，特别是迅速蔓延某些专有的毁灭性病虫害，导致严重死苗减产。显然，在生产实践上，应根据作物种类不同，区别采取作物轮作或连作措施。但从农业可持续发展角度来看，应多一些轮作，少一些连作，甚至尽量避免实行连作特别是长期持续连作。

全国耕地轮作面积小，连作面积大，这也是造成全国存在许多"连作障碍区"的原因，如东北区就存在"大豆连作障碍区"。江西省稻田只有15%~20%实行轮作，旱地只有30%~50%实行轮作，轮作面积总体偏小。如能将稻田轮作面积扩大到30%~40%甚至60%~70%，旱地轮作扩大到60%~70%甚至80%以上，则江西省耕地作物轮作的效益就能充分显现出来，对农业生态系统的可持续发展也会更有利。

全国各地休耕面积不合理主要表现在："冬休"面积（冬闲田）过大，而"秋休""夏休"面积太小，不协调。今后可以考虑降低"冬休"面积，适当提高"秋休""夏休"面积。或者实行"321"休耕制，即"冬休"面积占耕地面积的30%，"秋休"面积占20%，"夏休"面积占10%。

而且，现在各地耕地休耕，多是"被动式"的，是不得已的，或是因缺乏劳动力而不耕不种，或是因"没有"经济效益（实为经济效益不高）而不耕不种，或是因耕地"质量"太差（如受到污染）而不耕不种，等等，且往往是"一丢了之"，不管、不闻、不问，一切听之任之。这种"休耕"，实为"弃耕""撂荒"①。

从目前全国的休耕情况来看，还存在以下问题：

一是发展不平衡。从全国各区域来看，北方与南方轮作发展不平衡，南方的作物轮作，无论是作物种类，还是作物种植面积，都比北方要多一些；就北方各区域来看，黄淮海区的轮作比东北区要好一些，东北区的轮作比西北区又要好一些；就南方各区域而言，水田轮作，华南区要好于长江中下游区，长江中下游区又要好于西南区；旱地轮作，则西南区好于长江中下游区，长江中下游区好于华南区。造成这一现象的主要原因在于各地的自然条件、生产条件和生产管理水平差异等。

二是政策不配套。从全国各地来看，轮作发展不好、不快，甚至可以说轮作"还没有发展起来"，距离农业可持续发展的要求还有相当大的差距。造成这种状况的原因是多方面的，但缺乏相应政策的支持、扶持是其中的重要原因，即没有建立相应的配套政策、措施来支持、鼓励农民实行轮作，农民觉得实行轮作"多花工""无利可图""划不来""不划算"。

要彻底改变这种状况，必须采取措施，制定相应的配套政策，以切实推进轮作休耕制度在生产实践中发展。当前，各地要根据2016 年 6 月原农业部等 10 部门制定的《探索实行耕地轮作休耕制度试点方案》的精神和要求，制定各地轮作的"具体措施和细则"，以更好地促进各地推行轮作休耕制度"落地""生根"。

各地现有休耕的模式"太单一"，还达不到"养地""恢复地

---

① 李升发，李秀彬. 耕地撂荒研究进展与展望 [J]. 地理学报，2016（3）：370-389.

力""保护生态"的目的。中国现有的耕地"休耕",实际上都是耕地"休闲""不耕不种""听之任之",这样必然造成耕地在"休耕"期间肥力下降、地力衰退、质量变差、可耕性变差,到了下一季或下一年真正要耕种的时候,往往"耕作困难、作物难长、产量难以提高"。如果在耕地休耕期间采取积极的、多样化的休耕模式,如松土(改变土壤可耕性)、覆盖(秸秆覆盖以保持水土)、种植养地作物(可种绿肥、豆类作物等)等,必将有利于提高耕地质量,有利于来季或来年的农业生产。

第二节　国外耕地轮作休耕制度的发展及启示

虽然中国耕地轮作休耕实践出现较早,但是现代耕地轮作休耕制度的建设起步较晚,理论基础和实践经验还十分薄弱,耕地轮作休耕发展水平与美国、日本和欧盟等国家和地区存在较大差距。而在国际上,虽然发达国家耕地轮作休耕实施得比中国晚,但作为一项农业增产的重要措施,目前已经得到普遍推广和应用。基于这一客观现实与实际需要,本节对美国、欧盟和日本的耕地轮作休耕政策实践进行比较分析,为中国的耕地轮作休耕制度的实施提供参考和借鉴。

一、美国耕地轮作休耕制度发展历程

自 20 世纪 30 年代以来,美国在生态环境恶化、水土流失严重、洪灾频发的背景下提出了土地休耕计划,主要目的是解决粮食过剩问题和改善生态环境。1933 年,美国内政部建立了土壤侵蚀服务所(后改名为"土壤保护服务所"),全面开展土地退耕和保护

研究。1956 年，美国联邦政府启动土地银行项目，在休耕农地上种植保护性植被，休耕期限为 3~10 年，并以短期休耕控制产量，以长期休耕保持水土①②。从 1961 年开始，美国政府规定农场主至少要休耕 20% 的土地。1965 年后，美国将休耕分为无偿休耕和有偿休耕③两种形式④。1985 年，美国政府通过《农业与食品安全法案》，提出了土地休耕保护计划（conservation reserve program，CRP），自 1986 年起开始实施。之后，美国陆续出台了一些适用于不同土地类型的土地休耕计划，如湿地储备计划、农地保护储备加强计划等，建立了系统化的休耕制度。

CRP 是覆盖面最广的一项休耕政策，该政策本着农场主及其他有资格的土地所有者自愿提出申请参与的原则，以政府补贴的方式实现 10~15 年的休耕还林、还草等长期性植被恢复工程。CRP 的基本程序是：由参加项目的农民在一定申请期内自愿向政府提出申请，说明要求纳入土地休耕的面积、期望的单位土地补贴水平及休耕计划。美国农业部则负责根据当地土地相对生产率和租金价格确定每一类具有相似的生产条件及土地特征的土地的单位年最高补贴金额，并按照一定的标准筛选、审批申请⑤，一般来说每个县最多

---

① 李靖，于敏. 美国农业资源和环境保护项目投入研究 [J]. 世界农业，2015（9）：36-39.

② 李瑞锋，肖海峰. 欧盟、美国和中国的农民直接补贴政策比较研究 [J]. 世界经济研究，2006（7）：79-83.

③ 无偿休耕即规定只有按照政府要求休耕一定比例的土地，才能参加诸如无追索权贷款等优惠计划，对这部分休耕土地政府无直接补偿；有偿休耕指对超过政府规定无偿休耕比例之外再休耕的土地，政府给予一定补偿。

④ 刘嘉尧，吕志祥. 美国土地休耕保护计划及借鉴 [J]. 商业研究，2009（8）：140-142.

⑤ 1990 年，随着美国食品、农业、环境保护及贸易法案的实施，美国农业部开始采用环境效益指数（environmental benefits index，EBI）作为筛选申请的标准。

有不超过 25% 的耕地可以被纳入耕地保护计划。审批通过后的土地要退出粮食作物种植，并进行绿化。相应地，每年政府均提供两项补贴：一是土地租金补贴，依据休耕地的相对生产率和当地的旱地租金价格评估出土地租金的补贴价格；二是分担植被保护措施的实施成本，农场主或者牧场主对其休耕地实施绿化措施后，政府补贴不超过其成本 50% 的现金。

美国的耕地休耕计划在性质上是自愿的，土地所有者可以根据自身土地生产经营状况选择是否参与土地休耕计划。1986—1989 年，全美共有 1 360.00 万公顷农业用地实施了休耕计划，平均土地租金补贴大约是每年 125.00 美元/公顷。到 1996 年，美国农业部规定了土地休耕面积的上限，当年计划土地休耕面积是 1 456.00 万公顷，2002 年调整到 1 568.00 万公顷，从原来的"越多越好"的方式逐步引入竞争机制。实际上，并不是所有的土地都需要休耕。到 2022 年，美国 CRP 注册了 893.14 万公顷。从实际执行效果来看，自实施 CRP 以来，水土流失明显减少，土壤质量显著提高，野生动物数量也大幅度增加。自然环境质量的改善也产生了相应的经济效益，经济效益又促进人们对自然资源进行进一步的保护及合理利用。从农场主的角度来看，农场主参与意愿较强，因为参与 CRP，极大地节省了劳动力成本，且获得了稳定的补贴收入。

二、欧盟耕地轮作休耕制度发展历程

在 20 世纪 80 年代之前，欧盟没有耕地休耕方面的政策，长期实施的农产品价格支持政策导致农产品过剩以及农户收入下降。自美国提出实施土地休耕保护计划后，欧盟也开始实行土地预留计划。1988 年，欧盟推出为期 5 年的自愿参与的休耕项目。与美国不同的是，欧盟提出休耕的目的在于控制预算和减少粮食的生产，但是制度推行之初就受到了阻碍，耕地休耕参与率较低。1991 年，美国等国家提出对欧盟主要农产品出口国的反倾销诉讼，并对欧盟的出口补贴政策表示不满。于是，1992 年，欧盟开始了农业政策的麦克萨里改革，旨在鼓励农民实行休耕，以降低农业生产对环境的损害，调控粮食总供给量和实现市场平衡。此次改革提出了强制性耕地休耕政策，将自愿参与改为强制参与。2000 年，欧盟将休耕面积固定为 350 万公顷，但是可以根据粮食供需状况进行动态调整，如 2003 年因为全球粮价上涨，欧盟将 2004—2005 年度的休耕比例降为 5%[1]。2006 年，全球粮食供求关系趋紧，欧盟通过了"在 2007 年秋季至 2008 年春季期间将欧盟境内土地休耕率由过去的 10% 调减为零"的决议[2]。粮食紧张情形缓解后，休耕政策再度实行[3]。

根据欧盟发布的数据，2007 年，欧盟的强制休耕地面积大约有 370 万公顷[4]，其中德国休耕面积最大[5]。鉴于国际农产品市场行情看涨，2009 年，欧盟理事会将强制耕地休耕政策又调整为自愿耕地休耕政策[6]，并提出以后的耕地休耕计划要按照市场行情变化和农

① ZELLEI A, GORTON M, LOWE P. Agri-environmental policy systems in transition and preparation for EU membership [J]. Land use policy, 2005, 22(3): 225-234.

② 潘革平. 粮食供应紧张　欧盟暂停休耕 [N]. 经济参考报, 2007-09-28 (3).

③ LOUHICHI K, KANELLOPOULOS A, JANSSEN S, et al. FSSIM, a bio-economic farm model for simulating the response of EU farming systems to agriculture: a land environmental policies [J]. Agricultural systems, 2010, 103 (8): 585-597.

④ EU. Impact assessment of health check [EB/OL]. http://ec.europa.eu/agriculture/policy-perspectives/impact-assessment/cap-health-check/index_en.htm.

⑤ JERRY J, BRUCE M. The role of the conservation reserve program in controlling rural residential development [J]. Journal of rural studies, 2001 (17): 323-332.

⑥ SIEBERT R, BERGER G, LORENZ J, et al. Assessing German farmers' attitudes regarding nature conservation set-aside in regions dominated by arable farming [J]. Journal for nature conservation, 2010, 18 (4): 327-337.

产品产量变化来调整。

可以看到，欧盟的耕地休耕制度在 1988 年最初实施的自愿休耕计划中，采用的方式是自愿申请和评估机制相结合；1992 年推行强制性休耕计划，对休耕面积的作物产量也提出了要求；2009 年又恢复为自愿休耕计划，该计划对于产量、种植面积均无要求，但对休耕的方式提出了要求，即进行轮换休耕或非轮换休耕。

从整体来看，欧盟各成员国所取得的生态环境效应各不相同，但正面效应大于负面效应。在西班牙中部，经过推行耕地休耕计划，水土流失状况得到极大的改善。在芬兰、德国等国家，农业政策从早先的粮食生产转向了农业生态环境保护，改变了农业发展方向，成为促进乡村发展的持续动力。

三、日本耕地轮作休耕制度发展历程

在 20 世纪 60 年代中期，随着经济的快速复苏以及人们饮食结构的变化，食物的选择范围不断扩大，日本的稻米产量出现过剩。为了维持国内水稻价格高位，日本在 1971 年实施了稻田休耕转种计划，控制水稻种植面积以减少食用稻米的产量。同时，为了不影响农户收入，又进一步提高了国内稻米价格补贴和稻米进口关税。但是，日本实施的高额补贴及高额关税政策遭到了农产品贸易大国如美国、法国的强烈指责。为了适应 WTO（世界贸易组织）对于自由贸易的要求，日本政府于 2007 年对稻田休耕补贴政策进行了调整。一方面，将 1971 年实施的稻田休耕转种计划从强制性计划变成自愿性计划，是否参与稻田休耕转种计划的决定权在于农户自身；另一方面，降低稻田休耕转种补贴。日本通过这两个计划，适当调整了稻田休耕政策的导向，但实际上并没有减少政府的农业补贴支出。

2007 年之前是强制性休耕，在实施过程中，日本农林水产省和日本农协主导整个休耕转种计划，以村庄为单位分摊休耕转种计划指标。在休耕转种计划中，转种的耕地面积必须要上报各地基层农协。耕地休耕补贴及转种补贴由中央财政承担，农户在这个过程中几乎没有主导权。2007 年之后，实施的是自愿耕地休耕政策，农户可以直接向基层农协提出申请。

日本土地休耕方式主要包括轮种休耕、管理休耕和永久休耕三种。轮种休耕和管理休耕的补贴标准是 18.50 美元/公顷，如果农户能采取更为有效的水土保持措施，或能将作物种植与畜牧相结合，该标准还可以进一步提高。而对于长期或永久休耕地，补贴会更高，永久休耕的补贴最高达到 133.00 美元/公顷。对于不配合轮作休耕的农民，政府按一定标准收取代偿费，每公顷为 10.00 万日元至 20.00 万日元不等，以此增加耕地耕作成本，引导农户休耕。而对于积极配合的农民，政府将发放基本补助金，补助标准为 7.00 万日元/公顷，最高的补助金额可达 50.00 万日元/公顷。随着该政策的实施，到 2014 年，日本休耕总面积达到 39.60 万公顷，休耕率为 10.60%。2015 年底，日本自愿稻田休耕转种土地面积接近 40.00 万公顷，占其耕地总面积的 10% 左右。

四、国外经验对中国轮作休耕制度建设的启示

美国、欧盟和日本实行的是土地私有化制度，欧美国家人均耕地多于日本，人地矛盾远远小于日本；欧美国家粮食产量大，是典型的粮食出口型国家，如美国是世界上玉米、大豆、小麦的主要出口国。

现阶段，美国、欧盟和日本的轮作休耕基本上放弃了强制性休

耕，而是由政府提出一个轮作休耕的适用区域和补贴标准，农业经营者据此自愿申报。补贴标准一般参考休耕地种植的利润水平，以及采取保护性措施的投入成本，随行就市，"因地制宜"逐个核实，"因事而异"确定补贴水平。在大家踊跃参加轮作休耕的情况下，政府设立补偿最高限额，让农民自己提出一个合理的补偿要求，政府再根据休耕地段的生态环境效益和休耕成本，最终筛选确定。

在轮作休耕制度实施过程中，按照休耕面积统一标准实施补偿是一种很粗放的政策取向。应当根据当地耕地质量恢复关键措施需要的成本，以及休耕引起的实际经济损失的年度变化来确定补偿水平。在政府的指导意见下，还可以在适应轮作休耕区域尝试采用一种新的方法，即在政府指导的休耕方法和最高补偿价基础上，让农户自己提出申请补偿金额，然后由政府最终审批确认。政府对轮作休耕生态补偿的对象要定位准确。目前中国的耕地所有者是集体，承包者是农民，如果农民自己不耕作，将会出租给实际经营者。通常农民在出租耕地的时候已经通过租金获得了利益，轮作休耕补偿一般情况下应当给予实际支付轮作休耕成本的经营者。

目前中国正在推动实施政府和社会资本合作的模式。政府与企业合作能够为农业经营者提供有偿或无偿的服务。这个模式的好处在于提供社会服务的企业可以更加专业化，从而在整体上提高效益，降低成本。然而，这个模式的实施需要正确处理政府、合作企业和农业经营者之间的利益关系。如果处理不好，合作企业可能既拿到了政府有关轮作休耕的部分补贴，又拿到了土地在一定年限内的使用权益，从而可能会让农业经营者吃亏。又比如，提供耕地修复服务的合作企业可能在技术条件并不成熟的情况下为了经济利益而盲目承包政府的项目，结果达不到预定目标或者仅仅部分达到预定目标。当农业经营者收回土地后，土地的状况还是不尽如人意。因此，必须设定政府要求的轮作休耕和土地修复目标，平衡政府、企业、农民等不同利益主体之间的关系，促进形成高效、高质、技术成熟的社会化服务体系。

第三节　基于粮食安全的耕地轮作休耕规模测算

有效落实耕地轮作休耕制度，全面提高耕地产出水平，改善耕地生态环境，是落实"藏粮于地"战略的关键。近年来，中国粮食生产稳定，产量连年增长，但粮食生产的基础仍然不稳，粮食生产方式较为粗放，连轴转、满负荷利用耕地，化肥、农药等化学物质超量施用，超采地下水，致使农田环境资源遭到破坏，耕地质量降低，农业可持续发展面临重大挑战。实行耕地轮作休耕，能有效改善土壤质量，缓解农业生产与生态环境之间的尖锐矛盾，全面提升农业供给体系的质量和效率。

一、休耕规模测算的理论分析

2016年6月颁布的《探索实行耕地轮作休耕制度试点方案》，标志着休耕在中国正式成为一项国家层面的耕地保护政策。尽管让受损土地和边际土地率先休耕是当前休耕工作的重点和学术界较为认可的观点，但在理论层面，仍然有许多问题亟待深入研究，尤其是确定合理的耕地休耕规模成为学术界探讨的热点问题。本书从预测国家整体的粮食消费需求出发，估算安全的粮食储备规模，为耕地休耕总量的确定和政策的制定提供参考，为耕地合理利用提供科学指导，进而从根本上保障中国粮食安全。

（一）耕地休耕规模测算的基本思路

耕地休耕规模是指在一定时间、特定区域内可休耕的最大耕地数量。耕地休耕规模要以耕地需求量作为约束条件，且不能超过现有耕地规模与目标年耕地需求量。

相对于发达国家和地区而言，休耕在中国的理论基础和实践经验都还比较薄弱，如休耕的区域模式设计、休耕地的诊断与识别、休耕地的时空配置、休耕主体的协调、休耕地的管护与监测评估等。当前中国学术界对休耕的研究呈现出以下特征：一是对实行休耕制度，研究者大都持乐观态度，却缺乏对中国国情、资源本底和休耕风险的充分认识；二是大多数研究是对休耕的必要性、休耕的国际经验进行总结和介绍，与中国的实际契合度不够。

如何在粮食主产省份有效开展休耕是中央和地方政府面临的迫切而现实的问题，但中国休耕理论研究和实践经验都呈现碎片化和非系统化状态，快速发展的休耕实践需求难以得到满足。技术层面如何科学确定区域休耕规模等基础问题是当前休耕及耕地保护领域的研究热点和难点。在休耕制度试点区域，休耕规模的确定遵循自上而下分配和逐级分解指标的原则，未能根据区域休耕政策目标和耕地资源禀赋进行差异化确定，导致出现过分追求休耕规模指标、休耕区域错配和农户抵触或复耕等损害休耕效益的现象。休耕规模包含理论规模和现实规模两个层次。理论休耕规模根据耕地的可耕性指数确定，为恢复区域耕地资源的正常生产能力和生态效应服务；现实休耕规模则应以粮食安全为首要约束条件和上限，将影响粮食安全的诸多动态因素纳入休耕规模的确立框架。粮食主产省份在承担区域粮食生产任务的同时还要兼顾国家层面的粮食安全保障重任，其应以现实休耕规模为标准，以充分考虑区域粮食协调、发挥粮食调配功能为前提，合理确定休耕规模的上限。

在全国层面，不同学者的研究结论差异较大，认为中国耕地休耕规模占全国耕地面积的比例从 0.70% 到 20.00% 不等。财政部曾向国务院建议休耕 1 300.00 万公顷①，约占全国耕地面积的 10.00%。在地市层面，赵云泰等以江苏省南通市通州区为例，对不同发展情景下的休耕规模和布局进行了虚拟实证分析。其研究结果表明，区域虚拟休耕规模占当地耕地面积的 0.84% ~ 8.38%②。张慧芳等认为中国休耕面积不应该超过耕地总面积的 5.00%③。李凡凡等预测 2015 年中国可休耕规模为 97.49 万公顷④。罗婷婷等则认为中国休耕规模的上限为 2 700.00 万公顷，占耕地总面积的比例高达 20.00%⑤。全国层面的大规模休耕尚未进行，除《探索实行耕地轮作休耕制度试点方案》确定的河北、湖南、云南、贵州、甘肃五省外，新疆、江苏、陕西等地已确定省级试点，全国休耕制度试点面积由 2016 年的 41.00 万公顷扩大到 2022 年的 461.00 万公顷，6 年间增加了 10 倍多。可以预见，未来休耕的规模和范围将会继续扩大，休耕规模的合理确定愈发重要。

---

① 陈展图，杨庆媛. 中国耕地休耕制度基本框架构建 [J]. 中国人口·资源与环境，2017（12）：126-136.

② 赵云泰，黄贤金，钟太洋，等. 区域虚拟休耕规模与空间布局研究 [J]. 水土保持通报，2011（5）：103-107.

③ 张慧芳，吴宇哲，何良将. 我国推行休耕制度的探讨 [J]. 浙江农业学报，2013（1）：166-170.

④ 李凡凡，刘友兆. 中国粮食安全保障前提下耕地休耕潜力初探 [J]. 中国农学通报，2014，30（增刊）：35-41.

⑤ 罗婷婷，邹学荣. 撂荒、弃耕、退耕还林与休耕转换机制谋划 [J]. 西部论坛，2015（2）：440-446.

一般来说，休耕客观上会导致粮食产量减少，国家为了确保粮食安全，必须将休耕规模控制在一定范围内，不能触及粮食安全的底线。从总体来看，耕地休耕规模的测算可以按两种思路进行。一种思路是根据粮食自给率进行测算。一般来说，粮食自给率与休耕规模成反比，即粮食自给率越高，休耕规模越小；粮食自给率越低，休耕规模越大。具体见图 2-3。在中国，休耕规模的上限是耕地总量与确保粮食安全所需耕作的耕地面积之间的差额，休耕规模的下限为保证粮食自给率达到 100% 以外的耕地[①]。不同的粮食安全（粮食储备）水平下会有不同的休耕规模，休耕对粮食安全的影响必须可控。但是影响粮食安全的因素很多，耕地生产潜力、人口规模、人均粮食消费、种植结构、食物结构、农业科技进步等都会对粮食需求和供给产生影响，且这些因素本身也处于不断变化中，是需要仔细研究的问题。

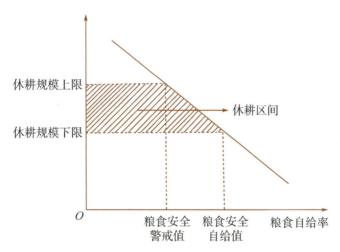

注：粮食自给率垂线右侧为实际休耕规模。

图 2-3　基于粮食自给率的休耕规模分析

---

① 陈展图，杨庆媛. 中国耕地休耕制度基本框架构建 [J]. 中国人口·资源与环境，2017（12）：126-136.

耕地休耕规模测算的另一种思路是根据理想粮食储备量进行测算。粮食储备量作为调节粮食市场供需和平抑粮食市场价格的"蓄水池",并不是越多越好。粮食储备量越多,造成的财政资金沉淀越多,会造成不必要的浪费;粮食储备量越少,越难以应对重大突发事件对粮食市场的冲击,可能会造成粮食危机。因此,必须有科学合理的储备规模和储备结构。当前中国的粮食储备量偏高,粮食生产形势向好,是去库存和耕地休耕的大好时机,这也是粮食供给侧结构性改革的题中应有之义。一般来说,耕地休耕规模与粮食储备量成正比,粮食储备量越高,耕地休耕规模越大;粮食储备量越低,耕地休耕规模越小。具体见图2-4。现实粮食储备量高于理想粮食储备量的超额储备属于应减少的库存,可以通过耕地休耕实现,即超额储备量越多,耕地休耕的规模越大;超额储备量越少,耕地休耕的规模越小。

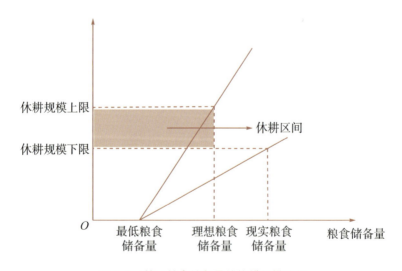

图2-4 基于粮食储备量的休耕规模分析

粮食的种类众多,有总体上的粮食自给率,有不同品种的粮食自给率,还有不同区域的粮食自给率,中国过去使用的不低于95%

的粮食自给率也较为笼统。有鉴于此，本书按照第二种思路对中国耕地休耕规模进行测算。其基本步骤是：

第一步，我们根据历史数据测算中国粮食总需求量，对 2025年、2030 年和 2035 年的粮食总需求量进行预测。

第二步，我们根据联合国粮食及农业组织（FAO）提出的17%～18%的库存消费比，对中国政府要求的主产区 3 个月粮食储备量、主销区 6 个月粮食储备量、平衡区 4.5 个月粮食储备量和学术界提出的 25%～30%的库存消费比设计三种方案，测算中国的理想粮食储备规模。

第三步，我们用现有粮食储备量与理想粮食储备量进行比较，两者之差即超额或应减少的储备规模。

第四步，我们用超额储备规模除以现有粮食单位面积产量（假定未来的技术水平不变），即应休耕的规模。

在中国"谷物基本自给、口粮绝对安全"粮食安全观的导向下，中国应有足够的稻谷和小麦库存。中国的玉米储备规模较大，是去库存的主要粮食品种，因此，我们在计算过程中主要以玉米库存占比和玉米单位面积产量为测算依据。

（二）粮食安全的影响因素分析

1. 粮食自给率

粮食自给率是一定时期内一个国家或地区粮食生产量和储备量占其总消费量的比重，它是衡量一个国家或地区粮食安全水平的一项重要指标。粮食来源一是从区域外粮食市场购入，二是通过自身粮食生产和储备供给。粮食自给率有狭义粮食自给率和广义粮食自给率之分。狭义粮食自给率是指即期的粮食总生产量、粮食总储备量与粮食总需求量之比，即 $SS = \dfrac{TP}{TC} \times 100\%$，$SS$ 为狭义粮食自给率，

TP 为粮食总生产量+粮食总储备量，TC 为一定时期的粮食总需求量。广义的粮食自给率还应包括不纳入粮食范畴，但是可以作为粮食的替代物品，即（粮食总生产量+粮食总储备量+粮食替代物品量）/一定时期的粮食总需求量。一般来说，粮食自给率与粮食安全水平成正比，即粮食自给率越高，粮食安全水平也就越高；反之反是。FAO 规定，一国粮食自给率达到 100% 属于完全自给，在 95%~100%（不含）之间属于基本自给，在 90%~95%（不含）之间表示粮食安全水平尚可，如果粮食自给率低于 90%，则表明粮食状况不安全。

与粮食自给率类似的另一个指标是粮食贸易依存度，即 $D=\dfrac{NI}{TC}\times$ 100%，D 为粮食贸易依存度，NI 为国内粮食进口量，TC 为一定时期的粮食总需求量。粮食贸易依存度越高，粮食安全水平越低。本书主要从狭义的粮食自给率出发，通过粮食自给率来体现一个国家或地区所承受的粮食压力，而粮食压力则影响粮食生产和消费以及农业和粮食市场的发展。

2. 粮食单位面积产量

粮食单位面积产量是指粮食产量和粮食播种面积相除得到的数值。粮食单位面积产量集中体现了粮食生产能力，总体上反映了一个国家或地区的农业自然条件和农业生产组织两方面状况。从农业自然条件来看，粮食单位面积产量受气候、土壤、灌溉条件、病虫灾害等条件的制约，体现了自然属性；而农业生产组织则体现了粮食单位面积产量的人为因素，表现在生产技术和生产积极性等方面。市场经济发展至今，生产技术的获取逐渐实现了商业化，农民获得理想经济收入的关键在于加大土地投入力度。同时，基于中国人多地少、农村人口数量巨大的国情，提高粮价很难保障农民的收益和建立起长效的增收机制，而政府惠农政策、农村人口转移和土地流转政策等也是影响中国粮食单位面积产量的重要因素。在中国耕地资源有限，粮食播种面积难以进一步扩大的前提下，依靠科技进步提高单位面积产量将是提高中国粮食总产量的重要支撑力量。新中国成立以来，中国粮食产量的大幅度提高就是在粮食播种面积的约束下通过粮食单位面积产量的大幅度提高实现的。2024 年的中央一号文件明确提出要"实施粮食单产提升工程""把粮食增产的重心放到大面积提高单产上"，这也是"扎实推进新一轮千亿斤粮食产能提升行动"的题中应有之义。

3. 影响粮食总需求的人口因素

人口数量是决定粮食总需求量的关键变量。人口数量的增长会直接拉动粮食总需求量的增长，而粮食总需求量也间接受到消费水平、城镇化、老龄化等因素的影响，从而影响耕地保有量。人口峰值对粮食总需求量有决定性的影响，在保持耕地生产能力和区域粮食自给率不变的情况下，人口数量越多粮食总需求量越大，从而对耕地数量提出更高要求。根据国务院印发的《国家人口发展规划（2016—2030 年）》，预计到 2030 年，中国人口数量将达到 14.50 亿人[①]。2030 年后人口数量逐渐下降，到 2050 年降至 13.80 亿人。城镇化的发展会带动农村人口向城镇转移以及农村转移人口市民化，从而整体升级中国的膳食结构，推高粮食总需求量。李隆玲研究证实，农民工体力消耗较大，对粮食的需求量会比城市居民和农村居民更多，因此不同人群需求峰值也有所差异[②]。未来人口数量的增

---

① 国务院关于印发《国家人口发展规划（2016—2030 年）》的通知（国发〔2016〕87 号）[EB/OL].（2017-01-25）[2024-08-30]. https://www.gov.cn/gongbao/content/2017/content_5171324.htm.

② 李隆玲. 中国农民工粮食需求水平与结构研究 [D]. 北京：中国农业大学，2018.

长以及生活质量的提高，必然会增加对粮食总量的需求和提升粮食消费质量。

4. 耕地复种指数

耕地复种指数是衡量耕地利用程度的重要标准。复种指数是指在一定时期内（一般为 1 年）在同一块耕地上平均种植农作物的次数，即年内农作物的总播种面积与耕地面积之比，可用作比较不同年份、不同地区和不同生产单位之间耕地的利用状况。提高复种指数，有助于发展农业生产、提高产量，但对同一地区，耕地复种指数高则会对耕地造成更大的压力，不利于保证耕地利用的可持续性。2022 年，中国的耕地复种指数已达到 133.22%[①]，大多数专家认为中国的耕地复种指数提升空间已非常有限，在一定程度上影响了粮食播种面积的进一步扩大。因此，通过耕地休耕因地制宜地降低耕地复种指数，不仅可以适应中国人口多、耕地少的特点，也是挖掘耕地利用潜力和提高农作物总产量的有效途径。

二、基于不同用途结构的粮食实际消费量测算

考虑到中国粮食生产能力较为稳定且库存量较大的现状，本书选择从未来粮食消费需求这一角度出发，对中国粮食最优储备规模进行测算，同时弱化粮食进出口、区域调动和技术进步等因素的影响。在这样的视角下，要合理规划中国粮食储备规模，要以测算未来粮食消费需求为前提。本书首先估算了年度粮食实际消费量及未来理想消费规模 [受非洲猪瘟影响，2019 年猪肉产量同比减少

---

① 2022 年，中国的农作物播种面积为 16 999.092 万公顷，耕地面积为 12 760.10 万公顷。农作物播种面积数据，由笔者在国家统计局网站首页搜索"国家年度数据"得到，参见：https://data.stats.gov.cn/easyquery.htm? cn = c01。耕地面积数据来源于 2022 年《中国自然资源统计公报》。

21.30%，该特殊情况可能导致饲料用粮消费量低于实际值，因此本书选择 2022 年数据进行测算（因未见公开数据，故我们只能自己测算）更具有普适性]，在此基础上预测了中国粮食储备规模。在测算 2022 年度粮食实际消费量时，我们分别计算了口粮、饲料用粮、工业用粮、种子用粮消费及损耗情况，并得到了口粮在粮食总需求量中的占比情况；对中国未来粮食消费规模进行预测时，首先在不同的能量标准下测算了人均口粮消费量，再进一步测算 2025—2035 年人均粮食消费量及总消费需求。对未来粮食消费需求的计算是测算粮食储备的大前提，接下来本书基于三种不同标准对中国 2025—2035 年粮食储备规模进行测算。

（一）研究方法

从不同用途出发，本书分别测算中国 2022 年口粮、饲料用粮、工业用粮、种子用粮的实际消费量及损耗量。

1. 口粮实际消费量测算

城镇与农村居民在粮食消费习惯、品种及外出就餐等方面存在差别，本书测算口粮消费量时分为农村和城镇两个类别。其估算公式为

$$G_{fai} = \left(\frac{f_{ari}}{1 - r_{ao}} \times P_r + \frac{f_{aci}}{1 - r_{co}} \times P_c \right) \div 1\,000$$

式中，G_{fai} 是第 i 类粮食口粮实际消费量（万吨）；f_{ari} 和 f_{aci} 为农村和城镇第 i 类粮食人均实际消费量［千克/（人·年）］；r_{ao} 和 r_{co} 为农村与城镇居民在外就餐比；P_r 和 P_c 为农村与城镇人口总量（万人）；i 为各粮食品种，本次计算主要包括谷物类、薯类和豆类。

其中城乡居民的在外就餐比参考朱瑶瑶（2018）的研究，城镇居民在外就餐比为 10.86%，农村居民在外就餐比为 8.71%[①]。

---

① 朱瑶瑶. 中国城乡居民在外就餐消费研究［D］. 南京：南京财经大学，2018.

2. 饲料用粮实际消费量测算

饲料用粮通过畜（水）产品的产量和折算出的耗粮系数进行测算。其计算公式为

$$G_{fdi} = \sum_{j=1}^{7} p_j \times \delta_j \times r_{ij}$$

式中，G_{fdi} 代表第 i 类粮食的饲料用粮总量（万吨）；P_j 代表第 j 类畜（水）产品产量；δ_j 代表第 j 类畜（水）产品的料肉比；r_{ij} 代表第 j 类畜（水）产品饲料耗粮中第 i 类粮食占比（%）；j 为各畜（水）产品品种，包括猪肉、牛肉、羊肉、禽肉、牛奶、禽蛋和水产品，它们的料肉比分别为 2.01、0.93、0.81、0.35、1.72、1.62 和 1.20[1]。各类产品饲料耗粮中各类粮食所占比例参考肖玉等的研究[2]，具体比例见表 2-5。

表 2-5　各产品饲料中粮食占比　　　　　　单位:%

产品种类	稻谷	小麦	玉米	薯类	豆类
猪肉	15.77	6.70	43.57	15.00	15.00
牛肉	0.00	5.00	26.25	0.00	0.00
羊肉	0.00	5.00	26.25	0.00	0.00
牛奶	0.00	0.70	31.40	0.00	0.00
禽蛋	6.20	2.70	40.40	0.00	20.00
禽肉	2.32	2.33	50.82	0.00	20.00
水产品	0.00	7.08	23.29	0.00	10.00

注：薯类换算为最终耗粮量需要按照 1/5 折粮，豆粕换算为豆类系数为 1.25。

---

① 骆建忠. 基于营养目标的粮食消费需求研究 [D]. 北京：中国农业科学院，2008.

② 肖玉，成升魁，谢高地，等. 我国主要粮食品种供给与消费平衡分析 [J]. 自然资源学报，2007（6）：927-936.

3. 工业用粮实际消费量测算

工业用粮方面主要考虑酿酒等对粮食的消费，一般情况下将工业产品耗粮比例定为 75%，对不同品种粮食的工业用粮进行测算：

$$G_{pi} = (G_{pb} \times p_b + G_{pw} \times p_w + G_{pa} \times p_a + G_{pm} \times p_m) \div 0.75 \times r_{gi}$$

式中，G_{pi} 代表第 i 类粮食工业用粮总量；G_{pb}、G_{pw}、G_{pa} 和 G_{pm} 为啤酒、白酒、酒精和味精产量；ρ_b、ρ_w、ρ_a 和 ρ_m 依次为它们的耗粮系数；r_{gi} 代表第 i 类粮食耗费占比。其中啤酒、白酒、酒精和味精的耗粮系数参考唐华俊等的研究，分别为 0.17、2.30、3.00 和 5.00[①]。工业耗粮中各粮食品种所占比例参考廖永松的调查[②]，稻谷、小麦、玉米和薯类占比依次是 14.04%、15.23%、45.79% 和 7.40%。

4. 种子用粮实际消费量测算

种子用粮主要考虑各品种粮食的播种面积及单位用种数量。其测算公式为

$$G_{si} = s_i \times A_i$$

式中，G_{si} 为种子用粮总量（万吨）；s_i 是第 i 类粮食单位面积用种量（吨/公顷）；A_i 代表第 i 类粮食播种面积（万公顷）。

5. 粮食实际消费总量测算

粮食损耗比通常规定为 5%，故粮食实际总消费量为

$$G_r = G_{fai} + G_{pi} + G_{fdi} + G_{si} + G_w$$

（二）数据来源

本书计算的口粮、饲料用粮、工业用粮及种子用粮，包括粮食消费的各部分，数据来源较为复杂：城乡人口数、人均口粮消费

---

① 唐华俊，李哲敏. 基于中国居民平衡膳食模式的人均粮食需求量研究 [J]. 中国农业科学，2012（11）：2315-2327.

② 廖永松. 中国到底消费多少粮食 [EB/OL].（2012-02-27）[2024-08-30]. http://www.zgxcfx.com/Article/42490.html.

量、畜（水）产品产量、粮食播种面积数据来自各年《中国统计年鉴》；啤酒、白酒、酒精、味精产量来自各年《中国食品工业年鉴》；各类粮食的用种量来自《全国农产品成本收益资料汇编》；城乡居民在外就餐比、饲料用粮及工业用粮耗粮系数由相关文献中数据整理得到。

（三）研究结果

通过对 2022 年中国主要粮食品种实际消费量的测算可以发现，从实际消费总量与人均消费量来看，玉米和稻谷占比较高，薯类和大豆占比较低。从实际消费用途来看，稻谷主要以口粮消费为主，2022 年稻谷共消费 16 915.24 万吨，其中口粮消费占比 71.71%；小麦消费总量为 9 747.27 万吨，其中口粮消费占比过半，达到 54.74%，工业用粮和饲料用粮同样是小麦的重要消费场景，共占比 32.36%；玉米主要被用于饲料和工业加工，2022 年共消费 17 947.67 万吨，其中，饲料用粮 10 956.45 万吨，占比 61.05%，工业用粮 4 811.30 万吨，占比 26.81%；薯类以饲料用粮为主，2022 年共消费 3 343.84 万吨，其中饲料用粮占比 48.72%，工业用粮占比 23.25%；豆类消费量达到 7 152.38 万吨，主要为饲料用粮和工业用粮，二者共占比 78.90%，其中饲料用粮占比 57.69%。详见表 2-6。

表 2-6　2022 年全国主要粮食品种实际消费量测算结果

项目		稻谷	小麦	玉米	薯类	豆类	合计	比例/%
粮食消费量/万吨	口粮	12 129.83	5 336.32	771.45	421.10	1 337.22	19 995.92	36.29
	工业用粮	1 475.23	1 600.26	4 811.30	777.54	1 513.05	10 177.38	18.47
	饲料用粮	2 121.39	1 553.63	10 956.45	1 629.22	4 126.33	20 387.02	37.00
	种子用粮	128.15	599.86	122.60	372.71	79.76	1 303.08	2.36
	粮食损耗	1 060.64	657.20	1 285.87	143.27	96.02	3 243.00	5.88
	合计	16 915.24	9 747.27	17 947.67	3 343.84	7 152.38	55 106.40	100
人均消费量/千克		121.22	69.85	128.62	23.96	51.26	394.92	—

唐华俊等的研究表明，中国居民人均每年粮食需求较为稳定，近年变动较小，总体保持在 377.88 千克/（人·年）～406.09 千克/（人·年）[①]；中国农业科学院的研究结果表明，粮食消费为 250.00～400.00 千克/（人·年）可达到温饱，400.00～600.00 千克/（人·年）为小康[②]；肖俊彦对国内主流观点所认为的粮食消费 400.00 千克/（人·年）的安全线提出质疑，并认为在以往历史中按照此标准进行估算往往高于实际数据[③]；2009 年，马永欢等以系统动力学为理论基础，仿真模拟了未来 10 年粮食总消费量，结果表明 2010 年粮食需求达到 384.50 千克/（人·年），2015 年增长至 385.90 千克/（人·年），2020 年达到 387.20 千克/（人·年）[④]。本书测算所得 2022 年粮食实际消费量为 394.92 千克/（人·年），与学者以往的研究中所得出的人均粮食消费量出入不大。同时，本书测算的主要是稻谷、小麦、玉米、薯类、大豆五类，现实中还有其他非主流粮食品种。

三、基于营养目标的未来粮食需求测算

在测算中国居民 2022 年口粮、工业用粮、饲料用粮、种子用粮实际消费量的基础上，本小节将根据 2022 年平衡膳食金字塔所提出的理想膳食模式，基于营养目标对 2025—2035 年粮食需求进行测算。

---

① 唐华俊，李哲敏. 基于中国居民平衡膳食模式的人均粮食需求量研究 [J]. 中国农业科学，2012（11）：2315-2327.

② 中国农业科学院农业经济研究所. 中国粮食问题的宏观剖析 [J]. 农业经济问题，1995（2）：2-7.

③ 肖俊彦."粮食安全"还是"食物安全"：兼评中国食物安全问题 [J]. 调查研究报告，2004（195）：1-23.

④ 马永欢，牛文元. 基于粮食安全的中国粮食需求预测与耕地资源配置研究 [J]. 中国软科学，2009（3）：11-16.

中国居民平衡膳食金字塔（2022）涵盖了一个人每天应摄入的各类食物，共分为 5 大类，具体见图 2-5。

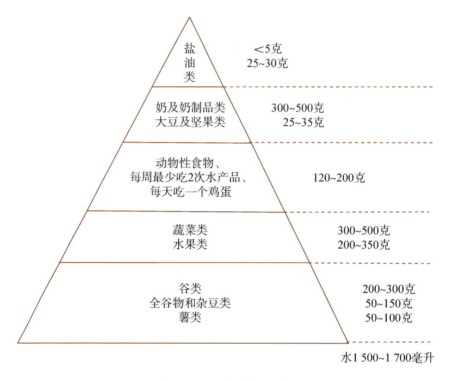

图 2-5　中国居民平衡膳食金字塔（2022）

资料来源：中国营养学会. 中国居民膳食指南（2022）［M］. 北京：人民卫生出版社，2022：3.

（一）基于营养目标的人均口粮需求测算

本书通过口粮转换系数进行口粮预测，主要考虑口粮与能量、蛋白质和脂肪的转化。学者以往的研究主要根据 FAO 提出的居民食物消费及营养素等相关数据进行计算，从而求得具体转化系数。其计算公式如下：

$$R_{egrain} = \frac{E_{grain}}{Q_{grain}}$$

$$R_{pgrain} = \frac{P_{grain}}{Q_{grain}}$$

$$R_{fgrain} = \frac{F_{grain}}{Q_{grain}}$$

式中，R 为口粮转化系数，R_{egrain}、R_{pgrain}、R_{fgrain} 分别是能量、蛋白质、脂肪的转化系数；E_{grain}、P_{grain}、F_{grain} 分别是粮食的能量、蛋白质、脂肪供给量；Q_{grain} 为粮食供给量。

王禹通过对 1978—2011 年数据的分析，发现口粮与能量转化系数波动不大，保持在 3.410 0~3.490 0 kcal（千卡）/g 区间内[1]，本书取均值 3.450 0 kcal/g；口粮与蛋白质转化系数的区间为 0.081 0~0.086 0 kcal/g，本书取均值 0.084 0 kcal/g；口粮与脂肪的转化系数为 0.015 0~0.016 0 kcal/g，本书参考均值 0.015 5 kcal/g。

根据《中国居民膳食指南（2022）》，膳食金字塔的能量为每人每日 1 600~2 400 kcal，不同能量标准所需要的食物量如表 2-7 所示。

表 2-7　各能量标准下的食物摄入量

单位：克/（天·人）

能量标准/千卡/（天·人）	1 600	1 800	2 000	2 200	2 400
谷类	200	225	250	275	300
蔬菜类	300	400	450	450	500
水果类	200	200	300	300	350
动物性食物	120	50	50	75	200
奶与奶制品类	300	300	300	300	500
大豆及坚果类	25	15	15	25	30
油类	25	25	25	25	30
盐	<5	<5	<5	<5	<5

数据来源：笔者根据《中国居民膳食指南（2022）》整理。

[1] 王禹. 新形势下我国粮食安全保障研究 [D]. 北京：中国农业科学院，2012.

根据《中国居民膳食指南（2022）》对营养目标的要求，成年人（18～49 岁）每人每天的平均能量需求量为 1 800～2 250 kcal，本书按照高、中、低不同标准，分别测算人均每天摄入能量标准在 1 600 kcal、2 000 kcal 和 2 400 kcal 情况下的口粮需求水平，其中口粮与能量转化系数为 3.45 kcal/g，口粮提供的能量占比为 61.40%[①]。具体如表 2-8 所示。

表 2-8　各能量标准下居民人均口粮需求

能量标准/千卡/（天·人）	口粮能量占比/%	口粮提供的能量/kcal	转换系数/kcal/100 mg	日均口粮需求/g	年均口粮需求/kg
1 600	61.40	982.40	0.345	284.75	103.94
2 000	61.40	1 228.00	0.345	355.94	129.92
2 400	61.40	1 473.60	0.345	427.13	155.90

表 2-8 计算结果表明，在日均摄入能量标准分别为 1 600 kcal、2 000 kcal 和 2 400 kcal 时，人均每日的口粮需求量达到 284.75 克、355.94 克、427.13 克，人均每年的口粮需求量分别为 103.94 千克、129.92 千克、155.90 千克。上述对中国粮食 2022 年实际消费量进行测算的结果表明，中国人均每年实际粮食消费量为 394.92 千克。在中等能量标准下，中国居民年均口粮需求量为 129.92 千克，理想状态下的口粮消费量在粮食总消费量中所占比例为 32.85%。

（二）人口预测

对中国未来人口进行预测的相关文献较多，有对人口总量进行预测的，有对人口结构进行分析的，有对中国人口老龄化现象进行研究的，有结合二孩及多孩政策的出台与发展进行人口展望的。本

---

① 王禹. 新形势下中国粮食安全保障研究 [D]. 北京：中国农业科学院，2012.

书重点测算对象为粮食消费量、粮食储备量及轮作休耕规模，人口预测仅为中间指标，故在此不做详细预测，对现有文献进行梳理后，我们主要参考翟振武等人的研究结果①，见表2-9。

表2-9　2025—2035年中国人口预测值

年份	总人口/亿人	各年龄段占比/%			
		0~14岁	15~59岁	15~64岁	65岁及以上
2025	14.51	17.81	60.98	67.78	14.41
2030	14.54	16.55	57.99	65.98	17.47
2035	14.46	14.32	56.84	64.45	21.23

我们通过对已有人口预测的研究整理发现，学者们对中国未来人口测算的趋势研究结论较为相似，仅在各年份的具体人口数上有一些差异。根据陈卫的预测，中国的总人口在2025年为14.39亿人，在2030年为14.41亿人，在2035年为14.39亿人，65岁及以上人口比例明显上升②。向晶等预测中国2025年、2030年、2035年的人口总数分别为14.54亿人、14.56亿人、14.54亿人，未来人口总数同样呈现为先上升后下降的趋势③。

（三）基于营养目标的未来粮食需求测算

根据上述对口粮需求量及人口总数的预测，我们可以计算出不同能量标准（1 600 kcal、2 000 kcal、2 400 kcal）下的每人每日平均粮食需求量和粮食总需求量。在计算过程中，口粮在粮食需求中的总占比采用前述的计算结果，在中等能量标准下，口粮在粮食总

---

①　翟振武，陈佳鞠，李龙. 2015—2100年中国人口与老龄化变动趋势［J］. 人口研究，2017（4）：60-71.

②　陈卫. 中国未来人口发展趋势：2005—2050年［J］. 人口研究，2006（7）：93-95.

③　向晶，钟甫宁. 人口结构变动对未来粮食需求的影响［J］. 中国人口·资源与环境，2013（6）：177-121.

需求量中占比 32.85%。

实际上，随着经济的不断发展，人们的消费习惯会不断改变，对口粮等直接性粮食消费需求将下降，而对饲料用粮（肉、蛋、奶等）的需求将明显上升。唐华俊等的研究结果表明，口粮消费数量及占比均在降低，由 1995 年的 58.67% 降至 2009 年的 42.79%，年均下降 1.13%[①]。李志强等研究认为，在中国未来粮食需求结构中，口粮消费稳中有降，且降速递减，2015—2020 年下降 0.99%，2021—2030 年下降 1.09%[②]。

参照本章第一部分的计算逻辑，我们可进一步测算出近年来的粮食实际消费情况。本书选取 2016—2022 年基础数据，对该时间范围内各用途的粮食实际消费量及粮食损耗进行了计算，整理结果见表 2-10。该结果符合口粮消费需求量逐年降低的实际情况，除 2019 年出现非洲猪瘟时的特殊情形外，近五年来平均下降速率为 0.41%。

表 2-10　2016—2022 年中国粮食实际消费量及占比

年度	粮食实际消费量/万吨				口粮实际消费量占比/%	同比/%
	口粮	工业用粮	饲料用粮	种子用粮		
2016	22 847.50	9 594.63	19 905.43	1 271.11	42.61	—
2017	21 776.14	10 019.73	20 554.63	1 285.10	40.60	-2.01
2018	20 838.65	10 108.82	20 411.78	1 289.73	39.58	-1.02
2019	20 450.06	10 381.95	18 721.22	1 296.18	40.22	0.64
2020	20 672.17	10 456.52	20 287.07	1 305.02	39.21	-1.01
2021	20 336.25	10 306.76	20 309.30	1 323.61	38.90	-0.31
2022	19 995.92	10 177.39	20 387.02	1 303.07	38.56	-0.34

①　唐华俊，李哲敏. 基于中国居民平衡膳食模式的人均粮食需求量研究 [J]. 中国农业科学，2012（11）：2315-2327.

②　李志强，吴建寨，王东杰. 中国粮食消费变化特征及未来需求预测 [J]. 中国食物与营养，2012（3）：38-42.

2019 年，受到非洲猪瘟的强烈影响，我国猪肉产量急剧下降，饲料用粮明显下降，口粮实际消费量也小幅下降，因此 2019 年的数据不具有代表性。以中等能量标准下 2022 年口粮在粮食实际消费量中占比 32.85% 为标准，预计 2023—2025 年口粮实际消费量占比以每年 0.40% 的速率下降，2026—2030 年口粮实际消费量占比以每年 0.30% 的速率下降，2031—2035 年口粮实际消费量占比以每年 0.20% 的速率下降。预计 2025 年口粮在粮食总需求量中的占比为 30.05%，2030 年口粮在粮食总需求量中的占比为 28.85%，2035 年口粮在粮食总需求量中的占比为 27.55%。2025 年的粮食总需求量预测如表 2-11 所示。

表 2-11　2025 年中国粮食总需求量预测结果

能量标准 /千卡/ （天·人）	每人日均 口粮需求 /克	每人年均 口粮需求 /千克	口粮 占比/%	年人均粮食 需求量 /千克	总人口 /亿人	年粮食 总需求量 /亿吨
1 600	284.75	103.93	30.05	345.86	14.51	5.02
2 000	355.94	129.92	30.05	432.35	14.51	6.27
2 400	427.13	155.90	30.05	518.80	14.51	7.53

我们根据表 2-11 的计算结果可得到 2025 年中国粮食总需求量。在低能量标准 ［1 600 千卡/（天·人）］ 下，中国 2025 年粮食总需求量为 5.02 亿吨；在中能量标准 ［2 000 千卡/（天·人）］ 下，中国 2025 年粮食总需求量为 6.27 亿吨；在高能量标准 ［2 400 千卡/（天·人）］ 下，中国 2025 年粮食总需求量为 7.53 亿吨。

我们根据表 2-12 的计算结果可得到 2030 年中国粮食总需求量。在低能量标准 ［1 600 千卡/（天·人）］ 下，中国 2030 年粮食总需求量为 5.24 亿吨；在中能量标准 ［2 000 千卡/（天·人）］ 下，中国 2030

年粮食总需求量为 6.55 亿吨；在高能量标准 ［2 400 千卡/（天·人）］ 下，中国 2030 年粮食总需求量为 7.86 亿吨。

表 2-12　2030 年中国粮食总需求量预测结果

能量标准/千卡/（天·人）	每人日均口粮需求/克	每人年均口粮需求/千克	口粮占比/%	年人均粮食需求量/千克	总人口/亿人	年粮食总需求量/亿吨
1 600	284.75	103.94	28.85	360.28	14.54	5.24
2 000	355.94	129.92	28.85	450.33	14.54	6.55
2 400	427.13	155.90	28.85	540.38	14.54	7.86

我们根据表 2-13 的计算结果可得到 2035 年中国粮食总需求量。在低能量标准 ［1 600 千卡/（天·人）］ 下，中国 2035 年粮食总需求量为 5.46 亿吨；在中能量标准 ［2 000 千卡/（天·人）］ 下，中国 2035 年粮食总需求量为 6.82 亿吨；在高能量标准 ［2 400 千卡/（天·人）］ 下，中国 2035 年粮食总需求量为 8.18 亿吨。

表 2-13　2035 年中国粮食总需求量预测结果

能量标准/千卡/（天·人）	每人日均口粮需求/克	每人年均口粮需求/千克	口粮占比/%	年人均粮食需求量/千克	总人口/亿人	年粮食总需求量/亿吨
1 600	284.75	103.94	27.55	377.28	14.46	5.46
2 000	355.94	129.92	27.55	471.58	14.46	6.82
2 400	427.13	155.90	27.55	565.88	14.46	8.18

在上述计算的基础上，从营养目标出发，不同标准下预测的中国粮食总需求量，2025 年为 5.02 亿~7.53 亿吨，2030 年为 5.24 亿~7.86 亿吨，2035 年为 5.46 亿~8.18 亿吨。具体见表 2-14。

表 2-14　各营养目标下的粮食总需求量

能量标准 /千卡/（天·人）	2025 年粮食 总需求量/亿吨	2030 年粮食 总需求量/亿吨	2035 年粮食 总需求量/亿吨
1 600	5.02	5.24	5.46
2 000	6.27	6.55	6.82
2 400	7.53	7.86	8.18

四、基于不同粮食储备标准的轮作休耕规模测算原则与模式

　　"藏粮于地"战略的短期目标是通过轮作休耕调整种植结构，降低国内粮食库存，减轻仓储补贴负担。中国从 2016 年开始在严重干旱缺水的地下水漏斗区、重金属超标的重度污染区和生态严重退化地区开展轮作休耕试点，但是相关耕地轮作休耕规模的确定尚没有科学的依据。本书拟根据不同粮食储备标准设定三套方案来测算轮作休耕规模：一是 FAO 提出的 17%~18% 的库存消费比标准[①]；二是粮食主产区要建立 3 个月以上粮食销售量的地方储备，粮食主销区要建立 6 个月粮食销量的地方储备，粮食产销平衡区要建立 4.5 个月粮食销量的地方储备[②]标准；三是学术界认为的粮食库存

---

　　①　FAO 在 20 世纪 70 年代曾提出一个确保全球粮食安全的最低储备水平，即把世界全部谷物储备至少要占世界谷物需求的 17%~18% 定为粮食安全储备线，其中 5%~6% 为缓冲库存（后备库存），11%~12% 为周转库存（供应库存）。一个国家粮食库存系数低于 17% 为粮食不安全，到 15% 为警戒线，低于 15% 为紧急状态，可能出现粮食危机。

　　②　1995 年，《国务院关于粮食部门深化改革实行两条线运行的通知》（国发〔1995〕15 号）要求"为实现地区粮食平衡，调控地区粮食市场，粮食产区要建立 3 个月以上粮食销售量的地方储备，销区要建立 6 个月的粮食销售量的地方储备，以丰补歉，确保供应"。2014 年，按照国务院的部署，有关部门以保障产区 3 个月、销区 6 个月、产销平衡区 4.5 个月市场供应量标准，核定下达地方储备规模计划。

消费比必须保持在30%以上①，才能有效保证粮食安全供给和国内粮食市场稳定标准。本书将按照上述标准测算出中国的粮食储备规模，并与现有储备规模相比较，两者之差即应该减少的粮食库存量。在此基础上，我们再进一步测算在现有单位面积产量下的轮作休耕规模。

（一）中国粮食储备规模测算原则

在中国，关于粮食储备规模的讨论一直是较为敏感的话题，同时也是政府和学术界非常关注的话题。基于粮食储备数据的保密性，我们无法获取官方数据，且各类粮食基础数据的来源各不相同，在进行粮食储备的测算时难度较大，出现偏差难以避免。比格曼的动态随机储备模型表明，粮食的库存数量与国家粮食安全程度正相关，但到达一定标准后会出现边际效用递减现象，同时储备粮食的边际费用出现递增②。在此情景下，确定合理的中国粮食储备规模时，应秉持以下原则：

一是安全性原则。储备的核心目是确保粮食安全，在发生自然灾害、重大疫情等突发事件时能稳定市场，保障粮食正常供应，满足市场需求。该目标主要通过粮食库存的吞吐机制来实现，即粮食

---

① 马晓河认为，考虑到我国市场不太成熟，还有一些地区的交通不发达，影响了粮食运输，也有体制因素制约粮食流通，我国粮食储备量可以高于国际标准，安全储备量设定为不超过总消费量的30%比较适宜［马晓河. 粮食结构性供给过剩造成"新"的不安全［J］. 黑龙江粮食，2017（6）：13-16］。程国强认为中国的"粮食库存消费比不低于30%"（程国强. 重塑边界：中国粮食安全新战略［M］. 北京：经济科学出版社，2013：95）。普溟喆、郑风田认为中国的"主粮总体储备率在20%~35%"［普溟喆，郑风田. 粮食储备规模优化研究：基于库存消费比视角［J］. 农村经济，2020（7）：78-85］。

② 刘颖，许为，樊刚. 中国粮食安全储备最优规模研究［J］. 农业技术经济，2010（11）：83-89.

市场出现供不应求时，从现有粮食库存中"吐出"适量储备来满足市场需求，"吐出"储备粮食的具体数量为当下的粮食供需缺口；而当粮食市场出现供过于求时，应"吞入"现有市场内适量粮食至储备库内以平衡市场，"吞入"储备库的具体数量为当下粮食供需差额。

二是经济性原则。目前，在中国现有粮食储备体制下，中央储备粮占较大比重，中国储备粮管理集团有限公司统一进行国家储备粮的收购、保管、轮换和出售。同时在管理库存粮食时会花费一定的成本，包含粮食的保管费、损耗、轮管费、保险费和利息等。因此，过多的粮食储备将给国家财政带来压力，进而造成社会与经济的不稳定。在考虑粮食的储备规模时，要考虑到其经济效益。

三是灵活性原则。随着经济全球一体化和市场化改革的不断深入推进，中国粮食储备的规模也应随之作出动态调整，不能一成不变。理想的状态应是根据市场供需现状及国际环境及时进行灵活调整。在国际粮食环境良好时，可考虑利用各国粮食的价格差进行国际贸易，对国内市场进行调节，平衡国内粮食储备的总量及结构；预期国际市场粮食供给趋于饱和时，应及时缩小储备规模。同时，可适当出口在国际市场上价格走高的粮食种类，适当进口在国际市场上价格趋低的粮食种类。

（二）不同粮食储备标准之下的轮作休耕规模测算模式

基于以上原则，在对中国现阶段粮食实际消费量和未来粮食需求量进行测算的基础上，本书从以下三个标准出发，对中国 2025—2035 年的粮食储备规模进行估算。

1. 测算模式一：以 17%～18% 的粮食库存消费比为储备标准

17%～18% 的粮食库存消费比标准由 FAO 于 1974 年提出，该标准是粮食安全储备的红线，低于该标准将会出现粮食安全问题。该标准主要是对历史经验的总结而来，且并不是由单一历史经验计算而得，而是由三种不同的计算方法综合梳理而得。计算方法之一是从平滑粮食需求的储备目的出发，其核心在于明确未来粮食的需求量及供给能力，同时要结合各进口国和出口国的历史指标，计算出实际值与预测值的差额。计算方法之二是从平滑粮食供给的储备目的出发，该方法主要是对粮食产量作出长期预测，在此基础上将产量的预测值与实际值的缺口作为储备的基本标准。计算方法之三是从稳定粮食价格的储备目的出发，需要对库存消费比与粮食价格的相关关系作出分析，明确将会导致粮食价格上涨的库存消费比。该比例即价格波动的临界点，也是粮食安全的最低储备线。

该标准既是关于粮食储备规模较为早期的标准，也是现有研究中很多学者据以判断当前储备规模是否合适的标准。虽然该标准是由三种不同的计算方法综合而得，但其仅在对历史数据进行基础整理后粗略估计未来趋势，再与实际数据对比而得，计算过程较为简单，未考虑到市场价格波动、消费者心理、生产者经济行为等因素。

本书以17%~18%的粮食库存消费比为标准，测算出我国粮食储备量的第一个方案，其计算公式为：

$$R_1 = G_i \times n_1$$

式中，G_i 为上文所测算的粮食总消费量，n_1 为第一种方案的粮食库存消费比例，即17%~18%。具体结果见表2-15。

表2-15　模式一测算的中国2025—2035年粮食储备量

时间	能量标准/千卡/（天·人）	年粮食需求量/亿吨	粮食储备量/亿吨	
			17%的粮食库存消费比标准	18%的粮食库存消费比标准
2025年	1 600	5.02	0.85	0.90
	2 000	6.27	1.07	1.13
	2 400	7.53	1.28	1.36

表 2-15（续）

103

第二章 「藏粮于地」战略与耕地轮作休耕制度

时间	能量标准/千卡/（天·人）	年粮食需求量/亿吨	粮食储备量/亿吨	
			17%的粮食库存消费比标准	18%的粮食库存消费比标准
2030 年	1 600	5.24	0.89	0.94
	2 000	6.55	1.11	1.18
	2 400	7.86	1.34	1.41
2035 年	1 600	5.46	0.93	0.98
	2 000	6.82	1.16	1.23
	2 400	8.18	1.39	1.47

从表 2-15 的计算结果可知，以 17%~18% 的粮食库存消费比为标准，到 2025 年，从低能量标准［1 600 千卡/（天·人）］进行考虑，中国需要保有 0.85 亿~0.90 亿吨储备粮食；从中能量标准［2 000 千卡/（天·人）］进行考虑，中国需要保有 1.07 亿~1.13 亿吨储备粮食；从高能量标准［2 400 千卡/（天·人）］进行考虑，中国需要保有 1.28 亿~1.36 亿吨储备粮食。

由此我们可继续推算出 2030 年的粮食总储备量。在低能量标准［1 600 千卡/（天·人）］下，中国的粮食储备量应为 0.89 亿~0.94 亿吨；在中能量标准［2 000 千卡/（天·人）］下，中国的粮食储备量应为 1.11 亿~1.18 亿吨；若要达到人均高能量标准［2 400 千卡/（天·人）］，中国应储备 1.34 亿~1.41 亿吨粮食。

到 2035 年，低能量标准［1 600 千卡/（天·人）］下，中国的粮食储备量应保有 0.93 亿~0.98 亿吨；中能量标准［2 000 千卡/（天·人）］下，中国粮食储备量应为 1.16 亿~1.23 亿吨；而在高能量标准［2 400 千卡/（天·人）］下，中国应确保粮食储备量 1.39 亿~1.47 亿吨。

2. 测算模式二：以主产区 3 个月、主销区 6 个月、平衡区 4.5 个月市场消费需求量为储备标准

中国各省（自治区、直辖市）资源禀赋不同，因此粮食产出水平、种植面积各不相同。2001 年，为了适应新的粮食生产和流通格局变化，中国划分了 13 个粮食主产区、11 个产销平衡区及 7 个主销区。为充分保障粮食供给，中国在稳定中央粮食储备规模的同时，按照主产区 3 个月、主销区 6 个月、产销平衡区 4.5 个月的市场供应量进行地方粮食储备，这是我们的第二个测算方案的标准。

中国的粮食销售数据我们暂无法获得，在此用测算所得到的人均年粮食需求量进行替代，同时 2025—2035 年中国粮食主产区、主销区和产销平衡区的人口总量将依据 2022 年各区常住人口实际比例进行推测。

从表 2-16 可得到中国 2022 年各省（自治区、直辖市）人口数量及主产区、主销区、产销平衡区的人口占比情况。假定未来该占比保持不变，结合对中国 2025—2035 年全国总人口数量的预测，我们可得到 2025—2035 年中国粮食主产区、主销区及产销平衡区的人口预测数量（见表 2-17）。

表 2-16　2022 年各省份常住人口数量及比例

粮食主产区		粮食主销区		粮食产销平衡区	
河北/万人	7 420.00	北京/万人	2 184.30	山西/万人	3 481.35
内蒙古/万人	2 401.17	天津/万人	1 363.00	广西/万人	5 047.00
辽宁/万人	4 197.00	上海/万人	2 475.89	重庆/万人	3 213.34
吉林/万人	2 347.69	浙江/万人	6 577.00	贵州/万人	3 856.00
黑龙江/万人	3 099.00	福建/万人	4 188.00	云南/万人	4 693.00
江苏/万人	8 515.00	广东/万人	12 656.80	西藏/万人	364.00

表 2-16（续）

105

第二章 「藏粮于地」战略与耕地轮作休耕制度

粮食主产区		粮食主销区		粮食产销平衡区	
安徽/万人	6 127.00	海南/万人	1 027.02	陕西/万人	3 956.00
江西/万人	4 527.98	——	——	甘肃/万人	2 492.42
山东/万人	10 162.79	——	——	青海/万人	595.00
河南/万人	9 872.00	——	——	宁夏/万人	728.00
湖北/万人	5 844.00	——	——	新疆/万人	2 587.00
湖南/万人	6 604.00	——	——	——	——
四川/万人	8 374.00	——	——	——	——
合计/万人	79 491.63	合计/万人	30 472.01	合计/万人	31 013.43
占比/%	56.39	占比/%	21.61	占比/%	22.00

资料来源：笔者根据《中国统计年鉴（2023）》的数据整理。

表 2-17　中国 2025—2035 年各区人口预测　　单位：亿人

年份	2025 年	2030 年	2035 年
全国	14.51	14.54	14.46
粮食主产区	8.18	8.20	8.15
粮食主销区	3.14	3.14	3.12
粮食产销平衡区	3.19	3.20	3.19

　　基于对 2025—2035 年中国粮食总需求量及人口总量的预测结果，我们可进一步测算出未来中国粮食主产区 3 个月、主销区 6 个月、产销平衡区 4.5 个月的粮食需求量。表 2-18 至表 2-20 基于该标准分别对中国 2025—2035 年的粮食储备量进行测算。

表 2-18　模式二测算的 2025 年中国粮食储备量

能量标准/千卡/(天·人)	人均年粮食需求/千克	产区 3 个月需求/亿吨	销区 6 个月需求/亿吨	产销平衡区4.5 个月需求/亿吨	粮食储备量/亿吨
1 600	345.89	0.71	0.54	0.41	1.66
2 000	432.35	0.88	0.68	0.52	2.08
2 400	518.80	1.06	0.81	0.62	2.49

表 2-19　模式二测算的 2030 年中国粮食储备量

能量标准/千卡/(天·人)	人均年粮食需求/千克	产区 3 个月需求/亿吨	销区 6 个月需求/亿吨	产销平衡区4.5 个月需求/亿吨	粮食储备量/亿吨
1 600	360.28	0.74	0.57	0.43	1.74
2 000	450.33	0.92	0.71	0.54	2.17
2 400	540.38	1.11	0.85	0.65	2.61

表 2-20　模式二测算的 2035 年中国粮食储备量

能量标准/千卡/(天·人)	人均年粮食需求/千克	产区 3 个月需求/亿吨	销区 6 个月需求/亿吨	产销平衡区4.5 个月需求/亿吨	粮食储备量/亿吨
1 600	377.28	0.77	0.59	0.45	1.79
2 000	471.58	0.96	0.74	0.56	2.26
2 400	565.88	1.16	0.88	0.68	2.72

表 2-21 基于粮食主产区 3 个月、主销区 6 个月、产销平衡区 4.5 个月市场需求量的标准，对中国 2025—2035 年的粮食总储备量估算进行了整理，由计算结果可得：2025 年，在低能量标准 [1 600 千卡/(天·人)] 下，中国应保有的粮食储备量为 1.66 亿吨；在中能量标准 [2 000 千卡/(天·人)] 下，中国应保有的粮食储备量应为 2.08 亿吨；若是以高能量标准 [2 400 千卡/(天·人)] 进行计算，中国粮食总储备量应达到 2.49 亿吨。2030 年，在低能量标准

[1 600 千卡/(天·人)] 下，中国粮食总储备量应保有 1.74 亿吨；在中能量标准 [2 000 千卡/(天·人)] 下，中国粮食总储备量应为 2.17 亿吨；而在高能量标准 [2 400 千卡/(天·人)] 下，中国应确保粮食总储备量达到 2.61 亿吨。2035 年，从低能量标准 [1 600 千卡/(天·人)] 进行考虑，中国至少需要保有 1.79 亿吨的粮食总储备量；从中能量标准 [2 000 千卡/(天·人)] 进行考虑，中国需要保有储备粮食 2.26 亿吨；从高能量标准 [2 400 千卡/(天·人)] 进行考虑，中国应保有粮食总储备量 2.72 亿吨。

表 2-21　模式二测算的中国 2025—2035 年粮食储备量

时间	能量标准/千卡/(天·人)	粮食储备量/亿吨
2025 年	1 600	1.66
	2 000	2.08
	2 400	2.49
2030 年	1 600	1.74
	2 000	2.17
	2 400	2.61
2035 年	1 600	1.79
	2 000	2.26
	2 400	2.72

3. 测算模式三：以 25%~30% 库存消费比为储备标准

中国人口众多，自然灾害频发，农业基础较为薄弱，FAO 所提出的 17%~18% 的粮食库存消费比并不适合于中国的具体情况。第一，FAO 是基于全球的基本情况提出这一标准的，对具体国家而言并不具有针对性；第二，该标准提出的时间较早，分析的数据来自 20 世纪 50—70 年代，与现阶段的实际情况有较大差异。中国的粮食安全储备应充分适应中国的具体国情。丁声俊提出，针对中国人口多、自然灾害多发、农业要素限制严重等现状，中国的粮食安全储备量须高于 FAO 提出的 17%~18% 这一标准。但储备量也并非多多益善，超量储备将导致人力、物力和财力三重浪费。为此，丁声俊提出符合中国实际情况的粮食储备量应为粮食年消费量的 25%~30%①。

本书以 25%~30% 的粮食库存消费比为标准，测算出我国粮食储备量的第三个方案，其计算公式为：

$$R_3 = G_i \times n_3$$

式中，G_i 为上文所测算的粮食总消费量，n_3 为第三种方案的库存消费比例，即 25%~30%。

表 2-22 是在 25%~30% 的库存消费比标准下测算出的中国粮食储备规模。这些计算结果表明：

2025 年，从低能量标准［1 600 千卡/(天·人)］考虑，中国至少需要保有 1.26 亿~1.51 亿吨的粮食储备规模；从中能量标准［2 000 千卡/(天·人)］进行考虑，中国需要储备粮食 1.57 亿~1.88 亿吨；从高能量标准［2 400 千卡/(天·人)］进行考虑，中国的粮食总储备量应保有 1.88 亿~2.26 亿吨。

2030 年，在低能量标准［1 600 千卡/(天·人)］下，中国的粮食储备规模应为 1.31 亿~1.57 亿吨；在中能量标准［2 000 千卡/(天·人)］下，中国应保有粮食储备 1.64 亿~1.97 亿吨；若要达到人均高能量标准［2 400 千卡/(天·人)］，中国应储备 1.97 亿~2.36 亿吨粮食。

2035 年，在低能量标准［1 600 千卡/(天·人)］下，中国的粮食总储备量应为 1.37 亿~1.64 亿吨；在中能量标准［2 000 千卡/(天·人)］下，中国粮食储备规模应为 1.71 亿~2.05 亿吨；而在高能量标准［2 400 千卡/(天·人)］下，中国应确保粮食储备规模 2.05 亿~2.45 亿吨。

---

① 丁声俊. 粮食安全与合理储备［J］. 中国发展观察, 2007 (9)：15-18.

表 2-22　模式三测算的中国 2025—2035 年粮食储备量

时间	能量标准/千卡/（天·人）	年粮食需求量/亿吨	粮食储备量/亿吨	
			25%的粮食库存消费比标准	30%的粮食库存消费比标准
2025 年	1 600	5.02	1.26	1.51
	2 000	6.27	1.57	1.88
	2 400	7.53	1.88	2.26
2030 年	1 600	5.24	1.31	1.57
	2 000	6.55	1.64	1.97
	2 400	7.86	1.97	2.36
2035 年	1 600	5.46	1.37	1.64
	2 000	6.82	1.71	2.05
	2 400	8.18	2.05	2.45

五、中国耕地轮作休耕规模测算

参考上述测算逻辑，我们计算得到中国 2025 年、2030 年和 2035 年分别在低、中、高三种能量标准下的粮食总需求量，见表 2-23。

表 2-23　2025—2035 年中国粮食总需求量预测

年份	能量标准/千卡/（天·人）	日均口粮需求/克/人	年均口粮需求/千克/人	口粮占比/%	年人均粮食需求/千克	总人口/亿人	年粮食总需求量/亿吨
2025	1 600	303.39	107.36	0.300 5	357.27	14.51	5.02
	2 000	355.72	129.84	0.300 5	432.11	14.51	6.27
	2 400	427.23	155.94	0.300 5	518.95	14.51	7.53
2030	1 600	284.85	103.97	0.288 5	360.39	14.54	5.24
	2 000	356.05	129.96	0.288 5	450.48	14.54	6.55
	2 400	427.28	155.96	0.288 5	540.58	14.54	7.86

表 2-23（续）

年份	能量标准/千卡/（天·人）	日均口粮需求/克/人	年均口粮需求/千克/人	口粮占比/%	年人均粮食需求/千克	总人口/亿人	年粮食总需求量/亿吨
	1 600	285.01	104.03	0.275 5	377.60	14.46	5.46
2035	2 000	356.00	129.94	0.275 5	471.65	14.46	6.82
	2 400	426.98	155.85	0.275 5	565.70	14.46	8.18

根据上述计算结果可知，2025 年，在低能量标准［1 600 千卡/（天·人）］下，粮食总需求量为 5.02 亿吨；在中能量标准［2 000 千卡/（天·人）］下，粮食总需求量为 6.27 亿吨；在高能量标准［2 400 千卡/（天·人）］下，粮食总需求量为 7.53 亿吨。2030 年，在低能量标准［1 600 千卡/（天·人）］下，粮食总需求量为 5.24 亿吨；在中能量标准［2 000 千卡/（天·人）］下，粮食总需求量为 6.55 亿吨；在高能量标准［2 400 千卡/（天·人）］下，粮食总需求量为 7.86 亿吨。2035 年，在低能量标准［1 600 千卡/（天·人）］下，粮食总需求量为 5.46 亿吨；在中能量标准［2 000 千卡/（天·人）］下，粮食总需求量为 6.82 亿吨；在高能量标准［2 400 千卡/（天·人）］下，粮食总需求量为 8.18 亿吨。

（一）以 17%～18% 的粮食库存消费比为储备标准

依据前文的计算逻辑，在 17%～18% 的粮食库存消费比标准下，我们计算得到了中国 2025 年、2030 年和 2035 年分别在低、中、高三种能量标准下的粮食储备规模（见表 2-15）。测算结果表明，中国的粮食总储备量应保有 0.85 亿～1.47 亿吨。中国的现实库存量远超过该范围，在此情形下可设计中国休耕规模的第一种方案：

$$D_1 = \frac{(R - R_1) \times q_c}{P_c}$$

式中，D_1 为第一种方案下的休耕总面积，R 为当前粮食储备规模，R_1 为第一种方案下的理想储备规模，q_c 为现有粮食储备中玉米的占比，P_c 为中等地玉米单位面积产量。

我们无法从官方获得粮食储备数据，本书所涉及的粮食库存数据来自布瑞克农业数据终端的预测数据，但出于保密的需要，相关数据不在此列出。

从粮食总库存数据的变化趋势来看，中国的粮食期末库存数量总体先上升后基本保持稳定，即到 2030 年，中国的粮食库存总量和结构与目前的情况基本相同。分品种来看，中国的稻谷、小麦、大豆的库存量不断上升，尤其是稻谷和小麦的期末库存量及库存消费比近年来呈上升态势，这与中国"口粮绝对安全"的战略是相契合的。玉米是近年来库存变动最大的一个粮食品种，整体变动趋势与粮食库存总量变化相似，玉米库存量在 2013—2017 年急剧上升，库存严重过剩，近年来在供给侧结构性改革、玉米临时收储政策改革等一系列政策的支持下，玉米去库存效果明显，库存量呈下降趋势。目前，玉米需求增加存在的市场缺口部分由储备进行调节，同时进口量也呈增长趋势；而大豆的库存量虽然较少，但也基本保持增长态势，供需缺口主要依靠进口来解决。立足中国现实情况与"口粮绝对安全"的粮食安全战略，目前的耕地休耕对象应以玉米地为主。耕地质量主要从土壤地力、健康情况等影响产出水平的因素等角度进行考虑。根据农业农村部公布的《2019 年全国耕地质量等级情况公报》，全国各地区均有高、中、低等地分布，虽然各地区情况有一定差异，但综合历史经验来看，中低等地的粮食单位面积产量大概仅能达到高等地的 40%～60%[1]。若按照中低等地单

① 揣小伟，黄贤金，钟太洋. 休耕模式下我国耕地保有量初探 [J]. 山东师范大学学报（自然科学版），2008（3）：99-102.

位面积产量为高等地的 50%进行测算，中低等地的单位面积产量大约仅能达到全国平均水平的 68.76%。玉米的单位面积产量见表 2-24。

表 2-24 中国玉米单位面积产量

年份	玉米单位面积产量 /千克/公顷	中低等地玉米单位面积产量 /千克/公顷
2012	5 869.70	4 036.00
2013	6 015.90	4 136.53
2014	5 808.90	3 994.20
2015	5 892.90	4 051.96
2016	5 971.30	4 105.87
2017	6 090.80	4 188.03
2018	6 108.00	4 199.86
2019	6 316.00	4 342.88
2020	6 317.00	4 343.57
2021	6 291.00	4 325.69
2022	6 436.10	4 425.46

中国粮食库存的预测数据仅到 2030 年，故本书仅对 2025 年和 2030 年的耕地休耕面积进行测算，测算过程中以 2022 年玉米单位面积产量作为测算标准，结果见表 2-25。

由表 2-25 可知，在 17%～18%的粮食库存消费比标准下，2025 年中国耕地休耕面积：在低能量标准［1 600 千卡/（天·人）］下，可休耕面积为 2 501.20 万～2 532.62 万公顷；在中能量标准［2 000 千卡/（天·人）］下，可休耕面积为 2 356.66 万～2 394.37 万公顷；在高能量标准［2 400 千卡/（天·人）］下，可休耕面积为 2 212.12 万～2 262.40 万公顷。在 17%～18%的粮食库存消费比标准下，

2030 年中国耕地休耕面积：在低能量标准［1 600 千卡/（天·人）］下，可休耕面积为 2 616.16 万~2 646.75 万公顷；在中能量标准［2 000 千卡/（天·人）］下，可休耕面积为 2 453.90 万~2 500.44 万公顷；在高能量标准［2 400 千卡/（天·人）］下，可休耕面积为 2 300.94 万~2 347.50 万公顷。而从历史经验来看，以 17%~18% 的粮食库存消费比作为储备标准有些总体偏低，该标准下的耕地休耕规模测算结果仅能作为参考，并不具有实际操作意义。

表 2-25　模式一测算的 2025 年和 2030 年中国耕地休耕规模

年份	能量标准/千卡/（天·人）	粮食理想储备量/亿吨		粮食实际储备量/亿吨	玉米库存占比/%	中低等地玉米平均单位面积产量/吨/公顷	耕地休耕面积/万公顷	
		17% 的粮食库存消费比	18% 的粮食库存消费比				17% 的粮食库存消费比	18% 的粮食库存消费比
2025	1 600	0.85	0.90	4.88	27.84	4.43	2 532.62	2 501.20
	2 000	1.07	1.13	4.88	27.84	4.43	2 394.37	2 356.66
	2 400	1.28	1.36	4.88	27.84	4.43	2 262.39	2 212.12
2030	1 600	0.89	0.94	4.87	29.46	4.43	2 646.75	2 616.16
	2 000	1.11	1.18	4.87	29.46	4.43	2 500.44	2 453.90
	2 400	1.34	1.41	4.87	29.46	4.43	2 347.50	2 300.94

（二）以主产区 3 个月、平衡区 4.5 个月、主销区 6 个月粮食市场需求为标准

按照前述模式二的中国粮食储备规模测算，可计算得到中国 2025 年和 2030 年分别在低、中、高三种能量标准下的粮食总储备量，见表 2-18 和表 2-19。测算结果表明，中国的粮食总储备量应保有 1.66 亿~2.61 亿吨。中国现阶段库存量与该储备规模之间存在较大差额，是开展耕地轮作休耕工作的良好机遇期，在该储备标准下可对应推进第二种休耕方案：

$$D_2 = \frac{(R - R_2) \times q_c}{P_c}$$

式中，D_2 为第二种方案下的休耕总面积，R 为当前粮食储备规模，R_2 为第二种方案下的理想储备规模，q_c 为现有粮食储备中玉米的占比，P_c 为中低等地玉米单位面积产量。

由表 2-26 可知，在粮食主产区 3 个月、粮食主销区 6 个月、粮食产销平衡区 4.5 个月粮食市场供应量的储备标准下对应的中国耕地休耕面积：2025 年，在低能量标准 ［1 600 千卡/（天·人）］下，可休耕面积为 2 023.59 万公顷；在中能量标准 ［2 000 千卡/（天·人）］下，可休耕面积是 1 759.64 万公顷；在高能量标准 ［2 400 千卡/（天·人）］下，可休耕面积为 1 502.00 万公顷。2030 年，在低能量标准 ［1 600 千卡/（天·人）］下，可休耕面积为 2 081.49 万公顷；在中能量标准 ［2 000 千卡/（天·人）］下，可休耕面积是 1 775.58 万公顷；在高能量标准 ［2 400 千卡/（天·人）］下，可休耕面积为 1 502.93 万公顷。

表 2-26　模式二测算的 2025 年和 2030 年中国耕地休耕规模

年份	能量水平/千卡/（天·人）	粮食理想储备量/亿吨	粮食实际储备量/亿吨	玉米库存占比/%	中低等地玉米平均单位面积产量/吨/公顷	耕地休耕面积/万公顷
2025	1 600	1.66	4.88	27.84	4.43	2 023.59
	2 000	2.08	4.88	27.84	4.43	1 759.64
	2 400	2.49	4.88	27.84	4.43	1 502.00
2030	1 600	1.74	4.87	29.46	4.43	2 081.49
	2 000	2.17	4.87	29.46	4.43	1 775.58
	2 400	2.61	4.87	29.46	4.43	1 502.93

（三）以 25%～30% 的粮食库存消费比为储备标准

依据同样的计算逻辑，我们可对中国在 25%～30% 的粮食库存消费比标准下的粮食库存量进行测算，计算得到中国 2025 年和 2030 年分别在低、中、高三种能量标准下的粮食储备情况，见表 2-22。测算结果表明，中国的粮食总储备量应保有 1.26 亿～2.36 亿吨，而中国的现实库存量远远超过该范围，在此情形下可设计中国农地休耕的第三种方案：

$$D_3 = \frac{(R - R_3) \times q_c}{P_c}$$

式中，D_3 为第三种方案下的休耕总面积，R 为当前粮食储备规模，R_3 为第三种方案下的理想储备规模，q_c 为现有粮食储备中玉米的占比，P_c 为中低等地玉米单位面积产量。

由表 2-27 可知，在 25%～30% 的粮食库存消费比标准下的中国耕地休耕面积极限值：2025 年，在低能量标准 ［1 600 千卡/（天·人）］下，可休耕面积为 2 124.14 万～2 275.00 万公顷；在中能量标准 ［2 000 千卡/（天·人）］下，可休耕面积为 1 885.33 万～2 080.14 万公顷；在高能量标准 ［2 400 千卡/（天·人）］下，可休耕面积为 1 646.52 万～1 885.33 万公顷。2030 年，在低能量标准 ［1 600 千卡/（天·人）］下，可休耕面积为 2 194.54 万～2 367.44 万公顷；在中能量标准 ［2 000 千卡/（天·人）］下，可休耕面积为 1 928.53 万～2 147.99 万公顷；在高能量标准 ［2 400 千卡/（天·人）］下，可休耕面积为 1 669.18 万～1 928.53 万公顷。

表 2-27　模式三测算的 2025 年和 2030 年中国耕地休耕规模

年份	能量标准/千卡/（天·人）	粮食理想储备量/亿吨		粮食实际储备量/亿吨	玉米库存占比/%	中低等地玉米平均单位面积产量/吨/公顷	耕地休耕面积/万公顷	
		25%的粮食库存消费比	30%的粮食库存消费比				25%的粮食库存消费比	30%的粮食库存消费比
2025	1 600	1.26	1.50	4.88	27.84	4.43	2 274.96	2 124.14
	2 000	1.57	1.88	4.88	27.84	4.43	2 080.14	1 885.33
	2 400	1.88	2.26	4.88	27.84	4.43	1 885.33	1 646.52
2030	1 600	1.31	1.57	4.87	29.46	4.43	2 367.44	2 194.54
	2 000	1.64	1.97	4.87	29.46	4.43	2 147.99	1 928.53
	2 400	1.97	2.36	4.87	29.46	4.43	1 928.53	1 669.18

当前中国粮食生产稳定，库存充裕，从不同的测算方案考虑均具备良好的耕地轮作休耕条件，并可以在现有轮作休耕规模的基础上进一步扩大。本书在三种储备方案下设计了三种相对应的轮作休耕方案，结果表明，若以中国现有 12 760.10 万公顷耕地数量来看，中国轮作休耕面积可占耕地面积的 11.77%~20.74%。综合考虑中国人口众多、土地资源有限、耕地分布零散等情况，加之测算模式一在 17%~18% 粮食库存消费比标准下的粮食储备方案最终计算结果总体偏低，建议中国轮作休耕规模不超过耕地总面积的 12.00%，即不超过 1 500.00 万公顷。

第三章

"藏粮于地"——
耕地藏粮能力测算

"藏粮于地"战略的中长期目标是提升耕地的粮食综合生产能力和农业可持续发展能力，确保粮食稳定供给。本书认为，在现有粮食生产能力的基础上，适合于"藏粮"的土地主要分为可提高地类、可恢复地类与可开发地类。可提高地类主要是中低产田，可恢复地类主要是"撂荒地"，可开发地类主要是可开发利用的后备耕地资源。要确保"藏粮于地"战略中长期目标的实现，在保持现有粮食生产能力的前提下，可以通过对中低产田的改造、"撂荒地"的恢复以及可利用后备耕地资源的开发来提升中国粮食综合生产能力，这一部分粮食综合生产能力即潜在的耕地藏粮能力。本书将构建"藏粮于地"粮食生产能力评估框架，分类测算在现有技术水平下各类土地的粮食潜在生产能力。

　　"藏粮于地"战略的中长期目标是提升耕地的粮食综合生产能力和农业可持续发展能力，确保粮食稳定供给。本书认为，在现有粮食生产能力的基础上，适合于"藏粮"的土地主要分为可提高地类、可恢复地类与可开发地类。可提高地类主要是中低产田，可恢复地类主要是"撂荒地"，可开发地类主要是可开发利用的后备耕地资源。要确保"藏粮于地"战略中长期目标的实现，在保持现有粮食生产能力的前提下，可以通过对中低产田的改造、"撂荒地"的恢复以及可利用后备耕地资源的开发来提升中国粮食综合生产能力，这一部分粮食综合生产能力即潜在的耕地藏粮能力。本书将构建"藏粮于地"粮食生产能力评估框架，分类测算在现有技术水平下各类土地的粮食潜在生产能力。

　　从"藏粮于地"的战略思维来看，其关键还在于藏粮方式及其潜力，即中国究竟有哪些现实的藏粮方式、藏粮潜力有多少、哪些方式是积极有效的藏粮方式并可发展为未来粮食安全保障的有效途径。基于以上认识，从"藏粮于地"的战略思维出发，中国的粮食生产能力包括现实生产能力和潜在生产能力两个部分。粮食现实生产能力是指在目前生产条件和土地利用程度下粮食的实际产出，一般可从官方公布的数据和相关数据库中直接获得。粮食潜在生产能力指由中低产田的改造、"撂荒地"的恢复以及可利用后备耕地资源的开发、复种指数的提高而增加的粮食产量，即中国当前现实的藏粮方式。

第一节　中国的耕地资源与粮食生产情况

一、中国的耕地资源状况

新中国成立以来，随着经济的不断发展，工业建设和居住用地等需求不断增大，中国土地利用结构与格局发生了较大变化，尤其是耕地面积下降十分明显。中国耕地面积在经历 1949—1957 年的短暂上升后持续下降。1983 年，耕地面积恢复到新中国成立初期的数量，接着又开始缓慢下降，但下降速率不太大。1996—1997 年有一个显著上升（约增加 3 300.00 万公顷），这是因为 1996 年中国采用了第一次全国土地详查数据，在统计口径上与以前的统计数据有较大区别。1996 年以后，耕地面积下降趋势更加明显。为保障全国粮食安全，必须守住 1.20 亿公顷（18.00 亿亩）耕地红线，保护耕地形势相当严峻。

（一）耕地数量变化情况

新中国成立以来，中国耕地面积的变化大体经历了三个阶段。

1. 1949—1957 年：耕地面积总量增加

1949 年新中国成立时，还没有建立耕地统计制度，耕地统计数据是沿用国民党政府的统计数据加上估计修正而得到的。虽然 1949—1952 年土地改革运动中较普遍地丈量了土地，但当时基层的耕地数据没有汇总上来。不过从统计数字来看，新中国成立初期，中国耕地面积呈现迅速增长的态势。1950 年初，中国的耕地面积为 9 788.13 万公顷，1957 年增加到 11 183.00 万公顷，8 年间共增加 1 394.87 万公顷，年均增加 174.36 万公顷。但由于人口快速增加，人均耕地面积从 1949 年的 0.18 公顷略微下降到 1957 年的 0.17 公顷，见图 3-1。新中国成立初期，耕地大量增加的原因，一是农民（包括部分退伍军人）对战后废弃的农地进行了恢复和开垦；二是全国范围内的土地改革运动极大地提高了农民的生产积极性，农民大量垦荒，增加了耕地面积，但这种开发方式导致了耕地后备资源减少[①]；三是 1953—1957 年国家采取大办国营农场、军垦农场和鼓励知识青年志愿垦荒、移民开荒以及农民就地开荒等形式，5 年全国累计开荒 547.65 万公顷，年均 109.53 万公顷[②]。

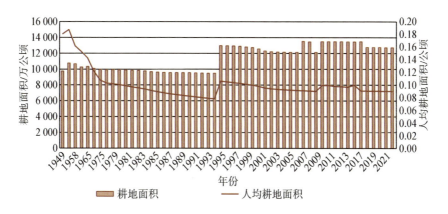

图 3-1 1949—2022 年中国耕地面积和人均耕地面积的变化情况

资料来源：1949—2008 年数据来源于《新中国 60 年统计资料》，中华人民共和国农业部编，北京：2009 年 9 月出版。2009—2011 年数据来源于各年版《中国统计年鉴》。2012—2018 年数据来源于历年《国土资源公报》。2019—2021 年数据来源于第三次全国国土调查数据。2022 年数据来源于《2022 中国自然资源统计公报》。历史原因，1949—1979 年数据不连续、不完整。

朱国宏从当时的制度背景出发，认为当时的土地制度改革只是最大限度地利用了土地资源和劳动力资源（包括其劳动积极性），

① 耕地问题研究组. 中国耕地递减问题的数量经济分析 [M]. 北京：经济科学出版社，1992：15.

② 张士功，王立刚. 我国耕地数量变化及其原因简析 [J]. 中国农业资源与区划，2005（3）：5-8.

但受制于生产力水平和一定生产力水平之下的技术水平①，因此，耕地面积增加受阻并于 1957 年达到极大值。

为厘定农业税，1951—1953 年，全国开展了查田定产工作，该工作是新中国成立以来第一次全面彻底的土地调查。根据 1951 年 7 月 5 日中央人民政府财政部公布的《农业税查田定产工作实施纲要》，可以看出该次调查组织严密，标准统一，同时是在群众广泛参与和监督下进行的。尽管当时采用的土地丈量法不够精确，同时因各地亩制不统一造成了一些误差，但是，就当时的技术条件来说，其精度已经是比较高的了。

2. 1958—1995 年：耕地面积大量减少

1958—1960 年是中国耕地面积大量减少的一个极端不正常时期。"大跃进" 导致国民经济比例失调，耕地大量被占用或废弃，加上 "三年困难时期" 的影响，1958—1960 年耕地转用和损毁达 1 453.00 万公顷，新开荒地近 700.00 万公顷，弥补耕地减少后的耕地净减少量为 725.00 万公顷，这与统计资料中反映出的 1958—1960 年中国耕地面积净减量基本是相符的②。

在 1960 年以后，中国耕地面积持续下降，到 1980 年下降至 9 930.52 万公顷。然而，根据全国农业区划委员会，中国科学院自然资源综合考察委员会、地理研究所、遥感应用研究所，原农业部土肥总站，原国家土地管理局等多个部门与机构分别开展的以耕地为重点的土地利用调查结果，20 世纪 80 年代初期，中国耕地总面

① 傅超，郑娟尔，吴次芳. 建国以来我国耕地数量变化的历史考察与启示 [J]. 国土资源科技管理，2007（6）：68-72.

② 郑振源. 论我国耕地面积及其在经济发展中的作用 [J]. 国土与自然资源研究，1991（1）：1-7.

积为 1.325 亿~1.397 亿公顷[1]。该数据被认为基本上能反映这一时期中国实有耕地数量，而其最小值也与国家统计年鉴中的数据相差40%之多，由此我们认为国家统计局 1960—1980 年统计数据的可靠性值得怀疑。事实上，新中国成立后到 20 世纪 80 年代初，中国耕地面积（除"大跃进"等短时期外），总体上应该是增加的。毕于运、郑振源[2]对 1949 年以来中国实有耕地面积的增减变化情况进行了分析，依据相关资料对 1953—1980 年中国耕地增加面积进行了估算，并按照耕地减少去向分建设占用地、农业结构调整占用、灾害毁地以及弃耕等类型估算了耕地占用面积。他们的研究结果显示，1980 年以前，中国新增耕地面积超过 2 889.00 万公顷，减少面积在 1 700.00 万~2 100.00 万公顷之间，耕地增加量大于减少量。

造成这一时期耕地统计数据失真的原因是多方面的，如因耕地大量报减影响了农业税收入而对耕地报减作出规定，建设占用耕地减免农业税的可以报减，不减免农业税的不能报减；政府为了鼓励开荒而允许新开荒地可以在一定时期内不计入面积，但往往在规定期限已满后，多数开荒者依然不上报新开垦的耕地面积；为片面追求单位面积产量而将大量耕地充作"帮忙田"，报产不报面积；为了争取国家救济而将灾毁耕地上报较多等；大量计划被国家建设征用的耕地从统计数据中扣除，但实际上有相当一部分建设项目未能实施，其所占用的耕地仍在继续耕种……由此，耕地面积统计数和实际面积的差距愈来愈大，造成耕地面积逐年减少的统计假象。

---

① 封志明，刘宝勤，杨艳昭. 中国耕地资源数量变化的趋势分析与数据重建：1949—2003 [J]. 自然资源学报，2005（1）：35-43.

② 毕于运，郑振源. 建国以来中国实有耕地面积增减变化分析 [J]. 资源科学，2000（3）：8-12.

1966 年，政治气氛愈加浓厚，"大锅饭"体制消耗了农民的劳动积极性，耕地面积迅速减少。1975—1977 年，行政管理有所加强，耕地减少速度放缓，一些省份，特别是一些人地矛盾较为突出的省份，纷纷下发了一系列制止乱占耕地的文件。

实行改革开放后，随着家庭联产承包责任制的实施和国家大幅度提高农产品统购价格，农民的生产积极性被大大激发出来。1978 年和 1979 年，耕地面积分别比上年净增 11.50 万公顷和 108.60 万公顷。1980 年以后耕地面积又开始下降，1980—1995 年耕地面积净减少 433.40 万公顷，平均降幅达到每年 28.90 万公顷。耕地面积的下降速度与中国经济和乡镇企业的高速发展及农业的"超常"增长同步。虽然其中也有水土流失、沙漠化等自然毁损导致的耕地减少，但与人为占用相比，其比重可谓微不足道。实际上，1986 年以后国家开始采取措施控制耕地面积的减少。首先是国家土地管理局在 1986 年成立；其次是 1987 年颁布《中华人民共和国土地管理法》和 1988 年 1 月开始征收耕地占用税。这些法规、条例和措施的执行，在一定程度上使耕地减少势头得到有效控制。然而，随着土地供应"双轨制"①的实施，土地的价值日益凸显，各地纷纷圈占土地，开发区热和房地产热兴起。据原建设部资料，截至 1993 年 3 月底，县级以上开发区达 6 000 多个，占地 1.50 万平方千米，比当时城镇城区用地面积总量还多 0.16 万平方千米②。

---

① 土地供应"双轨制"，就是通过两种方式进行土地供应：一是政府无偿划拨国有土地给使用单位；二是通过市场化手段有偿出让国有土地，主要是通过招标、拍卖、挂牌三种方式出让土地。土地供应"双轨制"是我国市场经济不断完善过程中的产物。

② 何清涟. 现代化的陷阱：当代中国的经济社会问题 [M]. 北京：今日中国出版社，1998：52.

在改革开放前，政府没有做过全面的土地资源调查，可以利用的耕地数据只有《中国统计年鉴》的数据。1958 年进行的全国第一次土壤普查只是查了耕作土壤，没有量算土地面积，无法采用其他数据来验证其可靠性。实行改革开放后，为了适应经济建设的需要，改变长期以来中国土地资源家底不清、耕地面积不实的状况，1979 年春，开展了第二次全国土壤普查。与此同时，全国农业区划委员会对 1 180 个县（旗）进行了土地利用现状调查。此外，在"六五"计划期间，中国科学院自然资源综合考察委员会、地理研究所、遥感应用研究所以及原农业部土肥总站、原国家土地管理局等多个部门分别开展了以耕地为重点的土地利用调查工作，取得了众多的研究成果。特别是 20 世纪 80 年代中期开展的历时 10 年的全国土地利用详查，采用了先进的技术手段和科学工作方法，获得了中国历史上最系统、全面、准确的土地国情资料，这些资料为了解和认识 20 世纪 80 年代以来中国耕地的动态变化情况提供了基本信息和数据。原国土资源部从 1987 年开始公布耕地面积增减数据，基本上能够反映中国耕地资源变化的真实态势。

3. 1996 年至今：耕地面积进一步减少

自 1996 年起，国家完成了第一次大规模的土地利用现状调查，同年，原国土资源部开始公布全国土地利用现状调查数据。2009 年底，第二次全国土地调查完成[1]。2019 年底，第三次全国国土调查完成[2]。

---

[1] 第二次全国土地调查于 2007 年 7 月 1 日全面启动，于 2009 年底完成。调查的主要任务包括：开展农村土地调查，查清全国农村各类土地利用情况；开展城镇土地调查，掌握城市建成区、县城所在地建制镇的城镇土地状况；开展基本农田状况调查，查清全国基本农田状况；建设土地调查数据库，实现调查信息的互联共享。

[2] 第三次全国国土调查于 2017 年 10 月 8 日启动，2019 年底完成。

根据第一次土地调查数据，1996 年全国耕地面积为 13 003.92 万公顷，比 1995 年（9 497.10 万公顷）增加了 3 506.82 万公顷。耕地面积增加的主要原因在于土地调查采用了更为先进的技术手段，将以往少报的耕地面积统计入库，进一步提高了数据的准确性。但 2011 年又减少到 12 172.00 万公顷，比 1996 年减少了 831.92 万公顷，16 年来年均减少 52.00 万公顷。人均耕地面积减少到 0.09 公顷，比 1949 年减少了一半，比 1978 年减少了 0.02 公顷。这一时期的最大特征是耕地面积的大量减少和耕地保护措施的日益严格并存。从 1997 年"世界上最严格的耕地保护制度"的建立、《中华人民共和国刑法》中"破坏耕地罪""非法批地罪"和"非法转让土地罪"的增设到 1998 年原国土资源部的成立、1999 年新《中华人民共和国土地管理法》和《中华人民共和国基本农田保护条例》的正式实施，再到 2003 年省以下土地垂直管理体制的建立等政策措施，无不体现了中央对耕地保护的重视。2004 年颁布的《国务院关于深化改革　严格土地管理的决定》（国发〔2004〕28 号）明确规定："保护和合理利用土地的责任在地方各级人民政府，省、自治区、直辖市人民政府应负主要责任。"2005 年，国务院办公厅印发《省级政府耕地保护责任目标考核办法》，进一步明确各省、自治区、直辖市人民政府应对《全国土地利用总体规划纲要》确定的本行政区域内的耕地保有量和基本农田保护面积负责，省长（主席）、市长为第一责任人。2006 年，"土地调控"对中国耕地保护事业来说绝对是前所未有的利好政策，可以有效地遏制耕地减少过快的势头。"十一五"规划更将保有 1.20 亿公顷（18.00 亿亩）耕地作为本轮规划期末的约束性指标之一。

然而，耕地面积还在继续大幅减少，耕地保护形势依然十分严峻。从组成结构来看，生态退耕的幅度增大。从建设占用的原因来看，可能在于经济的快速发展和"圈地运动"的兴起。原则上，《中华人民共和国土地管理法》得到修订，耕地占用变得比较困难。然而，各地都设法绕过法律规定，采用"统征零批"等方式巧妙地"圈地"。叶剑平认为第二轮"圈地运动"始发于 1998 年，其中设立的开发区，延续到了第三次"圈地运动"，并为后者的疯狂"圈地"进行了铺垫①。据原国土资源部相关数据，1998—2003 年，全国耕地年均净减少 110.37 万公顷。1998—2005 年，也是中国城市化发展最快的阶段。我国城市建成区面积由 2.14 万平方千米增加到 3.25 万平方千米，年均增长 6.18%。而到 2005 年时，各类开发区达 6 866 个，规划用地面积达 3.86 万平方千米；经过整顿以后，还有 1 568 个开发区，规划用地面积还有 1.02 万平方千米②。

2012—2017 年，耕地面积进一步减少，2017 年比 2011 年净减少 1 316.12 万公顷。2018—2021 年，根据自然资源部公布的第三次土地调查数据，全国耕地面积为 12 786.19 万公顷，比 2017 年减少 701.93 万公顷，耕地减少的速度加快。2022 年，耕地面积又进一步减少到 12 760.10 万公顷。

（二）土壤肥力状况

耕地是粮食生产的命根子，是国家粮食安全和百姓"米袋子"的基础。要严守耕地红线，不仅要确保数量不减少，还要确保质量不下降。要想真正落实"藏粮于地"战略，首先要有健康肥沃高质

---

① 叶剑平.2003 年中国房地产市场特点 [J].建筑经济，2003（2）：9-10.

② 杨帅，温铁军.经济波动、财税体制变迁与土地资源资本化：对中国改革开放以来"三次圈地"相关问题的实证分析 [J].管理世界，2010（4）：32-41，187.

量的耕地。

土壤普查是查清土壤资源数量和质量等级的重要方法，普查结果可为土壤的系统分类、规划利用、改良培肥、保护管理等提供科学支撑，为经济、社会、生态等发展政策的制定提供决策依据。

新中国成立以来，政府于1958—1960年和1979—1985年开展过两次全国性土壤普查，形成了土壤志、土种志、专题调查报告、土壤系列图件、土壤资源数据等资料，积累了翔实的基础资料，为开展退化耕地治理、污染耕地修复提供了有力支撑。

但是，第二次全国土壤普查以后，中国约40年未开展土壤普查，原有数据已不能准确反映当前耕地质量状况，难以满足精准管理的需求。2022年4月，农业农村部农田建设管理司相关负责人接受新华社记者采访时说，黑土地变薄、变瘦、变硬，长江中下游地区、西南区、华南区土壤酸化，西北灌溉区、滨海区、松嫩平原西部盐碱化，都需要解决①。

2005年4月至2013年12月，中国开展了首次全国土壤污染状况调查。调查范围为中华人民共和国境内（非特别说明，均不含港、澳、台地区）的陆地国土，调查点位覆盖全部耕地，部分林地、草地、未利用地和建设用地，实际调查面积约630.00万平方千米。调查采用统一的方法和标准，基本掌握了全国土壤环境质量的总体状况。

根据调查结果，全国土壤总的超标率为16.10%，其中轻微、

---

① 部分地区撂荒地怎么办，高标准农田如何建？农业农村部权威解答 [EB/OL]. （2022 - 05 - 10）[2024 - 08 - 30]. http://zrzy. jiangsu. gov. cn/gtapp/nrglIndex. action? type = 2&messageID = ff808081807cfb0e0180aba1868e0a29&eqid = 973b6c4e00076a170000000 26486cc37.

轻度、中度和重度污染点位比例分别为 11.20%、2.30%、1.50%和 1.10%。污染类型以无机型为主，有机型次之，复合型污染比重较小，无机污染物超标点位数占全部超标点位的 82.8%[①]。从污染分布情况来看，南方土壤污染重于北方；长江三角洲、珠江三角洲、东北老工业基地等部分区域土壤污染问题较为突出，西南、中南地区土壤重金属超标范围较大；镉、汞、砷、铅 4 种无机污染物含量分布呈现从西北到东南、从东北到西南方向逐渐升高的态势。

超标的无机污染物主要是镉、汞、砷、铜、铅、铬、锌、镍，点位超标率分别为 7.00%、1.60%、2.70%、2.10%、1.50%、1.10%、0.90%、4.80%。超标的有机污染物主要是"六六六""滴滴涕"、多环芳烃 3 类有机污染物，点位超标率分别为 0.50%、1.90%、1.40%。此外，耕地土壤点位超标率为 19.40%，其中轻微、轻度、中度和重度污染点位比例分别为 13.70%、2.80%、1.80%和 1.10%，主要污染物为镉、镍、铜、砷、汞、铅、"滴滴涕"和多环芳烃。

从总体来看，全国土壤环境状况不容乐观，部分地区土壤污染较重，耕地土壤环境质量堪忧，工矿企业废弃地土壤环境问题突出。工矿企业、农业生产等人为活动以及土壤环境背景值高是造成土壤污染或超标的主要原因。

2017 年 7 月—2021 年，生态环境部完成了第二次全国土壤污染状况详查。这次土壤污染状况详查的重点是全国农用地和重点行业企业用地，检测项目包括土壤重金属、土壤 PAHs（多环芳烃）、

---

① 环境保护部，国土资源部. 全国土壤污染状况调查公报［N/OL］.（2014-04-17）［2024-08-30］. https://www.mee.gov.cn/gkml/sthjbgw/qt/201404/wo20140417558995804588.pdf.

农产品重金属以及土壤二噁英等其他项目。根据《2022 中国生态环境状况公报》，全国土壤环境风险基本得到管控，土壤污染加重趋势得到初步遏制，全国农用地安全利用率保持在 90% 以上，农用地土壤环境状况总体稳定，影响农用地土壤环境质量的主要污染物是重金属。

（三）水土流失情况

水土流失是指受自然或人为因素的影响，雨水不能就地消纳，顺势下流，冲刷土壤，造成水分和土壤同时流失的现象。其主要原因是地面坡度大、土地利用不当、地面植被遭破坏、耕作技术不合理、土质松散、滥伐森林、过度放牧等。水土流失的危害主要表现为：土壤耕作层被侵蚀、破坏，土地肥力日趋衰竭；淤塞河流、渠道、水库，降低水利工程效益，甚至导致水旱灾害发生，严重影响工农业生产。水土流失还对山区农业生产及下游河道畅通带来严重威胁。

根据产生水土流失的物理动力，分布最广泛的水土流失可分为水力侵蚀、重力侵蚀和风力侵蚀三种类型。另外还可以分为冻融侵蚀、冰川侵蚀、混合侵蚀、风力侵蚀、植物侵蚀和化学侵蚀等类型。

2022 年，全国共有水土流失面积 265.34 万平方千米，与 2017 年相比，水土流失面积减少了 29.57 万平方千米，减幅 10.03%。按侵蚀类型划分，2022 年，水力侵蚀面积为 109.06 万平方千米，占水土流失面积的 41.10%；风力侵蚀面积为 156.28 万平方千米，占水土流失面积的 58.90%。详见图 3-2。

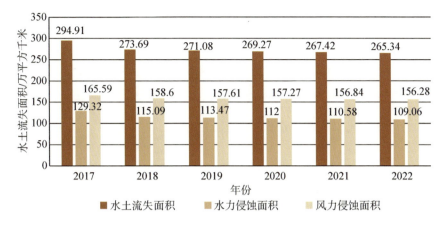

图 3-2 2017—2022 年全国水土流失面积

资料来源：笔者根据《中国水土保持公报（2017—2022 年)》整理。

按侵蚀强度分，2002 年，轻度、中度、强烈、极强烈、剧烈侵蚀面积分别为 171.73 万平方千米、43.89 万平方千米、19.26 万平方千米、14.41 万平方千米、16.05 万平方千米，分别占全国水土流失总面积的 64.72%、16.54%、7.26%、5.43%、6.05%[①]。

2022 年，东北黑土区水土流失面积 21.15 万平方千米，占其土地总面积 108.75 万平方千米的 19.45%；北方风沙区水土流失面积 133.28 万平方千米，占其土地总面积 240.3 万平方千米的 55.46%；北方土石山区水土流失面积 15.70 万平方千米，占其土地总面积 80.64 万平方千米的 19.47%；西北黄土高原区水土流失面积 20.25 万平方千米，占其土地总面积 57.50 万平方千米的 35.22%；南方红壤区水土流失面积 12.87 万平方千米，占其土地总面积 123.26 万平方千米的 10.44%；西南紫色土区水土流失面积 13.46 万平方千

---

① 中华人民共和国水利部. 中国水土保持公报（2022 年）［N/OL］.（2023-08-25）［2024-08-30］. www.mwr.gov.cn/sj/tjgb/zgstbcgb/202308/t20230825_1680719.html.

米，占其土地总面积 50. 97 万平方千米的 26. 41%；西南岩溶区水土流失面积 17. 70 万平方千米，占其土地总面积 70. 78 万平方千米的 25. 01%；青藏高原区水土流失面积 30. 93 万平方千米，占其土地总面积 224. 41 万平方千米的 13. 78%。从总体来看，北方风沙区和西北黄土高原区水土流失问题较为严重。

二、中国的粮食生产情况

新中国成立以来，根据粮食产量的变化，粮食生产发展大体经历了四个阶段：1949—1957 年是粮食产量快速增长阶段，年均增长 7. 03%；1958—1978 年是粮食产量缓慢增长阶段，年均增长 2. 19%；1979—2003 年是粮食产量波动增长阶段，年均增长 1. 09%；2004 年至今是粮食产量稳步增长阶段，年均增长 2. 13%，增速低于改革开放前的水平。

（一）1949—1957 年：粮食产量快速增长阶段

新中国成立初期，受国民党政府的腐朽统治和长期战争的影响，中国粮食生产水平较低。1949 年，中国粮食产量仅为 11 318. 00 万吨[1]，比 1936 年减少了 24. 50%；陕甘宁、晋绥、晋察冀、晋冀鲁豫、东北、华北等老解放区在中国共产党的领导下，粮食生产有所恢复，但粮食产量仍然比抗战前减少了 15. 00% 左右。加上粮食投机猖獗，市场秩序混乱，自然灾害频发，中国共产党在全国执政后面临着严重的粮食危机挑战，因此中央采取了一系列措施来建立粮食安全保障体系。

一是促进粮食生产。新中国成立后，中国共产党继续在华东、

---

① 中华人民共和国国家统计局. 中国统计年鉴（1983）[M]. 北京：中国统计出版社，1983：158.

中南、西北、西南等新解放区开展土地改革运动，1950 年 6 月公布实施《中华人民共和国土地改革法》，消灭了封建土地所有制，实现了广大农民"耕者有其田"的夙愿，调动了农民种粮的积极性，粮食产量逐年提高。到 1957 年，粮食总产量达到 19 504.50 万吨，比 1949 年增长了 72.33%；人均粮食产量达到 302.00 千克，比 1949 年增长了 44.50%（见图 3-3）。在农业生产方面，中央通过发展农业互助合作，调动了农民的生产积极性，促进了农业生产力的不断提升。另外，为了避免水患灾害给农业生产带来的不利影响，新中国成立初期就开始大力兴修水利设施，例如整修堤防和海塘、疏通河道、建筑水库、修建灌溉工程等，极大地保障了农业生产用水，促进了农业生产的恢复和发展。到 1950 年底，全国水灾面积下降至 466.67 万公顷，比 1949 年的 800.00 万公顷减少了近一半，1951—1952 年继续下降到 133.33 万公顷①。

图 3-3　1949—1957 年粮食总产量与人均粮食产量变化趋势

资料来源：国家统计局农村社会经济调查总队. 新中国五十年农业统计资料 [M]. 北京：中国统计出版社，2000：37.

───────────

① 周庆元. 建国以来党领导粮食安全工作的历史进程与基本经验 [J]. 河北工程大学学报（社会科学版），2016（4）：8-12.

二是控制粮食流通。从新中国成立初期的自由购销，到粮食自由购销和政府调控市场相结合，到最后实施统购统销政策，逐步建立了政府掌控的粮食流通体系。新中国成立之初，粮食市场上多种经济成分并存，粮食市场秩序混乱，政府主要通过制定粮食流通的各项交易规则来防止粮食价格出现剧烈震荡。1950年10月，财政部在原粮食处的基础上设立了粮食管理总局，正式组建新中国的粮食市场管理机构。1952年9月，在大规模开展有计划的经济建设的背景下，中央决定成立中央人民政府粮食部，负责全国粮食的征购、分配和调拨等工作，并在各大行政区设立粮食管理局，对私营粮食企业实行限制、利用、改造等措施，逐步引导粮食流通体制向计划经济转变。1953年11月，为了配合国家大规模经济建设和稳定粮食市场，国家出台了《关于实行粮食的计划收购和计划供应的命令》和《粮食市场管理暂行办法》，结束了粮食的自由购销，开始实行粮食统购统销政策。1954年5月，中央出台《关于限期建立国家粮食市场给各地党委的信》，要求把应该建立的初级粮食市场即国家粮食市场尽快地普遍建立起来。1955年8月，国家出台《关于农村粮食统购统销暂行办法》，对国家粮食市场管理办法作出具体规定。1956年10月，国务院发出《关于农业生产合作社统购统销的规定》，要求粮食统购和农村统销。1957年8月和10月，国家分别出台了《关于由国家计划收购和统一收购的农产品和其他物资不准进入自由市场的规定》和《关于粮食统购统销的补充规定》，要求凡属国家计划收购的农产品如粮食等，一律不得开放自由市场，全部由国家计划收购，明确规定取消国家粮食市场。这些措施强化了中央的集权管理模式，开启了计划经济的序幕。

三是建立粮食储备。新中国成立初期，中央高度重视粮食储备，但没有正式的粮食储备制度。陈云认为："我们没有任何粮食储备，这种情况是非常危险的。"① 1951 年 5 月，陈云在第一次全国宣传工作会议上提出，"为了应付水旱灾害，要注意储备粮食"②。为确保全国大城市粮食供应和粮价稳定，国家开始着手恢复建设农业基础设施和粮食收储设施，并开始逐步利用国家储备粮在公开市场抛售以平抑市场价格，储备粮主要来源于征收的公粮和收购的余粮。1952 年，中央粮食储备库存 40 亿斤（2 斤 = 1 千克）左右，但当时自然灾害频繁，粮食市场需求量大，这部分储备粮不久后就被用于调剂市场和救灾。1953 年和 1954 年，中国部分地区遭受不同程度自然灾害，粮食大幅度减产，全国粮食供应形势相当严峻。1953 年，中央在《关于实行粮食的计划收购与计划供应的决议》中指出，中央统筹调度的粮食类型中包括"全国救灾粮"。1954 年，中央在《关于粮食征购工作的指示》中进一步明确提出，国家必须储备一定数量的粮食以应对灾荒等意外事件的发生，这部分用来应对灾荒储备的粮食被称为"甲字粮"。"甲字粮"的设立是中国中央储备粮制度真正建立的雏形。

（二）1958—1978 年：粮食产量缓慢增长阶段

1958 年夏秋之际，中国农村开始实行人民公社制度。但是人民公社"政社合一、一大二公"的管理体制违背了客观经济规律，致使农业生产力受到严重破坏，农民的生产积极性受到一定程度的打击。在 1959—1961 年"三年困难时期"，粮食产量大幅度下降。3 年间，粮食产量净减少 3 318.00 万吨，减幅为 19.55%；粮食播种面积净减少 617.00 万公顷，减幅为 4.83%；粮食单位面积产量

---

① 陈云. 陈云文选：第 2 卷 [M]. 北京：人民出版社，1995：141.
② 陈云. 陈云文选：第 2 卷 [M]. 北京：人民出版社，1995：143.

下降了 392.27 千克/公顷，降幅为 25.03%；人均粮食产量净减少 45.21 千克，减幅为 17.91%。农村人民公社的管理体制和农业基本经营制度是导致 1959—1961 年三年农业危机以及国民经济经历困难时期的一个重要原因①。1961 年 3 月《农业六十条》② 发布后，人民公社的管理体制被调整为以生产大队所有制为基础的三级所有制，人民公社的规模大大缩小③。1962 年 2 月，中央发出《关于改变农村人民公社基本核算单位问题的指示》，进一步将人民公社的管理体制调整为以生产队为基础的三级集体所有制④。人民公社管理体制的调整在很大程度上克服了生产规模过大所带来的严重的平均主义问题，农民的生产积极性被调动起来，加之党和国家通过兴

---

① 对这个时期中国农业危机产生的原因，国内外经济学者进行过很多研究，至少存在三种不同的解释。第一种解释认为是自然灾害；第二种解释认为是人祸，主要是不当的管理；第三种解释认为是人民公社的规模太大导致激励下降。林毅夫认为，第一种解释在现实中不容易发生，因为要全国同时发生天灾，而且一连持续三年，可能性太小；第二种解释有可能成立，即 1959 年实现公社化后，公社社长、书记等很多领导并不是农民出身，没有耕作知识；第三种解释也有可能成立，即当时实行按需分配，尤其是吃公共食堂，农民的劳动积极性可能会下降，减产也是有可能的。林毅夫进一步提出了退出权假说。人民公社制剥夺了农民参加合作社的退出权，相应的激励机制被弱化，在这种强制性的农业合作社里，集体的生产力水平就要低于单干的水平之和。参见：林毅夫. 解读中国经济 [M]. 北京：北京大学出版社，2012：89-96.

② 1961 年 3 月 22 日，中央工作会议通过《农村人民公社工作条例（草案）》（简称《农业六十条》），文件共 10 章 60 条。

③ 《农村人民公社工作条例（草案）》第二条规定，"以生产大队所有制为基础的三级所有制，是现阶段人民公社的根本制度"；第五条规定，"人民公社的规模，一般应该相当于原来的乡或者大乡；生产大队的规模，一般应该相当于原来的高级农业生产合作社"。参见：黄道霞，等. 建国以来农业合作化史料汇编 [G]. 北京：中共党史出版社，1992：632.

④ 黄道霞，等. 建国以来农业合作化史料汇编 [G]. 北京：中共党史出版社，1992：677.

修水利、技术改良等多项举措恢复粮食生产，粮食产量开始出现恢复性增长。到 1978 年，粮食产量达到 30 476.50 万吨，比 1961 年增长了 123.27%；人均粮食产量达到 316.61 千克，比 1961 年增长了 52.76%①（见图 3-4），"吃得饱"的问题初步得到解决。

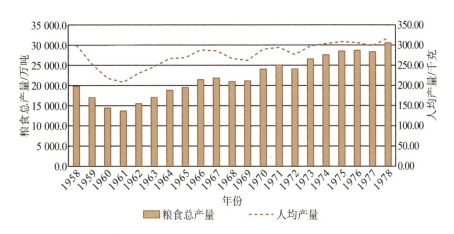

图 3-4　1958—1978 年粮食总产量和人均粮食产量变化趋势

资料来源：国家统计局农村社会经济调查总队. 新中国五十年农业统计资料［M］. 北京：中国统计出版社，2000：37.

在这一时期，国家为确保粮食安全也相应采取了一系列措施。

一是强化粮食产量增长激励机制。一方面，积极增加粮食生产投入。1960 年 8 月，针对 1958 年和 1959 年连续两年出现粮食紧张的局面，中央发出了《关于全党动手，大办农业，大办粮食的指示》，提出充实粮食生产战线的劳动力。1961 年 6 月，中央发出《关于减少城镇人口和压缩城镇粮食销售的九条办法》以及《关于精简职工工作若干问题的通知》，通过减少全国城镇人口数量来减

---

① 1961—1983 年，中国人口总数净增加 37 149 万人，增长了 56.49%，导致人均粮食产量增长率远低于粮食产量增长率。

少城镇粮食需求和征购压力，同时增加了农村粮食生产劳动力数量。1962年2月，陈云在国务院各部委党组成员会议上提出粮食增产的办法，认为在商品粮的主产区应增加化肥和农业机械等资本投入①。在"文化大革命"时期，中央也最大限度地通过控制政治运动来加强粮食生产。1967年3月，中央正式发出《关于农村生产大队和生产队在春耕期间不要夺权的通知》，要求"农村生产大队和生产队在春耕大忙期间不要进行夺权斗争"②。另一方面，提高粮食统购价格和实行粮食加价奖励。1958年，中央提高了东北、内蒙古与南方6省、自治区的粮食统购价格，相当于全国粮食统购价格提高3.10%。1960年，中央提高了南方7个稻谷产区的粮食统购价格，相当于全国粮食统购价格提高2.60%③。1960年10月，中央决定以生产队为单位，人均全年向国家交售的商品粮食（不包括大豆），按不同地区分别超过100斤、200斤、300斤的，超过部分按统购价加价10.00%收购。1961年，中央从夏季开始全面调整粮食统购价格，全国粮食统购价格平均提高25.30%。1965年，中央提高了南方7个稻谷产区的粮食统购价格，相当于全国粮食统购价格提高1.50%。1965年夏粮收购政策规定以生产队为单位，平均每人全年提供商品粮数量（不包括公粮）超过100斤的部分，加价12.00%收购。1966年，国务院将小麦、稻谷、谷子（小米）、玉米、高粱、大豆6种粮食的全国统购价格提高17.10%，统销价格

---

① 陈云. 陈云文选：第3卷 [M]. 北京：人民出版社，1995：146-154.

② 国家农委办公厅. 农业集体化重要文件汇编（1958—1981）：下册 [G]. 北京：中央党校出版社，1981：867-868.

③ 冯志军. 巩固与强化：粮食统购统销制度研究（1961—1965）[D]. 上海：华东师范大学，2011.

提高 13.07%^①。

二是减少粮食征购任务，压缩粮食统销数量。1961 年，中央批转财政部党组《关于调整农业税负担的报告》（中发〔1961〕441 号）（以下简称《报告》）。《报告》指出："1959 年和 1960 年，农业因灾减产，实际产量比原来估算的产量低得多，而农业税征收额却没有及时相应地减下来，两年的农业税负担确实重了。"1965 年 10 月，中央决定对社队的粮食征购任务实行一定三年的政策，这一"一定三年"不变的征购任务数字，作为稳定农民粮食负担的征购任务基数。1968 年，国务院发出《关于稳定农民粮食负担一定三年政策在一九六八年继续延用一年的通知》。从 1971 年开始，粮食征购"一定三年"改为"一定五年"，并继续实行超购加价奖励的办法，但加价幅度不得高于统购牌价的 30%。

三是通过进口粮食提高政府粮食储备能力。1960 年以前，中国主要是出口粮食，进口粮食数量很少。从 1961 年开始，中央决定进口粮食，并同时减少粮食出口数量。1961 年和 1962 年分别出口粮食 135.50 万吨和 103.09 万吨，与 1959 年出口粮食 415.75 万吨相比显著下降，同时粮食进口量大幅度增加，中国从净出口粮食转变为净进口粮食（见表 3-1）。后来在"文化大革命"期间，中国粮食净进口规模虽有所下降，但是粮食净进口的大趋势并没有发生变化。

――――――――

① 赵德余. 1966—1976 年间我国粮食统购统销政策的制定及其效益 [J]. 华南农业大学学报（社会科学版），2016（3）：1-11.

新
时
代
中
国
『
藏
粮
于
地
』
战
略
的
实
现
路
径
研
究

表 3-1　1950—1978 年中国粮食进出口情况

单位：万吨

年份	粮食出口	粮食进口	净进口	进口小麦
1950	122.58	6.69	−115.89	—
1951	197.11	—	−197.11	—
1952	152.88	0.01	−152.87	—
1953	182.62	1.46	−181.16	1.36
1954	171.10	3.00	−168.10	2.68
1955	223.34	18.22	−205.12	2.16
1956	265.12	14.92	−250.20	2.26
1957	209.26	16.68	−192.58	4.99
1958	288.34	22.35	−265.99	14.83
1959	415.75	0.20	−415.55	—
1960	272.04	6.63	−265.41	3.87
1961	135.50	580.97	445.47	388.17
1962	103.09	492.30	389.21	353.56
1963	149.01	595.20	446.19	558.77
1964	182.08	657.01	474.93	536.87
1965	241.65	640.52	398.87	607.27
1966	288.50	643.78	355.28	621.38
1967	299.44	470.19	170.75	439.46
1968	260.13	459.64	199.51	445.14
1969	223.75	378.63	154.88	374.02
1970	211.91	535.96	324.05	530.21
1971	261.75	317.32	55.57	302.20
1972	292.56	475.62	183.06	433.36
1973	389.31	812.79	423.48	629.85
1974	364.39	812.13	447.74	538.34
1975	280.61	373.50	92.89	349.12
1976	176.47	236.65	60.18	202.19
1977	165.70	734.48	568.78	687.58
1978	187.72	883.25	695.53	766.73

资料来源：国家统计局. 中国统计年鉴（1983）[M]. 北京：中国统计出版社，1983：422，438.

四是建立粮食储备制度。1962 年 9 月，中央发出《关于粮食工作的决定》，最早对社队基层粮食储备问题作出了明确规定，要求中国要"建立粮食储备，做到年年储一点，逐年增多"，同时指出生产队也应保留一定数量的储备粮。同年，为了加强国防建设，中央决定建立备战目的的军用"506"战略储备粮①。1963 年 10 月，中央发出《关于粮食工作的指示》，进一步明确"应在合理分配与节约粮食的基础上，逐步增加国家的粮食库存和集体、个人的粮食储备，逐步做到国家有余粮、队有余粮以及户有余粮"。1964 年，原粮食部颁布《关于国家储备粮管理暂行规定》，明确要求"国家储备粮与当地商品粮必须严格划分，单独分仓储存、单独立账，各项统计数字单独上报，不得混淆"。这标志着国家储备粮统计制度正式建立。1965 年，《粮食部关于开展农村集体储备粮工作座谈会的报告》规定了集体储备粮的管理办法，使农村集体粮食储备制度化，形成了国家储备和农村集体储备分级储备的双轨制后备储备。到 1965 年，"全国约有 60% 的生产队建立了自己的粮食储备，各个地方的粮食部门代替生产队保管的粮食储备达到 10 多亿千克，同时各级政府还鼓励社员个人储存结余下来的粮食"②。至此，基本形成了以"甲字粮"、"506 粮"、周转粮和农村集体储备粮为主的粮食储备体系。

（三）1979—2003 年：粮食产量波动增长阶段

自 1978 年国家开启了改革开放的新时期，此后的人均粮食产量稳定地超过 300.00 千克，到 1998 年，粮食总产量突破 5.00 亿吨大关，人均粮食产量达到 410.62 千克。但此后，粮食总产量和人均

---

① "506"战略储备粮即储备足够 50 万人 6 个月食用的粮食以作备战之需。
② 王腾腾. 手中有粮心不慌 [N]. 南方日报，2015-01-06（A11）.

粮食产量连续五年下降，1998—2003 年粮食总产量净减少 8 160.00 万吨，降幅为 15.90%；人均粮食产量减少了 77.34 千克/年，减幅为 18.83%。具体见图 3-5。其原因主要是前期粮食连年丰收、库存积压、粮食市场价格低迷、农民种粮积极性下降、各级政府放松粮食生产、农业结构调整以及退耕还林还草等多重因素综合影响。在这一阶段，粮食播种面积和粮食单位面积产量双双下降，粮食播种面积净减少 1 437.70 万公顷，减幅为 12.64%；粮食单位面积产量下降了 169.71 千克/公顷，降幅为 3.77%。

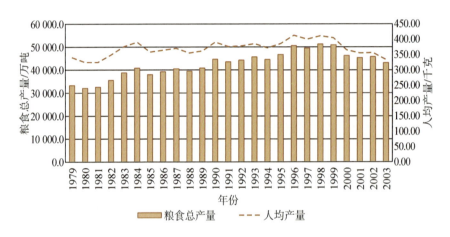

图 3-5 1979—2003 年粮食总产量和人均粮食产量变化趋势

资料来源：中华人民共和国农业部. 新中国农业 60 年统计资料［M］. 北京：中国农业出版社，2009：17.

在这一阶段，国家为了促进粮食生产的进一步发展，在粮食生产、流通、储备等方面实施改革，相应制定了一系列调整政策，促进了粮食生产，粮食产量波动增长。

一是农村土地政策的调整，即从人民公社土地政策转变为以家庭联产承包责任制为主要内容的"劳动群众集体所有，家庭承包经营"的农村土地政策。家庭联产承包责任制的确立标志着中国粮食生产组织体制与土地政策的重大变革，极大地促进了农户的种粮积极性。它是 20 世纪 80 年代初期中国粮食产量大幅增长的主要激励因素①。

二是粮食流通体制的调整，经历了粮食统购统销向"双轨制"再到市场化改革的转变。1984 年，中国粮食产量突破 4.00 亿吨大关，达到 4.07 亿吨。但受长期计划经济的影响，流通体制比较僵化，市场主体没有得到合理的培育与发展，受仓储物流设施的限制和铁路交通运输瓶颈的制约，区域间粮食流通受阻，随即出现了改革开放后第一次农民"卖粮难"②。短期内粮食供给过剩，流通不畅，导致"吃得着"的矛盾凸显；过剩之后，通常出现减产和价格上涨，"吃得起"的矛盾也随之显现。1985 年，随着统购派购制度的取消和"双轨制"的建立，政策的重心开始转向改革粮食流通体制、强化国家储备能力、完善仓储物流设施。虽然"双轨制"在随后的实施过程中出现过多次反复，但 1993 年通过购销同价和"保量放价"的政策安排，意味着实行了长达 40 年的统购统销制度彻底终结。1995 年，"米袋子"省长责任制开始实施，中央政府要求各省、自治区、直辖市自行负责本地区粮食总量平衡。1998 年初，《中共中央 国务院关于 1998 年农业和农村工作的意见》（中发〔1998〕2 号）提出深化粮食流通体制改革的措施，其核心是贯彻"四分开一完善"原则③。为了具体实施和贯彻"四分开一完善"

① 林毅夫. 制度、技术与中国农业发展［M］. 上海：上海人民出版社，2008：83.

② 改革开放以来，中国分别于 1984—1985 年、1990—1993 年和 1996—1998 年出现过三次农民"卖粮难"。

③ "四分开一完善"，即实行政企分开、储备与经营分开、中央与地方责任分开、新老粮食财务挂账分开，完善粮食价格形成机制。

原则，1998 年 5 月，国务院下发了《关于进一步深化粮食流通体制改革的决定》，决定实施以"三项政策、一项改革"① 为主要内容的政策措施。但"三项政策"或者按保护价敞开收购政策当时在一定程度上造成了粮食的供过于求，从而导致粮食价格持续下降②，粮食产量也连续五年下降。进入 21 世纪，中央对粮食问题性质的认识和判断逐渐改变，粮食政策逐步调整。2001 年 8 月，国务院出台《关于进一步深化粮食流通体制改革的意见》，提出"放开销区、保护产区、省长负责、加强调控" 16 字改革方案。2003 年 1 月，中央农村工作会议正式提出"培育粮食市场，探索市场化改革"的政策目标，由此揭开了中国粮食全面推进市场化改革的序幕。

三是粮食储备制度的调整，逐步形成中央、省级、地县三级储备体系。为解决产区农民"卖粮难"问题，保护农民种粮积极性，1990 年成立了国家粮食储备局，建立了国家粮食专项储备制度，主要用于调控粮食市场；1993 年全面放开粮食销售并实行按保护价收购政策，粮票彻底退出历史舞台；2000 年，中国储备粮管理总公司成立，对中央储备粮实行垂直管理、政企分开、企业运作，各省、市和部分县建立了相当规模的地方储备库，逐步形成了以中央储备为主体、各级地方储备为补充，覆盖全国的粮食储备体系。2003 年8 月，为了加强对中央储备粮的管理，国家出台《中央储备粮管理条例》，严格落实中央储备粮的管理制度和管理责任，并对中央储备粮的计划、储存和动用等方面作出了全面的规定。这是中国第一部规范中央储备粮管理的行政法规。

---

① "三项政策、一项改革"即按保护价敞开收购农民余粮、国有粮食收储企业实行顺价销售、粮食收购资金实行封闭运行三项政策，加快粮食企业自身改革。

② 赵德余. 中国粮食政策史：1948—2008 [M]. 上海：上海人民出版社，2017：242.

四是粮食进出口政策的调整，从高度垄断逐步向融入全球化浪潮转变。实行改革开放以后，国家进行外贸体制改革，扩大了地方外贸经营权，成立了专门的进出口公司等，但是在粮食外贸体制改革方面却鲜少涉及。1979—1994 年，中国粮食进出口按照国家计划进行，主要由国有粮食贸易企业完成，粮食对外贸易处于高度垄断状态。1994 年，国内粮食减产，全社会粮食总供给减少，粮食供需矛盾突出，全国范围内的粮食价格急剧上升，国家暂停了粮食出口，同时加大了粮食进口力度。这种状况持续到 1996 年。1997—2003 年，中国粮食贸易逐步融入全球化浪潮。1997 年，国家通过税费改革调整粮食对外贸易状态，对配额内的大米、玉米、大豆等粮食进口实行零关税或低关税，而对配额外的粮食进口则征收普通关税或优惠关税。2001 年，中国加入 WTO（世界贸易组织）时，对粮食贸易作出承诺：①对粮食出口不实行出口补贴；②对粮食进口实行关税配额制度；③对粮食的"黄箱补贴"幅度不超过 8.50%。在入世承诺的约束下，代之而起的相关政策是：①取消铁路建设基金；②出口退税，2002 年 4 月 1 日起对大米、小麦和玉米实行零增值税政策，并且出口免征销项税①。

（四）2004 年至今：粮食产量稳步增长阶段

2004 年以来，取消农业税、多项农业补贴、最低收购价、临时收储等一系列支农惠农政策的实施，充分调动了农民的种粮积极性，粮食产量连年增长，到 2022 年，粮食生产实现了少有的"十九连丰"，其中 2007—2011 年连续 5 年粮食产量稳定保持在 5.00 亿

---

① 刘美秀，杨艳红. 我国粮食对外贸易政策变迁与粮食进出口贸易的发展 [J]. 农业经济问题，2013（7）：84-88.

吨以上，2012—2022 年又连续 11 年粮食产量达到 6.00 亿吨以上，人均粮食产量稳定超过 470.00 千克。具体见图 3-6。

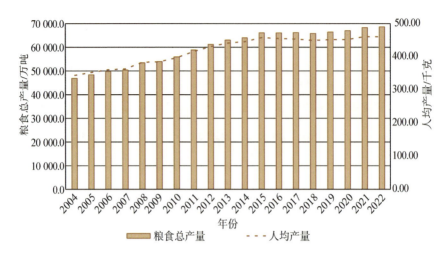

图 3-6　2004—2022 年粮食产量和人均粮食产量变化情况

资料来源：笔者根据历年《中国统计年鉴》数据整理。

这一时期是新中国成立以来粮食产量连续增长时间最长的一个时期，相关举措主要有以下六个方面：

一是保护和调动农民的种粮积极性。一方面，建立了对种粮农民的直接补贴机制。从 2004 年起，国家先后实施了农作物良种补贴、种粮农民直接补贴和农资综合补贴三项补贴政策，促进了粮食生产。2006 年 1 月 1 日起，中国全面取消农业税，极大地减轻了农民种粮负担。2016 年 4 月，为了提高补贴效能，《财政部　农业部关于全面推开农业"三项补贴"改革工作的通知》指出，将农业"三项补贴"合并为农业支持保护补贴，政策目标调整为支持耕地地力保护和粮食适度规模经营。另一方面，对重点地区、重要粮食品种实行最低收购价政策。2004 年，《粮食流通管理条例》规定，在主产区对短缺重点粮食品种实行最低收购价政策，并出台早籼稻最低收购价政策。2005 年正式开启中晚稻最低收购价政策。2006 年，最低收购价政策扩大至粳稻和小麦，对基本口粮全面覆盖。2007 年和 2008 年，国家对玉米和大豆实行临时收储政策，对最低收购价政策进行了补充。2016 年，针对中国粮食产量、进口量、库存量"三量"齐增现象，国家进一步加大了粮食流通体制改革力度，取消了玉米临时收储政策，实行"市场定价+价补分离"政策。

二是稳步提升粮食生产能力。一方面，严守耕地保护红线，提升耕地质量。历年的中央一号文件都指出要严守耕地保护红线，落实最严格的耕地保护制度，切实保护基本农田，并建设高标准基本农田。2006 年，原国土资源部颁布《耕地占补平衡考核办法》，通过量化政府保护耕地的行为来提高地方政府对耕地保护工作的重视程度。2007 年的《政府工作报告》指出："一定要守住全国耕地不少于 18 亿亩这条红线，坚决实行最严格的土地管理制度。"随后，通过《全国土地整治规划（2011—2015 年）》和《全国土地整治规划（2016—2020 年）》，国家有计划有步骤地逐步提升基本农田质量和高标准农田数量。2020 年，国务院办公厅发布《关于防止耕地"非粮化"稳定粮食生产的意见》，指出"必须将有限的耕地资源优先用于粮食生产"。另一方面，提升水资源利用效率。2005 年，中央提出要加强农田水利和生态建设，提高农业抵御自然灾害的能力。2011 年，中央一号文件《中共中央　国务院关于加快水利改革发展的决定》明确了新形势下水利的战略地位，制定了一系列新举措来促进水利改革发展。2015 年 4 月，国务院印发《水污染防治行动计划》，推进农业农村污染防治，提高用水效率，为实现粮食安全可持续发展提供了重要保障。

三是健全和完善国家宏观调控体系。国家通过从不同层面制定目标、明确措施，规划引领粮食产业发展方向，多维度维护国家粮食安全。2008 年 11 月，国家发布《国家粮食安全中长期规划纲要（2008—2020 年）》，这是中国第一个关于粮食安全的中长期规划纲要。2016 年，国家发展改革委、原国家粮食局联合印发《粮食行业"十三五"发展规划纲要》，指出了"十三五"规划期间粮食行业的发展方向。《中华人民共和国国民经济和社会发展第十四个五年规划和 2035 年远景目标纲要》在实施粮食安全战略、能源资源安全战略、乡村振兴战略以及完善国家应急管理体系等多个方面，对粮食和物资储备工作作出重要部署。"十四五"规划期间，将重点在"五个坚持、五个统筹"① 上下功夫，主要目的是确保中国的粮食供给，端牢中国饭碗，守住大国粮仓。

四是大力发展粮食产业经济。在中国粮食连年丰收，粮食供给由总量不足转为结构性矛盾的形势下，国家提出应推进农业供给侧结构性改革，大力发展粮食产业经济。2017 年，国务院办公厅印发《关于加快推进农业供给侧结构性改革　大力发展粮食产业经济的意见》，要求加快推动粮食产业转型升级，着力开发粮食精深加工产品。为推进粮食供给侧结构性改革，加快实现粮食行业向提质增效、可持续发展转变，2017 年，国家粮食局发布了《关于实施优质粮食工程促进粮食产业提质增效的通知》。随后，国家相继发布《关于印发"优质粮食工程"实施方案的通知》《粮食产后服务中心建设技术指南（试行）》和《粮食产后服务中心服务要点（试行）》

---

① "五个坚持、五个统筹"就是坚持立足国内，统筹强化粮食产购储加销协同保障；坚持精准调控，统筹提升粮食收储调控能力；坚持高质量发展，统筹实施优质粮食工程；坚持全链条管控，统筹推动节粮减损和健康消费；坚持改革创新，统筹推进粮食安全治理体系和治理能力现代化。

的通知，引导粮食种植结构调整，提升粮食品质，提高绿色优质粮食产品的供给水平，并建立了专业化的粮食产后服务中心。2019 年 6 月，财政部、国家粮食和物资储备局发布《关于深入实施"优质粮食工程"的意见》，提出应突出品牌提升，发挥"中国好粮油"行动示范引领作用。而在"十四五"规划时期，重点是以需求为导向，推动粮食产业链、价值链、供应链"三链协同"，是促进粮食产业高质量发展的有效路径。在延伸产业链方面，充分发挥粮食加工转化引擎作用，通过健全和完善粮食产购储加销体系，推进粮油加工向深层次延伸，提高粮食综合利用率和产品附加值。在提升价值链方面，坚持绿色化、优质化、特色化、品牌化发展理念，优化粮食种植结构，开发绿色优质粮油产品，打造地方特色粮油产品，培育粮油区域公共品牌，不断增加多元化、个性化、定制化产品供给。在打造供应链方面，引导粮食企业全面融入共建"一带一路"、长江经济带、西部陆海新通道和新时代西部大开发等，深化粮食产销国际合作，拓展粮食供给渠道。

五是全面建立粮食科技创新体系。粮食产量的持续增长离不开中央一直以来对科技创新的大力支持。自 2004 年以来，中央在多个一号文件中都提到，要加强农业科研和技术推广，加快农业科技进步，提高农业综合生产能力。2012 年 2 月，中共中央、国务院印发《关于加快推进农业科技创新 持续增强农产品供给保障能力的若干意见》，突出强调部署农业科技创新，把推进农业科技创新作为"三农"工作的重点。2015 年 2 月，中共中央、国务院印发《关于加大改革创新力度 加快农业现代化建设的若干意见》，指出要加快建设现代农业科技创新推广体系的步伐。2016 年，中央一号文件《关于落实发展新理念 加快农业现代化 实现全面小康目标的若干意见》明确提出要实施"藏粮于地、藏粮于技"战略。2018

年的中央经济工作会议和 2019 年的中央一号文件《中共中央　国务院关于坚持农业农村优先发展　做好"三农"工作的若干意见》进一步提出要推动"藏粮于地、藏粮于技"战略落实落地。2020年的中央一号文件提出以粮食生产功能区和重要农产品生产保护区为重点，加快推进高标准农田建设。"两区"的划定是落实"藏粮于地、藏粮于技"战略的重要举措。2021 年和 2022 年的中央一号文件又进一步从耕地保护和种业技术攻关方面对"藏粮于地、藏粮于技"战略作出了具体部署。2023 年的中央一号文件提出要强化"藏粮于地、藏粮于技"的物质基础。2024 年的中央一号文件在重大科技平台建设、加快推进种业振兴行动、开展重大品种研发推广应用一体化试点、实施农机装备补短板行动、加强基层农技推广体系条件建设等方面作出了具体部署。

六是着力强化依法治粮管储能力建设。为了确保国家粮食安全，国家相继出台了多项法律法规，并落实粮食安全省长责任制。2003—2004 年，国家先后出台《中央储备粮管理条例》和《粮食流通管理条例》，以法律形式保护粮食生产者的积极性，维护经营者、消费者的合法权益。在此基础上，国家有关部门先后制定并实施了一系列配套行政规章制度，中国粮食管理工作逐步走上法制化、规范化、科学化的轨道。2014—2015 年，国家先后出台《关于建立健全粮食安全省长责任制的若干意见》和《粮食安全省长责任制考核办法》，对建立健全粮食安全省长责任制作出全面部署。2020 年 12 月的中央农村工作会议和 2021 年 2 月的中央一号文件都明确要求粮食安全要实行党政同责，进一步压实了地方各级党委和政府保障粮食安全的政治责任。2021 年 4 月，修订后的《粮食安全流通条例》发布实施，标志着中国粮食流通进入最严格监管时期和全面依法治理的新阶段。

第二节　中国的耕地保护制度

耕地保护制度是为了保证粮食安全而保持耕地物质生产能力所形成的法规体系。中国人多地少的基本国情决定了要保证中国的粮食安全和农业发展，必须采取坚决有力的措施保护好有限的耕地资源。习近平总书记在 2023 年的中央农村工作会议上指出，要守住耕地这个命根子，坚决整治乱占、破坏耕地违法行为，加大高标准农田建设投入和管护力度，确保耕地数量有保障、质量有提升①。

一、中国耕地保护制度的政策框架

封志明等研究表明，新中国成立后中国耕地数量总体上呈现先升后降的变动趋势，在改革开放初期达到峰值，20 世纪 80 年代以后出现明显下降趋势②。针对耕地数量减少、质量下降的严峻现实，中国已经形成包括土地利用规划、基本农田保护制度、土地用途管制制度、耕地占补平衡制度和土地开发整理复垦制度等内容的最严格的耕地保护制度体系③。

（一）土地利用规划

土地利用规划是在一定区域内，根据国家社会与经济可持续发

---

① 中央农村工作会议在京召开 习近平对"三农"工作作出重要指示 [EB/OL]. (2023-12-21) [2024-08-30]. [M]. http://www.npc.gov.cn/c2/kgfb/202312/t20231221_433542.html.

② 封志明，刘宝勤，杨艳昭. 中国耕地资源数量变化的趋势分析与数据重建：1949—2003 [J]. 自然资源学报，2005（1）：35-43.

③ 刘彦随，乔陆印. 中国新型城镇化背景下耕地保护制度与政策创新 [J]. 经济地理，2014（4）：1-6.

展的要求和当地自然、经济、社会条件对土地开发、利用、治理、保护在空间上、时间上所做的总体的战略性布局和统筹安排。2019年8月26日，第十三届全国人民代表大会常务委员会第十二次会议新修订的《中华人民共和国土地管理法》第十六条规定，下级土地利用总体规划应当依据上一级土地利用总体规划编制。它是一项国家措施，是具有法定效力的规划。《中共中央 国务院关于进一步加强土地管理 切实保护耕地的通知》（中发〔1997〕11号）明确指出，土地利用总体规划一经批准，就具有法定效力，并纳入国民经济和社会发展五年计划和年度计划，严格执行。《中华人民共和国土地管理法》第二十条也明确规定："土地利用总体规划一经批准，必须严格执行。"第二十一条规定："城市总体规划、村庄和集镇规划，应当与土地利用总体规划相衔接，城市总体规划、村庄和集镇规划中建设用地规模不得超过土地利用总体规划确定的城市和村庄、集镇建设用地规模。"土地利用总体规划是使用土地和开发、整治、保护土地的法定依据。通过土地利用总体规划，国家确定了每块土地的用途。城乡建设、土地开发等各类土地利用活动都必须符合土地利用总体规划确定的土地用途。没有编制土地利用总体规划的地方，不得改变土地用途现状。如果违反了土地利用总体规划，将承担相应的法律责任。

（二）基本农田保护制度

基本农田是耕地的重要组成部分。基本农田是经过法定程序和要求从耕地中划定的，实施特殊保护的耕地。相较于普通的耕地，永久基本农田不仅重视对数量的保护，更侧重于对质量的保护。国务院1998年颁布、2011年修订的《基本农田保护条例》第二条对基本农田的概念作出了界定，即基本农田，是指按照一定时期人口和经济发展对农产品的需求，依据土地利用总体规划确定的不得占用的耕地。这是关于基本农田概念的法律位阶最高的规定。2008年10月12日党的十七届三中全会通过的《中共中央关于推进农村改革发展若干重大问题的决定》提出，要"划定永久基本农田，建立保护补偿机制，确保基本农田总量不减少、用途不改变、质量有提高"。2016年8月，原国土资源部、原农业部联合发布《关于全面划定永久基本农田 实行特殊保护的通知》，对全面完成永久基本农田划定工作并加强特殊保护作出了部署，强调对永久基本农田实行特殊保护，要从严管控非农建设占用永久基本农田，一经划定，任何单位和个人不得擅自占用或者改变用途，不得多预留一定比例永久基本农田为建设占用留空间，不得随意改变永久基本农田规划区边界特别是城市周边永久基本农田；要加大永久基本农田建设力度，加强财政投入，整合涉农资金，吸引社会投资，在永久基本农田保护区和整备区开展高标准农田建设和土地整治，新建成的高标准农田应当优先划为永久基本农田，作为改变或占用的补划基础；要建立和完善永久基本农田保护激励机制，对农村集体经济组织、农民管护、改良和建设永久基本农田进行补贴，调动广大农民保护永久基本农田的积极性；要坚持党政同责，严格考核审计，严肃执法监督，切实落实地方各级政府永久基本农田保护主体责任。2018年，原国土资源部下发《国土资源部关于全面实行永久基本农田特殊保护的通知》，明确规定了永久基本农田的保护和管理适用法律中关于基本农田保护和管理的规定。2019年修订的《中华人民共和国土地管理法》第三十四条规定"国家实行永久基本农田保护制度"，强化了对基本农田的保护，将土地管理法相关条款中的"基本农田"修改为"永久基本农田"，至此，"永久基本农田"代替

"基本农田"正式成为法律的规定。基本农田就是永久基本农田，两者在概念上没有本质的区别。

《中华人民共和国基本农田保护条例》第十条对于什么样的耕地应当划入永久基本农田作出了具体的规定①，由此可见，永久基本农田是耕地的一部分，并且具有比一般耕地更加严格的保护要求，不仅要求对基本农田的数量进行保护，更强调对质量的保护。永久基本农田的内涵应当包括四个部分：第一，具有时限性。永久基本农田是保障一定时期内人民对于农产品需求的保障，这个时期需要根据国家的现实情况和实际需求来确定。第二，质量高，拥有良好的地力、肥力和土壤等要素。第三，地理位置好，一般处于较好的地方，比如优先划入交通干道附近的耕地。第四，综合性。应当综合考虑地理位置、土地肥力和规划等方面的因素，才能最终划定永久基本农田。永久基本农田也是耕地，但是与普通耕地相比质量更好。永久基本农田是较为优质的耕地，它不仅具有良好的地力，也有较好的生产设施等条件，以保证农产品的生产。如果从永久基本农田的功能上讲，永久基本农田就是我们日常生活中各种重要农产品的优质生产基地。并非所有的耕地都是永久基本农田，明确永久基本农田与耕地在内涵和外延上的异同能够更好地认识二者之间的区别，更加科学地开展永久基本农田的划定和保护工作。

---

① 《中华人民共和国基本农田保护条例》第十条规定，下列耕地应当划入基本农田保护区，严格管理：（一）经国务院有关主管部门或者县级以上地方人民政府批准确定的粮、棉、油生产基地内的耕地；（二）有良好的水利与水土保持设施的耕地，正在实施改造计划以及可以改造的中低产田；（三）蔬菜生产基地；（四）农业科研、教学试验田。根据土地利用总体规划，铁路、公路等交通沿线，城市和村庄、集镇建设用地周边的耕地，应当优先划入基本农田保护区；需要退耕还林、还牧、还湖的耕地，不应当划入基本农田保护区。

中国的永久基本农田保护制度是从基本农田保护制度发展而来的。1994 年，国务院颁布了《中华人民共和国基本农田保护条例》，对基本农田保护的各项工作做了细致的规定，有关部门和各级地方政府也制定了相应的配套措施，对基本农田保护工作进行细化。经过 20 多年的发展，中国的基本农田保护法律制度越来越完善。2008 年，党的十七届三中全会提出了"永久基本农田"的概念。2019 年 9 月修订的《中华人民共和国土地管理法》第三十三条规定将基本农田保护制度修改为永久基本农田保护制度。永久基本农田保护制度应该是以保护中国永久基本农田为目的，以《中华人民共和国土地管理法》和《中华人民共和国基本农田保护条例》为核心和基础建立起来的各种与永久基本农田保护相关的法律、法规等制度的总和。

（三）土地用途管制制度

土地用途管制制度是指政府依靠公权力对其领土范围内的土地资源的用途以及开发和利用强度进行管制的制度①。1998 年修订《中华人民共和国土地管理法》时，中央政府开始着手建立土地用途管制制度，而且这项制度一经建立就被称为"土地管理法的灵魂"。在过去的 20 多年里，这一套土地用途管制制度为中国的土地合理利用以及经济和社会发展作出了巨大贡献，但也出现了"制度失灵"和"成本奇高"等许多问题。其具体表现是：违法违规用地总量大、比例高，且呈上升态势；严格保护耕地的管制目标没有有效实现；城市的"摊大饼"式发展和无序扩张没有得到有效遏制；土地用途管制的寻租成本、内部性成本、信息成本、执行成本

---

① 程雪阳. 新《土地管理法》土地用途管制制度改革的得与失 [J]. 中国法律评论，2019（5）：65-75.

等制度成本异常高昂，并由此导致中国土地资源浪费严重，国民居住品质差，城乡景观千篇一律、僵化呆板等。在这种情况下，对土地用途管制制度进行改革和完善就显得极为必要且紧迫。全国人大常委会 2019 年 8 月 26 日通过的《关于修改〈中华人民共和国土地管理法〉〈中华人民共和国城市房地产管理法〉的决定》对此作出了部分回应。但土地用途管制制度的改革与完善并非本轮土地管理法修改的重点，因此新土地管理法在这个领域所取得的进步比较有限。特别是从国家治理能力和治理体系现代化的角度来看，中国土地用途管制制度的改革依然有许多问题没有解决，还需要进一步完善。

（四）耕地占补平衡制度

耕地占补平衡是中央政府为保障耕地资源安全而作出的应急性补救式战略安排。耕地占补平衡政策于 1997 年正式出台，随即推动了"耕地保护"在 1998 年《中华人民共和国土地管理法》中独立成章。这是中国耕地保护的重要工具，也是落实"藏粮于地"、确保粮食安全的重要方略。

1. 耕地占用与补充实行指标"算大账"的分类指标核销阶段

1998 年修订《中华人民共和国土地管理法》时，明确规定由占用耕地的单位负责开垦与所占用数量和质量相当的耕地，但由于缺乏质量评价标准，直至 2009 年发布《中国耕地质量等级调查与评定》报告，耕地质量分等定级才有了全国标准，耕地占补平衡才正式进入量、质并重阶段。为了解决占优补劣、占水田补旱地等突出问题，落实耕地占一补一、占优补优、占水田补水田要求，2017年，原国土资源部改进了原有建设用地项目与补充耕地项目逐一挂钩的做法，转而采取"算大账"方式，建立了耕地数量、水田面积

and粮食产能三类指标核销制，实行分类管理、分别使用，并以县为单位建立三类指标储备库。这种方式既简化了建设用地项目与补充耕地项目之间挂钩的管理环节，又能够保证耕地的数量、水田和产能足量补充，是占补平衡管理方式的重大变革。

2. 改进单一开发式新增耕地的方式，多源补充耕地阶段

在耕地占补平衡政策实施早期，耕地补充以开发为主。然而据相关研究，2000—2015 年，耕地补充造成了大量生态用地流失，其中草地是生态流失量最多的地类，影响了补充耕地所在地的生态稳定性。随着中国生态文明建设的持续推进，国家提出要实施耕地数量、质量、生态"三位一体"保护。在此背景下，2017 年，原国土资源部出台《关于改进管理方式　切实落实耕地占补平衡的通知》，扩大补充耕地的途径，将土地整治、高标准农田建设所补充和改造的耕地，以及城乡建设用地增减挂钩和历史遗留工矿废弃地复垦形成的新增耕地节余部分等都纳入补充耕地管理。此举既缓解了支撑经济发展的用地指标需求压力，又保护了山水林田湖草生命共同体。

3. 有条件地放开跨区域占补平衡交易的多级指标平衡阶段

2017 年，原国土资源部明确规定"补充耕地以县域平衡为主、省域调剂为辅、国家统筹为补充"，搭建了三级递进的指标平衡模式。2018 年，基于对区域资源环境承载状况的统筹考虑，国务院办公厅印发《跨省域补充耕地国家统筹管理办法》，有条件地放开了跨省域补充耕地。按照国家的规定，可以进行跨省域指标平衡的有两类：一类是耕地后备资源严重匮乏的直辖市，由于城市发展和基础设施建设等占用耕地、新开垦耕地不足以补充所占耕地的；另一类是资源环境条件严重约束、补充耕地能力严重不足的省份，由于

实施重大建设项目造成补充耕地缺口的。这两类情况可由省级人民政府向国务院提出统筹补充耕地申请，缴纳跨省域补充耕地资金，以占用的耕地类型确定基准价，以损失的耕地粮食产能确定产能价，以基准价和产能价之和乘以省份调节系数确定跨省域补充耕地资金收取标准。按照规定，跨省域补充耕地的交易资金主要用于脱贫攻坚和乡村振兴，可以发挥经济发达地区和资源丰富地区的资金与资源优势互补作用。

（五）土地开发整理复垦制度

新中国成立初期的土地整理还是一个探索的过程，到了改革开放以后，尤其是近 10 年来，土地整理有了突破性进展，为中国经济与社会发展作出了突出贡献。新中国成立初期的土地整理政策中最具代表性的为 1950 年颁布的《中华人民共和国土地改革法》。这部法律的颁布，主要是为了解决新解放区（华东、中南、西北、西南等地）广大农民的土地问题。《中华人民共和国土地改革法》的颁布使 3 亿多农民获得了土地，废除了中国延续数千年的封建剥削土地制度，广大农民翻身得解放，成了土地的主人，农业生产力得到极大的提高。社会主义"三大改造"时期的土地政策实行自愿互利原则，从兴办互助组到初级农业生产合作社再到高级农业生产合作社，由低级向高级发展。广大农民积极参与到农业合作社的浪潮中去，坚决走社会主义道路。但这一时期受"三年农业危机"等影响，粮、棉产量大幅度下降。在"大跃进"时期，有些人片面追求社会主义的高速发展，认为农业合作化、公有化程度越高，就越能促进国家的生产力水平提高。但事实证明，这一时期的土地政策与中国当时的国情不符，没有达到预期的效果，并在一定程度上阻碍了当时农村生产力的发展。

改革开放40余年的土地整理政策日渐成熟完善。在20世纪80年代，随着国家的改革开放，家庭联产承包责任制被广泛推广与发展，农村发生了翻天覆地的变化。土地整理工作的重点集中到土地权属关系的调整上来，但把整片的土地分割成若干份分配给农民，使得部分地块支离破碎，农业基础设施也受到了一定程度的破坏。这一时期的农民对承包经营投入了巨大的热情，自主地改善土地生产条件，民间开始出现自发、分散的土地复垦行为。在20世纪90年代，随着社会与经济的迅猛发展，人口数量快速增加，土地资源数量特别是耕地数量锐减，国家开始号召广大群众开展以有效增加耕地面积、提高耕地质量、改善生产生活环境、保护生态环境为目的的土地整理工作。1986年，国家土地管理局成立，土地使用制度改革进入了正轨。这一时期的土地整理重点主要集中在农村地区，有两种基本形式：一种是综合治理，即对一定区域内的田、水、路、林、村等进行综合整治，对农村建筑物的拆除搬迁、废弃农村工矿、农村居民点的复垦及农田水利基础设施的建设进行统一的规划与实施；另一种是专项治理，即本着先易后难、重点突破的原则，对田、水、路、林的一项或多项进行专项整治，后续再完善综合治理。在20世纪90年代后期，中国的土地整理开始进入依法有序、有组织、大规模的现代意义上的土地整理发展时期。1997年的中央第11号文件《中共中央　国务院关于进一步加强土地管理　切实保护耕地的通知》及1999年的《中华人民共和国土地管理法》颁布实施，中央以文件的形式明确规定了土地整理制度，并从字里行间鼓励个人及单位组织开展土地整理活动，使投入土地整理工作中去的队伍不断壮大，土地整理事业健康、蓬勃发展，中国的土地整理制度得到健全。1997年《全国土地利用总体规划纲要（1997—

2010年)》及2000年《全国土地开发整理规划2001—2010年》的颁布实施，使大多数地方都完成了土地开发整理专项规划的编制，土地整理规划体系初步建立。《中华人民共和国土地管理法》则以法律的形式规定了新增建设用地土地有偿使用费等资金渠道，保证了对土地整理长期稳定的投入。1999年，《土地开发整理标准》出台，先后制定了项目可行性、规划设计及预算编制等技术规程，土地整理标准体系逐步完善。近几年，中国的土地整理处于高速发展时期，先后出台了《国务院办公厅关于切实加强高标准农田建设提升国家粮食安全保障能力的意见》（国办发〔2019〕50号）、《土地复垦条例实施办法》（自然资源部）、《农业农村部关于统筹利用撂荒地促进农业生产发展的指导意见》（农规发〔2021〕1号）等多个文件（政策），鼓励开展土地整理工作。群众开展土地整理工作的热情日益高涨，专业队伍及机构逐步扩大，科学进步步伐加快，国内外合作日益加强。

（六）耕地保护法律政策

与世界上其他国家相比，中国在耕地保护政策上制定了最为严格的法律政策，把保护耕地的相关政策以法律法规的形式确定下来，从而能够有效地保护中国的耕地。耕地保护法律关系是一种由土地法律规范赋予的具有权利和义务的社会关系，而这种关系是在耕地资源的开发、利用以及保护中逐渐产生的。耕地保护的法律政策必须以宪法为准绳来制定。现行的耕地保护法律政策主要有土地行政法律制度、土地经济法律制度和土地民事法律制度三类，但是最主要的依据还是土地行政法律制度。已经制定的相关法律法规主要有《中华人民共和国土地管理法》《中华人民共和国土地管理法实施条例》《中华人民共和国基本农田保护条例》等。根据以上规定又制定出了占用耕地的补偿制度，该制度明确规定了以下两点：一是按照占多少垦多少的原则，非农业建设经批准占用耕地，由占用耕地的单位负责开垦与所占用耕地的数量和质量相当的耕地；二是如果占用耕地的单位不能开垦或者开垦的耕地不符合相关规定，应当缴纳耕地开垦费，专款用于开垦新的耕地，具体的开垦费由各省、自治区、直辖市人民政府规定。

在全国土地日走过 30 个年头（2020 年 6 月 25 日）之际，以耕地保护制度为首要目标，中国最严格的土地管理法治框架走向了成熟。随着社会与经济的发展和改革的不断深化，现行《中华人民共和国土地管理法》历经四次修改和完善。从 1988 年第一次修正到 2019 年第四次修正完善，最严格的耕地保护制度始终是土地管理法律制度的首选政治目标。中国人均耕地数量少、质量差，耕地后备资源不足，这一国情决定了耕地保护始终具有特别重要的意义。1988 年修法，以土地资源有偿使用拉开了要素市场化改革序幕。1998 年修法，以保护耕地为目标，确立了一系列重要法律制度：耕地总量动态平衡，省级政府保护耕地责任，耕地占补平衡，强化建设用地总量和城市建设用地规模控制，等等。2004 年修法，主要是明确了土地征收的补偿原则和标准。2019 年土地管理法第四次修正，基本农田上升为永久基本农田①。

2021 年 1 月 1 日起施行的《中华人民共和国民法典》丰富和完善了物权保护体系，进一步确认了不动产统一登记制度，对住宅建设用地使用权续期问题作出了原则性规定，完善了农村集体产权保护制度。对于履行保护土地、探矿权与采矿权、海域使用权、无居

---

① 王立彬. 我国耕地保护法治框架走向成熟［EB/OL］.（2020-06-24）［2024-08-30］. https://www.gov.cn/xinwen/2020-06/24/content_5521641.htm.

民海岛使用权等物权，防止自然资源所有权侵害等职责的自然资源主管部门来说，民法典的贯彻实施具有特殊的重要意义①。借鉴民法典编纂的成功经验，我们可以考虑适时启动自然资源法典编纂的研究和准备工作。中国现有自然资源立法主要按资源种类单项立法，如森林法、土地管理法、矿产资源法、水法、草原法、渔业法、海域使用法、海岛保护法等，普遍存在重复、冲突、空白、不衔接、滞后等问题，很难通过所有法律"一揽子修改"来解决。山水林田湖是一个生命共同体理念，统一保护、统一修复，需要在现有单行法律基础上，编纂自然资源法典，实现自然资源法律制度整体性、系统化目标。

除此以外，《中华人民共和国刑法》也对保护耕地作出了一些规定，如第三百四十二条规定："违反土地管理法规，非法占用耕地、林地等农用地，改变被占用土地用途，数量较大，造成耕地、林地等农用地大量毁坏的，处五年以下有期徒刑或者拘役，并处或者单处罚金。"这一条明确规定了违反土地管理法规，非法占用耕地，后果严重的要受到严厉的刑事处罚。第四百一十条规定："国家机关工作人员徇私舞弊，违反土地管理法规，滥用职权，非法批准征收、征用、占用土地，或者非法低价出让国有土地使用权，情节严重的，处三年以下有期徒刑或者拘役；致使国家或者集体利益遭受特别重大损失的，处三年以上七年以下有期徒刑。"除了刑事法律责任外，相关土地管理法及其实施条例还对违反耕地保护制度所应承担的行政法律责任作出了具体规定。

---

① 魏莉华. 从自然资源管理角度看《民法典》[J]. 资源导刊，2020（6）：16-17.

二、中国耕地保护制度的演变

（一）耕地保护制度的历史演进

1. 改革开放前耕地保护制度演进

新中国成立后，国家鼓励对废弃耕地进行复垦，耕地数量和质量在短时间内迅速恢复。土地改革前后（1947—1952 年），中央政府制定了《中国土地法大纲》（1947 年 10 月）和《中华人民共和国土地改革法》（1950 年 6 月），从法制层面明确了农村土地产权归属，使广大农民实现了"耕者有其田"的夙愿，提升了农民生产积极性，但耕地产能低与人口迅速增长迫使农民通过开荒等形式增加耕地，以解决"吃得饱"的问题。

此后，为满足弥补巨大的粮食缺口和农田水利建设等需要，农地权属完成了从私有制到社会主义公有制的转变，推行互助组、合作社和人民公社。1953 年发布的《国家建设征用土地办法》首次把耕地征收补偿标准确定为"最近三年至五年产量的总值"；1954 年的《中华人民共和国宪法》规定"国家依照法律保护农民的土地所有权和其他生产资料所有权"，同时规定"国家为了公共利益的需要，可以依照法律规定的条件，对城乡土地和其他生产资料实行征购、征用或者收归国有"，在最高法律层次上确立了耕地产权归属，同时把国家耕地征收原则确立为"公共利益需要"。1955 年开始的农业合作化运动使耕地产权由农户私有转为集体公有。受"以粮为纲"战略影响，垦荒运动在全国展开，耕地数量得以增加。1958—1970 年，中国耕地面积增加了 1 200.00 万公顷。1958 年发布的《国家建设征用土地办法》修订办法把耕地征收补偿标准降为"2 年至 4 年的定产量的总值"，而 1975 年的《中华人民共和国宪法》规定"中华人民共和国的生产资料所有制现阶段主要有两种：社会主义全民所有制和社会主义劳动群众集体所有制"，对耕地产权归属进行了明确界定。

改革开放之前，受自然灾害和较低生产力的影响，中国始终处于"缺粮"状态，但耕地数量大约增加了 1.80 亿亩。综合来看，该阶段耕地属性外化为政治手段，保证了新中国成立初期的稳定发展，但传统农业生产难以支撑人口的快速增长，开发更多耕地用于粮食生产成为首要需求，由此催生了耕地保护原生意识的觉醒。受"以粮为纲"战略影响，加之科学技术落后，农作物产量的增加不可能来自深耕边际，主要是靠提高耕地广耕边际方式解决。该时期虽然也对国家建设征收耕地行为进行了规定，但耕地保护制度主要体现为鼓励耕地数量增加，耕地质量提高主要表现在提高耕地生产率、抗自然灾害能力方面，特别是农田水利系统的改善是该阶段耕地质量保护的重点。但是缺乏生态规划指导思想，大量不宜开垦耕地区域被过度开垦，使耕地总体生态平衡遭到破坏。

2. 1978—1985 年耕地保护以行政制度约束为主

从 1978 年开始，国家固定资产投资力度不断加大。1978 年，全国固定资产投资总额仅为 669.00 亿元，到 1985 年增加到 2 543.00 亿元，同时农民收入提高后的宅基地和乡镇企业建设用地需求旺盛，国有土地存量已不能满足需求，现实的选择是通过变更耕地用途增加建设用地供给。随着经济的迅猛发展，建设占用造成耕地数量快速减少，耕地保护引起社会广泛关注。根据有关统计，在此期间，中国耕地面积数量变动趋势发生了根本性转折，累计减少耕地面积约 390.00 万公顷。

改革开放后，家庭联产承包责任制和农业科技发展有效提升了农村土地生产力，长期存在的粮食短缺问题得到改善。但是受"以粮为纲"战略路径依赖的影响，中央政府在多个文件中继续强调耕地保护的重要性。1978—1985 年，中央政府连续出台政策文件，逐步明晰了耕地保护的基本概念。1978 年的《政府工作报告》提出"有计划地开垦荒地，使耕地面积逐年有较多的增加"；1981 年的《政府工作报告》提出"十分珍惜每寸土地，合理利用每寸土地"国策，要求"基本建设即使非占用耕地不可，用地也要严加限制；农村建房要有规划，绝不能乱占滥用耕地"。《国务院关于制止农村建房侵占耕地的紧急通知》要求限制农用地被随意占用、征用，中央首次提出"耕地保护"的概念。1982 年、1983 年的中央一号文件均强调保护耕地。1982 年的《全国农村工作会议纪要》把保护耕地和控制人口当作并行的两个基本国策，要求"严格控制机关、企业、团体、部队、学校、社队占用耕地"，该年的《政府工作报告》则把乱占耕地建房和乱砍滥伐森林看作农村中的两股歪风；1982 年发布的《国家建设征用土地条例》首次提出"保证维持群众原有生产和生活水平"的耕地征用补偿标准确定原则，明确了补偿范围并大幅度提高补偿标准。与此同期的《村镇建房用地管理条例》也提出了耕地保护的要求。1983 年发布的《当前农村政策的若干问题》认为耕地减少、森林砍伐和人口膨胀是农村的三大隐患，明确提出"爱惜每一寸耕地""严格控制占用耕地建房"。国务院《关于制止买卖、租赁土地的通知》（国发〔1983〕82 号）等文件，要求各级政府采取措施保护耕地。1984 年、1985 年，受农业结构调整的影响，一定程度上弱化了对耕地保护的重视。

该时期的耕地保护政策大部分散见于中央政府的文件和报告中，专门的法规和部门规章比较少，从而使耕地保护缺乏专门的法律依据。即使是《国家建设征用土地条例》，其目的也只是保证国家建设用地需要。这种制度安排使耕地保护各项措施不能配套协调实施，耕地保护制度实施效果不理想。1985 年，全国耕地数量减少超过 100.00 万公顷，成为新中国成立后耕地数量减少最多的一年。

3. 1986—1997 年耕地保护正式制度初步形成

随着经济的发展与耕地保护矛盾的不断升级，国家愈来愈强调对耕地数量的保护。该时期全国固定资产投资总额从 1986 年的 3 121.00 亿元增长到 1997 年的 24 941.00 亿元，城镇、农村建设用地需求急剧增加，加上 20 世纪 90 年代初期"开发区热"和农业结构调整等干扰因素，耕地数量下降趋势依然明显，1986—1995 年全国耕地数量减少接近 600.00 万公顷①。为扭转耕地数量下降趋势，1986 年的《中华人民共和国土地管理法》明确要求"制止乱占耕地"，中央《关于 1986 年农村工作的部署》要求"严格控制非农建设占用耕地的条件"；同年 2 月，原国家土地管理局成立；3 月，中央发布《关于加强土地管理，制止乱占耕地的通知》（中发〔1986〕7 号），明确提出"十分珍惜和合理利用每寸土地，切实保护耕地，是中国必须长期坚持的一项基本国策"，标志着耕地保护概念的深化，中国耕地保护制度建设进入新阶段。1987—1989 年，原国家土地管理局参与制定并出台的《关于在农业结构调整中严格控制占用耕地的联合通知》《建设用地计划管理暂行办法》《土地复垦规定》《严格限制毁田烧砖　积极推进墙体材料改革的意见》《土地违法案件处理暂行办法》等部门规章与《中华人民共和国耕地占用税暂行条例》等制度一起发挥效力，耕地下降趋势在 20 世

① 陈百明，李世顺. 中国耕地数量下降之剖析：1986—1995 年［J］. 地理科学进展，1998（9）：43-50.

纪 80 年代后期得到控制。

此后，国家为扼制"开发区热"现象，先后出台《土地违法案件处理暂行办法》和《关于严禁开发区和城镇建设占用耕地撂荒的通知》，但耕地占用现象仍屡禁不止。这倒逼行政管理思维转变，国务院于 1992 年在《国务院批转国家土地管理局、农业部关于在全国开展基本农田保护工作请示的通知》（国发〔1992〕6 号）中提出"基本农田"概念。1993 年发布《中共中央　国务院关于当前农业和农村经济发展的若干政策措施》，要求建立"基本农田保护区"。1994 年，《基本农田保护条例》出台，基本农田保护制度应运而生。但是，开发区建设热潮并未得到根本遏止。为此，1996 年的全国土地管理厅局长会议提出"耕地总量动态平衡"要求；1997 年，《中共中央　国务院关于进一步加强土地管理　切实保护耕地的通知》，要求严格建设用地的审批管理，遏制乱占耕地、违法批地等问题。同时，确定了"破坏耕地罪"入刑法，以"冻结"和"清查"的方式将耕地保护概念拓展至"生命线"的层次。进入 20 世纪 90 年代以后，为扭转"开发区热"等乱占、滥用耕地现象，国务院先后出台《中华人民共和国土地管理法实施条例》（1991 年）、《关于严格制止乱占、滥用耕地的紧急通知》（1992 年）、《关于严禁开发区和城镇建设占用耕地撂荒的通知》（1992 年）、《关于严格审批和认真清理各类开发的通知》（1993 年）、《中华人民共和国基本农田保护条例》（1994 年）、《关于进一步加强土地管理　切实保护耕地的通知》（1997 年）等一系列正式文件。与此配套，原国家土地管理局颁布《土地违法案件查处办法》（1995 年）、《建设用地计划管理办法》（1996 年）、《冻结非农业建设项目占用耕地规定》（1997 年）等管理办法。同时，为加强耕地保护工作，1997

年，中国正式把"破坏耕地罪""非法批地罪""非法转让土地罪"写入刑法。这些制度的建立和实施，使乱占、滥用耕地现象在一定范围内得到了控制。

该时期以原国家土地管理局的成立和《中华人民共和国土地管理法》的修订为标志，改变了中国长期以来耕地保护主要依靠行政手段和多部门分散管理的局面，以此为契机，耕地保护开始进入依法运用综合手段进行科学管理的轨道。以耕地保护为中心，我国初步建立了包括土地利用规划管理制度、建设用地计划管理与审批制度、土地开发复垦制度、基本农田保护制度在内的耕地保护制度体系，特别是实施了中国第一部以耕地保护为目标的基本农田保护制度。但《中华人民共和国土地管理法》没有在立法目的上明确耕地保护和经济发展之间的关系，耕地保护仍以行政手段为主。1986—1997年出台了多个层级的政策，耕地保护意识得到强化，但经济调控手段严重匮乏，弱化了相关措施的执行力度。

4. 1998—2003年耕地保护制度不断深化探索

工业化和城镇化进程的加快引发了新一轮"用地热"，耕地保护制度不断深化探索，分别从基本农田保护、耕地补偿、土地利用规划与土地违法等方面进行深化。1998年原国土资源部正式成立，同年《中华人民共和国土地管理法》进行了重大修订，把立法目的从保障建设用地供给转为保护耕地，以立法形式确立了"十分珍惜、合理利用土地和切实保护耕地"基本国策，提出用途管制、耕地总量动态平衡、集中管理和执法检查等管理原则，同时单辟"耕地保护"章节，规定实行占用耕地补偿制度、基本农田保护制度，禁止闲置、荒废耕地以及提高耕地质量和增加耕地数量等耕地保护政策，明确了土地整理在耕地保护制度中的地位。《中华人民共和国土地管理法》修订后，一些文件和部门规章陆续出台。1998 年，全国基本农地保护区重新划定并提出"确保基本农田数量不减少、质量不降低、用途不改变"原则。1999 年，原国土资源部实施的《土地利用年度管理办法》《建设用地审批管理办法》细化了《中华人民共和国土地管理法》的规定；同年，国务院办公厅发布《关于印发〈全国土地利用规划纲要〉的通知》（国办发〔1999〕34 号），则为耕地保护指明了目标。1999 年，《关于切实做好耕地占补平衡工作的通知》（国土资发〔1999〕39 号）从责任、措施、管理和监测对接《中华人民共和国土地管理法》耕地补偿制度；2001 年，《关于进一步加强和改进耕地占补平衡工作的通知》（国土资发〔2001〕374 号）提出通过土地用途管制和耕地补偿落实耕地"占一补一"原则；2003 年，国务院办公厅出台《关于清理整顿各类开发区　加强建设用地管理的通知》（国办发〔2003〕70 号）和《关于暂停审批各类开发区的紧急通知》（国办发明电〔2003〕30 号），提出追责"突击审批"与"突击设立开发区"行为。2003 年，原国土资源部《关于进一步采取措施落实严格保护耕地制度的通知》（国土资发〔2003〕388 号）提出界定公益性和经营性建设用地，区分土地征收和征用。可见，在该阶段，国家对耕地保护的概念内涵、政策连贯性与法律地位均进行了深化探索，但仍未能形成系统化的政策体系。

5. 2004—2013 年耕地保护制度基本完善

2004 年 8 月，第二次修正的《中华人民共和国土地管理法》公布，重申了耕地保护的重要性。2004 年，国务院《关于深化改革严格土地管理的决定》（国发〔2004〕28 号）强调实行"最严格的耕地保护制度"，从土地利用规划、基本农田保护、土地集约利用、耕地保护责任制度等多个方面完善了耕地保护制度体系，成为当时关于土地管理最全面、规格最高的中央文件。2004 年的中央一号文件《中共中央　国务院关于促进农民增加收入若干政策的意见》提出"不断提高耕地质量""各级政府要切实落实最严格的耕地保护制度"，并要求确定一定比例的国有土地出让金用于耕地开发和建设高标准基本农田；同年，原国土资源部《关于完善征地补偿安置制度的指导意见》（国土资发〔2004〕238 号）对征地补偿标准进行了规定；同年，《中华人民共和国宪法修正案》把农地征收补偿要求正式写入《中华人民共和国宪法》①。

地方政府对"土地财政"的依赖度不断提高，城镇化建设继续推进，非农建设用地需求长期居于高位，耕地占优补劣现象持续发生，耕地质量和保护责任问题越来越突出。2004—2010 年（2009年除外）的中央一号文件连续强调提高耕地质量，且 2006—2008年均提倡科学使用化肥，2009 年发布的《中国耕地质量等级调查与评定》为耕地质量保护奠定了基础。国家为应对地方政府"跑马圈地"式土地经营模式，2004 年于《关于深化改革　严格土地管理的决定》（国发〔2004〕28 号）中提出"禁止圈占土地、乱占滥用耕地"；2005 年 2 月，原国土资源部于《关于加强和改进土地开发整理工作的通知》（国土资发〔2005〕29 号）中明确提出"大力开展基本农田整理"；《关于开展补充耕地数量质量实行按等级折算基础工作的通知》（国土资发〔2005〕128 号）要求按照耕地质量划分等级，之后又出台了多项有关耕地质量验收、质量等级划分的

---

① 《中华人民共和国宪法修正案（2004）》规定，宪法第十条第三款"国家为了公共利益的需要，可以依照法律规定对土地实行征用"修改为："国家为了公共利益的需要，可以依照法律规定对土地实行征收或征用并给予补偿。"

工作规范；7 月，《关于开展制订征地统一年产值标准和征地区片综合地价工作的通知》（国土资发〔2005〕144 号）对耕地征用补偿办法进行了调整；9 月，原国土资源部等七部门联合下发《关于进一步做好基本农田保护有关工作的意见》，要求各地切实做好基本农田保护工作；10 月，国务院办公厅发布《省级政府耕地保护责任目标考核办法》（国办发〔2005〕52 号），明确要求各省（自治区、直辖市）人民政府应对规划确定的本行政区域内的耕地保有量和基本农田保护面积负责。因此，2006 年的中央一号文件《中共中央　国务院关于推进社会主义新农村建设的若干意见》提出，开始征收耕地占用税；8 月，国务院发布《关于加强土地调控有关问题的通知》（国发〔2006〕31 号），将加强耕地保护作为土地调控的重中之重。2007 年的《政府工作报告》要求守住 18 亿亩耕地"红线"，同年发布《中华人民共和国物权法》，对耕地所有权、承包经营权以及占用耕地补偿等作出了具体规定。2008 年，国家在《中共中央关于推进农村改革发展若干重大问题的决定》中提出"永久基本农田"概念，充分体现了对基本农田永久保护的理念。9 月，原国土资源部《关于进一步加强土地整理复垦开发工作的通知》（国土资发〔2008〕176 号）要求从 2009 年起，除国家重大工程可以暂缓外，非农建设占用耕地全面实行"先补后占"并将补充耕地落实情况与新增建设用地计划指标挂钩；10 月，中央发布《关于推进农村改革发展若干重大问题的决定》，提出"坚持最严格的耕地保护制度，层层落实责任，坚决守住 18 亿亩耕地红线"。原国土资源部据此提出以土地整治为平台，协同有关部门整合各类资金，整体规划、整村推进"田水路林村"综合整治。2009 年、2010 年连续两年的中央一号文件都要求继续坚守耕地红线，建立保护补偿机制，强化耕地保护责任。2010 年，根据国务院办公厅《关于进一步严格征地拆迁管理工作 切实维护群众合法权益的紧急通知》（国办发〔2010〕15 号）的精神，原国土资源部《关于进一步做好征地管理工作的通知》要求坚持同地同价原则，全面实行征地统一年产值标准和区片综合地价的耕地征收补偿标准计算办法。2004—2011 年这一阶段的耕地保护认知程度深化，政策体系快速发展，耕地保护责任制加强，经济手段运用灵活，更加关注耕地质量管理，提升了粮食综合生产能力，但耕地的生态保护仍未引起相关部门应有的重视。

2004—2013 年，经过十年的发展和完善，中国耕地保护已经形成以《中华人民共和国土地管理法》《中华人民共和国物权法》《中华人民共和国基本农田保护条例》为中心，配套中央政策、部门规章包含耕地经营权、占用补偿、占补动态平衡等制度在内的相对完整的制度体系，耕地保护实施逐步进入行政、法律、经济手段并重的多样化阶段。

在这一系列政策的引导下，中国耕地保护制度基本完善。第一，耕地质量保护得到重视，耕地保护手段从单纯的数量管控转向数量与质量并重。2012 年，原国土资源部《关于提升耕地保护水平 全面加强耕地质量建设与管理的通知》（国土资发〔2012〕108 号）对耕地质量等级评价、动态监测等内容予以规范，但这一阶段把提高粮食产量、增加有效耕地面积作为主要任务，耕地负担过重，再加上耕地质量的监测评价机制不够健全，质量的保护效果并不理想。第二，耕地保护的权责更加明确。2005 年，国务院办公厅发布《省级政府耕地保护责任目标考核办法》（国办发〔2005〕52 号），规定各级人民政府主要负责人对耕地保有量和基本农田保护面积等负责。第三，土地督察制度建立。2006 年，国务院办公厅《关于建立国家土地督察制度有关问题的通知》（国办发〔2006〕50 号）对土地督察的机构组成、工作任务等作出了规定。第四，土地执法监察力度不断加大。2005 年，原国土资源部发布《查处土地违法行为立案标准》，2007 年开展了以查处"以租代征"为重点的全国土地执法"百日行动"，多项政策指出要结合信息化建设实行动态监管，加快建立土地执法长效机制，加快推进国土资源遥感监测"一张图"等。另外，基本农田保护、建设用地增减挂钩等制度也不断完善。

政策工具的内涵进一步丰富。一是命令控制型政策工具提出了"18 亿亩耕地红线"，使耕地保护的目标更加明确具体。二是耕地保护效果的考核机制更加严格，耕地保护责任更加明确。经济激励型政策工具进一步规范了土地税费的征收和监管等程序；同时创新了耕地保护补偿、主产区利益补偿、农业"三项补贴"等正向调节模式，负向调节的使用频率进一步降低；公众参与型政策工具的使用频次大幅增加，提出了建立网络公开查询系统、推进国土资源信息服务集群化、设立"12336"举报电话等措施，公众参与程度明显提升。宣传引导型政策工具继续加大宣传力度，并提出通过宣讲、媒体报道、树立项目标志牌等方式拓宽宣传途径，同时更加注重激励措施的可行性。

6. 2014 年至今耕地保护制度趋于成熟

在这一阶段，耕地保护上升到更高的高度，中国耕地保护制度逐渐趋于成熟。

一是更加注重耕地的质量和生态保护。首先是耕地保护内涵更加丰富，构建了数量、质量、生态"三位一体"的保护格局。党的十八大以来，生态文明成为政策背景，多个政策提到了耕地的生态保护问题。2016 年，《原国土资源部、原农业部关于全面划定永久基本农田　实行特殊保护的通知》提出"全面划定永久基本农田，实现耕地数量、质量、生态'三位一体'保护"。其次是加快高标准农田建设。2014 年，《中共中央　国务院关于全面深化农村改革　加快推进农业现代化的若干意见》要求"实施全国高标准农田建设总体规划"。2018 年，国务院实施机构改革，组建了自然资源部，对自然资源开发利用和保护进行统一监管，为耕地资源"三位一体"保护奠定了体制保障基础。2019 年，新修正的《中华人民共和国土地管理法》颁布，实现了耕地保护的重心从数量平衡到数量、质量、生态"三位一体"并重的转变，并将"基本农田"上升为"永久基本农田"。2019 年，国务院办公厅《关于切实加强高标准农田建设　提升国家粮食安全保障能力的意见》（国办发〔2019〕50 号）对高标准农田建设目标、管理体制、保障措施等作出相关规定。最后是建立耕地轮作休耕制度。2015 年的中央一号文件《中共中央　国务院关于落实发展新理念　加快农业现代化　实现全面小康目标的若干意见》提出"耕地轮作休耕制度试点"。2016 年，原农业部等十部门印发了《探索实行耕地轮作休耕制度试点方案》。2021 年，新修订的《中华人民共和国土地管理法实施条例》进一步细化完善了《中华人民共和国土地管理法》关于耕地保护的新要求，严格贯彻落实国家近年来关于加强耕地保护、改进占补平衡、制止耕地"非农化"、防止耕地"非粮化"等决策部署，为确保国家粮食安全打下了坚实的制度基础。

二是耕地保护向全国统筹的方向发展。部分地区耕地后备资源严重匮乏，难以达到耕地占补平衡。2015 年，《中共中央　国务院关于加快推进生态文明建设的意见》提出"山水林田湖草是一个生命共同体"。2017 年,《中共中央　国务院关于加强耕地保护和改进占补平衡的意见》（中发〔2017〕4 号）提出"探索补充耕地全国统筹"。2018 年,国务院办公厅又补充了《跨省域补充耕地国家统筹管理办法》（国办发〔2018〕16 号）等政策。同时,中央政府提出了"耕地是中国最为宝贵的资源""像保护大熊猫一样保护耕地"等重要战略论断,再次明确了耕地保护工作的基础性、战略性和极端重要性,在这个问题上绝不能犯颠覆性错误;确立了数量、质量、生态"三位一体"的耕地保护新格局,构建了管控、建设、激励多措并举的耕地保护新机制,形成了明责任、算大账、差别化的耕地占补平衡新方式;系统构建了新时期耕地保护制度框架体系,为做好当前和今后一个时期的自然资源管理工作提供了行动纲领。

三是将耕地保护纳入国土空间管理。2018 年,自然资源部成立,统一行使全民所有自然资源资产所有者职责。2019 年,《中共中央　国务院关于建立国土空间规划体系并监督实施的若干意见》提出"建立国土空间规划体系并监督实施"。2019 年修订的《中华人民共和国土地管理法》将耕地轮作休耕、高标准农田建设、国土空间规划等内容以法律的形式确定下来。

在这一时期,命令控制型政策工具完善了耕地保护的考核和责任制度,提出将耕地保护目标与地方发展和领导政绩挂钩。经济激励型政策工具中新设了多个专项基金与资金,加大了耕地保护的经济补偿力度。宣传引导型和公众参与型政策工具的使用频率进一步增加。

（二）耕地保护制度演变逻辑要义与核心及难点

耕地具有典型的公共物品属性,中央政府在制定与耕地相关的制度时，首先确定宪法选择规则，其次在宪法选择规则下通过集体选择规则使宪法选择规则进一步制度化，最后由相关部门和地方政府在制度实施过程中通过不断的实践使制度进一步细化，成为可以进行具体考核的操作细则，另外还从监督与惩罚机制上对耕地保护制度进行优化①。

1. 耕地保护制度演变逻辑要义

中国始终坚持最严格的耕地保护制度，坚守耕地红线，但具体政策措施又及时根据耕地保护中出现的新形势、新任务、新问题不断调整完善，以更贴近人民需求，更符合社会与经济发展规律，更契合不同时期党和国家的价值目标。耕地保护政策的基本逻辑是依据国际形势、国家社会与经济发展阶段性需要与突出矛盾、耕地资源的紧缺程度、耕地利用的结构性问题、耕地保护体制机制改革等，以耕地"保什么、谁来保、怎么保"等为核心问题，修正耕地保护的目标、内涵，推动政策措施调整，待时机成熟再进行制度改革完善。

坚守耕地红线、实行最严格的耕地保护制度始终不变。耕地保护的初心就是"保饭碗"，耕地保护的第一目标就是粮食安全。因此，耕地数量保护，坚守 18 亿亩耕地红线，是耕地保护制度的核心和底线。坚持最严格的耕地保护，始终未变；坚持永久基本农田保护制度、严格控制非农建设占用耕地、严格实施耕地占补平衡制度、严格落实耕地保护责任等始终未变。在此过程中，变的是耕地保护的落脚点不断精准化，从原先的"重数量、轻质量"到"数量、质量并重"再到"数量、质量、生态三位一体"，体现了对耕

---

① 郭珍. 资源环境紧约束下的土地利用：竞争与冒险［J］. 郑州大学学报（哲学社会科学版），2018（6）：59-63.

地保护认识的逐步深化；变的是耕地保护的侧重点不断延展，从最初单纯的"守好红线"到逐步增加"补好红线""建好红线""用好红线"，体现了耕地保护从单向管控到多点发力；变的是耕地保护的手段不断完善，从单纯的行政手段到行政手段、经济手段、工程手段并举，再到大量运用技术手段，体现了耕地保护不断走向综合化、精细化。此外，基本农田、高标准农田、可调整耕地、不稳定耕地、永久基本农田、可长期稳定利用耕地等，都是这个进程中关于耕地保护的内涵创新。耕地占补平衡、基本农田调整补划、耕地易地"占补平衡"、耕地总量动态平衡、耕地"进出平衡"等，也是这个进程中关于耕地管控的制度创新。

坚持服务社会与经济发展大局，不断优化耕地保护政策措施。2008 年全球金融危机导致许多企业倒闭，大量农民工返乡，农业农村成为农民生活的缓冲区、避风港，凸显了耕地保护作为社会稳定的压舱石、稳压器的重要地位。2009 年，为贯彻落实国家应对金融危机的决策部署，原国土资源部围绕扩大内需促进经济平稳较快发展大局，主动参与宏观调控，开展"保增长保红线行动"（又称"双保行动"）。这一时期，耕地保护的目标，不仅是粮食安全，还要保证经济安全和社会安全。为此，原国土资源部出台了一系列政策措施，如支持"扩内需、保增长"，允许部分项目耕地占补平衡"边补边占"，鼓励各地探索耕地占补平衡市场化，缓解部分地区补充耕地压力；为缓解建设项目用地过程中的规划调整难、报批难，提高审批效率，允许在新一轮规划修编中多划一部分基本农田，用于规划期内不易确定具体范围的建设项目占用等；为服务人民日益增长的物质文化需求，满足人民食物结构的变化和对食物品质的要求，扶持规模化畜禽养殖、设施农业发展，并适时调整设施农用地政策等。这些政策措施的出台，在体现严格耕地保护原则的同时，也体现了耕地保护的灵活性。

在生态文明新时代，耕地保护的目标和政策内涵更加丰富。在工业化、城镇化快速发展进程中，建设项目、环境绿化、粮食生产之间的"争地矛盾"日益突出。要改善人居环境、实现可持续发展，还需要进一步关注和发挥耕地的生态价值，充分发挥耕地的生态服务功能、绿色空间功能、文化景观功能、消化人畜排泄物保护水环境功能等。而加大生态文明建设力度，退耕还林还草还湿，污染耕地治理等，还要调减一部分生产能力不稳定耕地。同时，也要避免个别地方在易地补充耕地过程中缺乏统筹与监管，在利益驱动下扭曲补充耕地指标，引发不当围垦、开荒，影响生态环境等现象。在这一时期，耕地保护的目标，不仅是粮食安全、经济安全和社会安全，还增加了生态安全。耕地保护的政策措施强调在做好数量管控的同时，加强耕地质量管理和生态管护，坚持经济效益、社会效益、生态效益的协调统一。为此，《中共中央　国务院关于加强耕地保护和改进占补平衡的意见》（中发〔2017〕4号）提出在大城市周边划定永久基本农田，进一步发挥耕地的优化景观、保护自然生态、传承文化、优化空间布局等功能；提出科学有序开发利用耕地后备资源，尽量将后备资源留给后人开发；加强耕地生态修复和保护，明确禁止开垦的区域和地类，禁止违规毁林开垦耕地；提出减肥减药、高效种植，为发展高效特色农业奠定基础等。

为应对变局，采取更有力的措施保证粮食生产。长期以来，耕地保护总体上是重"非农化"而轻"非粮化"，也就是重"耕地的生产能力"，轻"耕地的实际生产情况"。2020年，全球粮食供应紧张局势加剧，全球多个国家采取限制粮食出口措施。中央将耕地保护上升到国家安全的高度，反复强调"中国人的饭碗任何时候都要牢牢端在自己手中"。针对近年来一些地方不同程度出现的耕地"非粮化"倾向，国家进一步加强和细化了耕地管控要求，明确不仅要实行耕地"占补平衡"，还要实行耕地"进出平衡"；不仅要管控耕地"非农化"，还要对耕地"非粮化"进行管控。这是摆在耕地保护管理者面前的一道难度很大但又必须答好的时代考题。

2. 耕地保护制度的核心与难点

耕地保护政策的核心，在于把握耕地保护的"变"。一是耕地的内涵在变，它会伴随国内国际形势、经济与社会发展水平、人口迁徙等的变化而变，也会随着科技水平、工程技术条件及耕作模式、农作物品种等情况的变化而变。二是耕地保护的目标在变，国家粮食安全的"弦"会绷得越来越紧，耕地非生产性功能也会越来越得到重视和发挥。三是耕地利用的形态不断在变，农与非农、粮与非粮的界限会更加难以严格限定。四是耕地保护的新困难、新问题会变，随着耕地保护压力的增加和传导，一些原先未被重视的问题会逐渐显现并亟待解决。

耕地保护政策的难点，在于调节耕地保护的"利"。从表面上来看，耕地保护出现问题的原因有地方保护意识不强、规划作用发挥不够、监管不力、执法不严等，但内在原因还在于各方的利益诉求不同。其实质为整体利益与局部利益、经济利益与社会利益、眼前利益与长远利益的矛盾，以及不同地区、不同行业发展利益的矛盾。只要存在经济活动，耕地利用的利益矛盾就会存在，耕地保护的问题就无法消除，其区别可能只是问题的类型和程度不同而已。

因此，只能用系统的方法和逻辑，科学、合理地去平衡各方利益，协调各种矛盾，兼顾公平和效率，避免为了解决一个问题而产生更大、更多的其他问题。

三、中国耕地保护制度存在的问题

（一）农村耕地产权设置不科学

产权包含了财产的所有权、占有权、支配权、使用权、收益权和处置权。中国农村实行的是家庭联产承包责任制，也就是说农民只拥有土地的承包权和经营权。虽然这种制度和之前实施的人民公社体制相比有利于提高农民的生产积极性，但是仍然存在一系列的问题，例如耕地产权归属矛盾问题、占地补偿金过低问题、赔偿金分配不合理问题、宅基地被不正当使用问题、非农集体土地使用权的流转问题以及农户的利益问题等。无论是 1984 年的《土地利用现状调查技术规程》，还是 2007 年的《土地利用现状分类》国家标准对耕地的定义，都只是从用途、范围和类型等方面进行界定，缺乏对耕地利用时空条件的具体规定。空间条件是现实耕地利用中权利界定的基础依据，不明确的空间条件规定必然会引起现实中耕地保护制度的实施困难。2008 年，《中共中央关于推进农村改革发展若干重大问题的决定》提出"划定永久基本农田"的时间规定性，但是在现行的法律制度中并没有相关配套措施。总体上缺乏时空条件具体规定，将直接影响耕地上之物权和利益的划分界限，从而从根本上影响耕地保护制度的实施效果。

（二）耕地保护主体利益关系不协调

不同经济主体之间物质利益关系协调是提高耕地保护制度实施效果的重要条件。耕地保护的利益主体可以在两个层次上进行区分。第一个层次是耕地种植业用途上的中央政府、地方政府、村集体和农户四个利益主体。无论是中央政府还是地方政府，从粮食安全角度出发，都期望耕地能够发挥最优生产能力，保证充足供给，因此双方的耕地保护目标是一致的。在取消农业税费之后，村集体与耕地之间的经济联系被切断，没有经济动机保证中央和地方政府目标的落实。同时，由于种植业比较收益下降，农民的种粮积极性不高，因此对耕地保护尤其是质量保护的经济动机不强烈。第二个层次是耕地变更用途后政府与用地单位的利益主体划分。中央政府的利益诉求是在保证粮食安全的条件下追求经济的最大增长以保证社会稳定，因此有动机保护耕地。

农民的合法权益理应受到保护，任何集体或者个人都不能非法侵占农户赖以生存的耕地，所以，国家应该完善耕地保护的法律法规，各级执法部门要做到执法必严、违法必究，利用一切合法手段来保护农民的耕地。中国农村的土地承包经营权、宅基地使用权、集体收益分配权都属于农民的生存保障条件，有些城市为了扩大面积，把周围的农村土地都占用了，虽然给了农民一定的赔偿，但城市房价过高，农民无力承受，而且还出现农民就业困难的问题。很多农民一直在种地，没有其他的技能，当他们失去耕地后就只能靠卖苦力挣取微薄的收入。除了生存问题外，还有子女教育问题、养老问题、医疗保障问题等，失地农民为城市建设作出了重大的牺牲。所以，地方政府不能为建设城市而牺牲广大农民的利益，否则既会引发一系列的社会问题，又会造成耕地的损失。如果遇到国务院批准的重大项目，涉及征地时，一定要做好赔偿工作，要以土地增值后的收益来补偿给农民。

但在以经济增长指标进行政绩考核的制度设计中，保证建设用地需求成为地方政府的最优选择，因此地方政府有减少耕地的内在动机。村集体为获得耕地征用补偿费也有动力减少耕地。用地单位是建设用地的需求者，自然有动机减少耕地。农户在耕地变更用途中面临未来生存与发展权被剥夺的局面，因此有动力保护耕地。从上述分析可以看出，目前耕地保护制度中相关主体的利益关系并不协调，这是造成耕地保护制度实施效果不理想、耕地面积持续下降的重要原因。

（三）耕地保护仍以行政手段为主，法律、经济手段不完善

中国的政治体制决定了政府在耕地保护中的强势地位，我们对陆续出台的相关耕地保护政策进行分析，可以发现中央政府具有强烈的耕地保护倾向，但现实中的政策执行效果并不理想，其中最重要的原因是缺乏法律层次上对耕地保护各利益主体的强制约束力，没有充分考虑市场在资源配置中的基础性作用。现行耕地保护仅有《中华人民共和国土地管理法》《中华人民共和国物权法》等少数正式法律文件，规范耕地保护行为的制度大部分仍以约束力层次低的条例、部门规章为主。建立在"土地利用年度计划"之上的用途管制制度、征地制度以及政府目标责任制度体现了立法过程对计划经济管理体制的路径依赖。中国现行土地税费项目有 34 个，只有 8 个是税收项目，其他 26 个项目皆为行政费用项目，这种税费结构也反映出中国耕地保护政策的实施仍以行政手段为主，法律和经济手段仍处于起步阶段的现实①。

---

① 任旭峰，侯凤云. 中国耕地保护制度演进及存在问题研究［J］. 理论学刊，2011（9）：31-35.

（四）耕地保护以数量保护为主，对质量和生产条件的保护不足

中国耕地保护制度建立了相对完整的数量保护制度体系，但是直到 1998 年《中华人民共和国土地管理法》修订时才提出"确保基本农田数量不减少、质量不降低、用途不改变"，开始重视耕地质量和生产自然条件保护问题。《中华人民共和国环境保护法》《中华人民共和国土地管理法》《中华人民共和国水土保持法》《中华人民共和国基本农田保护条例》《农田灌溉水质标准》和《农药安全使用标准》等制度虽然也关注耕地质量和生产自然条件保护问题，提出保护环境，防止污染土地、水土流失，耕地沙化、盐碱化、贫瘠化等措施，但是耕地质量和生产自然条件保护方面并没有实质性进入国家立法正式日程，总体上缺乏耕地质量保护的核心法律依据。根据中国农业科学院张维理的研究，受工业及城市排污、农田农药、农膜等化学品超高量和不合理使用，规模化畜禽养殖场高环境激素含量畜禽粪便，废弃物不合理使用等因素影响，中国耕地污染面积已经达到全部耕地面积的 20%[①]，这充分说明耕地质量和生产条件保护相关制度实施效果没有达到预期。

四、完善中国耕地保护制度的政策建议

2021 年底，中央农村工作会议明确提出，18 亿亩耕地必须实至名归，农田就是农田，而且必须是良田。这是中央对新时代耕地保护工作提出的新的更高要求。为此，针对耕地保护中存在的突出问题，应坚持目标和问题导向，以构建耕地数量、质量、生态"三位一体"保护新格局为引领，以遏制耕地"非农化"、严格管控

---

① 张维理，武淑霞，冀宏杰，等. 中国农业面源污染形势估计及控制对策[J]. 中国农业科学，2004（7）：1008-1017.

"非粮化"为着力点，以"多规合一""智慧耕地"为支撑，继续从以下四个方面改革和完善耕地保护制度和相关政策。

(一) 实行综合性手段

耕地是一个生命共同体。应按照其开发生成、保有维护、改造修复、利用转换、调整补充等全生命周期过程中不同节点的管理需要，构建系统性、综合性的管护体系。同时，明确耕地保护的政治责任、法律责任、经济责任和管理责任，立足中国特色的价值伦理、制度体系、管理手段，结合当前的经济条件、科技水平，采取"政治（考核、督察）+行政（审批、监管）+法律（执法）+经济（补偿）+工程（建设、修复）+技术（监测）"等综合措施，加强保护。需要指出的是，在现行条件下，耕地的经济激励性保护只能是辅助手段，以经济补偿来完全平衡不同时空条件和利用状况下的耕地利用收益落差是极其困难且不必要的。

(二) 推进精细化管理

在耕地保护中，"严格保护"是原则、前提和底线，而"精细化"是方向，是耕地保护政策措施能够真正行之有效的保障。因此，应正视中国经济发展不平衡不充分、各地资源禀赋差异大的客观情况，在经济高质量发展、推进乡村振兴的时代背景下，推动新时代耕地保护的全方位转型。其关键在于实事求是、差别化地对待不同耕地的保护，加强研究并制定可操作、能落地的耕地管制规则，更好地落实严而又严的政策措施。因此，当前亟待研究制定耕地"非粮化"区域差异化管制规则，在全国总量上平衡好"粮与非粮"，在区域尺度上保护好资源禀赋特点和特色优势农业品种。

（三）完善政府耕地保护公共责任机制

首先，明确各级政府保护耕地的责任。各级政府都对本行政区域内的耕地保护工作负总责，其主要领导为第一责任人，分管领导为具体责任人。无论是中央政府还是地方政府都要将保护耕地工作作为农村工作的重点，把耕地面积和质量作为一项考核政府工作的指标，加强相关领导的意识，转变其工作作风。国家要划定最小耕地面积红线，再逐个省份分配指标，各级政府都要确保本行政区域内的耕地面积不低于中央给当地划定的耕地红线值。各级政府要一级级签订责任书，以免出现管理真空或管理不严的现象，动用一切可以动用的力量来保护耕地面积。

其次，明晰各级政府部门的耕地保护责任。各级政府的有关机构都要肩负起保护耕地的责任，完成中央政府交给的任务。自然资源管理部门要坚决、认真地依法保护农村耕地，完善耕地开发使用的相关规定，对开发耕地申请要进行严格的审查，加强监督管理力度，保护好中国的农村耕地资源。国家发展改革委应该依据中国的经济发展方向以及发展规划来对准备占用农村土地的项目进行严格审查，控制耕地的占用面积，增大占地方的申请难度。住建部门应充分发挥其部门职责，利用科学手段，对城乡建设工作进行更好的规划及管理，对于拟建项目尽量不选择占用耕地的方式。人力资源和社会保障部门要做好相关工作，引导失地农民进行就业或创业，让他们重新自食其力，不单纯靠补偿金度日，利用政策尽可能保障他们的生活，缓解失地农民的不安情绪。农林部门要保护现有耕地面积以及质量，不能出现耕地流失或者以次充好的现象，保护国家耕地资源，保证粮食产量。农业农村部门还要加强农田基本建设工作，在提高亩产量的同时也提高农民的经济收入；规范农业生产用地的承包行为，切实保护承包者与被承包者双方的利益，提倡大机械化生产，加强对农村生产的监督管理工作。总之，中国的各级政府部门要权责分明，共同保护农村耕地资源，各司其职，秉公执法，坚决保证国家粮食安全，加强耕地保护管理工作。

要发挥好管理层和基层的积极性，特别是充分调动基层政府和广大农民等耕地最直接的使用者、管护者、受益者保护耕地的内生动力和积极性，并善用治理理念、治理模式来加强耕地保护，让其拥有更多的知情权、表达权、参与权。此外，应加强耕地保护的"疏"和"防"，尽可能保持政策的稳定性和连续性，维护好、发展好人民群众的利益。

（四）进一步加强基础研究

耕地保护制度重在时、度、效，其前提是相关基础理论具备科学性、前瞻性。因此，针对耕地保护的难点、痛点、薄弱点，基于国情、社情、民情，应加强对耕地的内涵、保护机理和模式等的研究，探索科学合理的耕地"批、供、用、补、查"等实效评价机制，用科学的理论指导实践，以合理的制度机制落实保护。

一是加强耕地保护政策评估技术性标准研究。耕地保护政策评估的技术性标准含有保护农村土地的效率、成本的投入情况、绩效考核标准等指标。对各地方政府进行保护耕地工作评估时不能单纯看工作效果，还应该考察地方政府对于中央政策的执行力度、进行耕地保护工作时所投入的成本、工作计划的完成情况等指标。对耕地保护工作进行评估一定要本着实事求是的原则，不能做面子工程，更不能弄虚作假。

二是加强耕地保护政策评估的社会性标准研究。政策评估的社会性标准是指根据各级政府对耕地保护政策的执行情况进行社会分析的评估方式。这一指标的考核内容包括政策的颁布与目标设定是否合理、政策内容是否破坏了社会公平以及政策实施后的效果评价。

三是加强耕地违法行为预防发现机制研究。耕地保护工作的重点应该放在预防监管工作上，各级政府都要做好预防工作，在耕地被非法侵占之前做好监查工作。

四是加强耕地占用全程监管制度研究。在批准耕地占用申请后也要对占地方占用耕地的整个过程进行监督管理，对占用耕地的项目在立项、计划、实施及补偿方面进行考核和监督，并设立相关的考核指标。地方政府有时比较注重耕地占用前的审批工作，不太重视对耕地占用全过程的管理，管理意识松懈，往往在这个过程中会出现一些问题。占用土地的一方要严格执行"占一补一"以及"补偿先行"的制度，抓好补偿工作。一方面，督促占地方节约用地，保护国家的耕地资源；另一方面，对失地农民进行更好的补偿。但从我们近几年的调查研究来看，中国的一些地方，尤其是偏远地区存在占多补少、先占地后补偿、补偿迟迟不兑现的现象，所以，要加强对耕地占用全过程的监督管理工作。

第三节　可提高地类的数量与分布

可提高地类主要指中低产田。耕地是土地的精华，是人类生存之本。1986 年 3 月，《中共中央　国务院关于加强土地管理，制止乱占耕地的通知》（中发〔1986〕7 号）就提出要"加强土地管理，节约用地，制止乱占耕地、滥用土地"，并把"切实保护耕地作为中国必须长期坚持的一项基本国策"。但是，随着工业化、城镇化的快速发展，大量优质耕地被占用，耕地"非农化""非粮化"以及土壤污染等问题普遍存在，耕地质量有所下降，中国耕地资源保护面临严重挑战。

一、中国耕地质量等级总体状况

新中国成立以来，尤其是改革开放以后，中国对耕地资源的调查和研究形成了不少调研成果，汇总结果见表3-2。

表3-2　我国对耕地资源的调查和研究成果

时间	单位	成果名称	划分方法	调查与评定总面积/万公顷	划分结果/%
1987—1988年	中国农业科学院区划所和原农业部全国土肥总站	我国中低产田分布及粮食增产潜力研究	地力等级法	—	高产田：32.16 中产田：32.90 低产田：34.94
1991—1993年	全国农业资源区划办公室	"四低""四荒"资源调查结果	—	—	高产田：28.80 中产田：29.60 低产田：41.60
1992年	中国农业科学院农业自然资源和农业区划研究所、原农业部全国土肥总站	中国耕地资源及其开发利用	平均单位面积产出法	—	高产田：21.54 中产田：37.24 低产田：41.22
2008年	林鹏生	我国中低产田分布及增产潜力研究	潜力产出法	12 340 （18.51亿亩）	高产田：34.92 中产田：41.95 低产田：23.13
2009年	原国土资源部	中国耕地质量等级调查与评定	等别面积加权法	12 511.51 （18.77亿亩）	优等地：2.67 高等地：29.98 中等地：50.64 低等地：16.71
2012年	原农业部	关于全国耕地质量等级情况的公报	等别面积加权法	12 173.30 （18.26亿亩）	高等地：27.30 中等地：44.80 低等地：27.90
2014年	原国土资源部	关于发布全国耕地质量等别调查与评定主要数据成果的公告	等别面积加权法	13 507.20 （20.26亿亩）	优等地：2.90 高等地：26.50 中等地：52.90 低等地：17.70

表 3-2（续）

189

第三章 『藏粮于地』——耕地藏粮能力测算

时间	单位	成果名称	划分方法	调查与评定总面积/万公顷	划分结果/%
2015 年	原国土资源部	2015 年全国耕地质量等别更新评价主要数据成果	等别面积加权法	13 509.74（20.26 亿亩）	优等地：2.94 高等地：26.53 中等地：52.84 低等地：17.69
2016 年	原国土资源部	2016 年全国耕地质量等别更新评价主要数据成果	等别面积加权法	13 462.40（20.19 亿亩）	优等地：2.90 高等地：26.59 中等地：52.72 低等地：17.79
2019 年	农业农村部	2019 年全国耕地质量等级情况公报	—	13 486.67（20.23 亿亩）	高等地：31.24 中等地：46.81 低等地：21.95

由表 3-2 可以看出，虽然采用不同的划分方法和标准所得到的中国中低产田的数量有一定差异，但中低产田所占的比重均在 65% 以上，由此可以得出中国中低产田面积比重偏大的共同结论。

耕地质量由耕地地力、土壤健康状况和田间基础设施构成，具体指满足农产品持续产出和质量安全的能力，是实施国家粮食安全战略的根本。2012 年底，原农业部组织完成了全国县域耕地质量评价，以全国 12 173.30 万公顷（18.26 亿亩）耕地（中国第二次土壤普查的国土数据）为基础，以耕地土壤图、行政区划图叠加形成的图斑为评价单元，从农业生产角度出发，根据立地条件、耕层理化性状、土壤管理、障碍因素和土壤剖面性状等方面综合评价耕地质量和粮食生产能力。主要结果如下：

全国耕地按质量等级由高到低依次划分为一至十等耕地（见表 3-3）[①]。其中，一至三等耕地面积为 3 320.00 万公顷（4.98 亿

① 中华人民共和国农业部. 关于全国耕地质量等级情况的公报：农业部公报〔2014〕1 号 [N/OL].（2014-12-17）[2024-08-30]. www.moa.gov.cn/govpublic/ZZYGLS/201412/t20141217_4297895.htm.

亩），占耕地总面积的 27.30%；四至六等耕地面积为 5 453.33 万公顷（8.18 亿亩），占耕地总面积的 44.80%，是中国粮食生产的主要来源地；七至十等耕地面积为 3 400.00 万公顷（5.10 亿亩），占耕地总面积的 27.90%。一至三等耕地基础地力较高，基本不存在障碍因素，主要分布在东北区、黄淮海区、长江中下游区和西南区。四至六等耕地所处环境气候条件基本适宜，农田基础设施条件较好，其中大部分可通过耕地质量建设提升 1~2 个质量等级，障碍因素不明显，是今后粮食增产的重点区域和重要突破口。按照其中 70% 的耕地基础地力评价提高 1 个等级测算，可实现新增粮食综合生产能力 5 000 万吨以上。七至十等耕地基础地力相对较差，生产障碍因素突出，短时间内较难得到根本性改善，主要分布在西南区、黄土高原区、内蒙古及长城沿线区和长江中下游区。

表 3-3　全国耕地质量等级、面积、比例及主要分布区域

耕地质量等级	面积/万公顷	比例/%	主要分布区域
一等耕地	613.33	5.10	东北区、黄淮海区、长江中下游区、西南区
二等耕地	953.33	7.80	东北区、黄淮海区、长江中下游区、西南区、甘新区
三等耕地	1 753.33	14.40	东北区、黄淮海区、长江中下游区、西南区
四等耕地	2 026.67	16.70	东北区、黄淮海区、长江中下游区、西南区
五等耕地	1 926.67	15.80	长江中下游区、黄淮海区、东北区、西南区
六等耕地	1 500.00	12.30	西南区、长江中下游区、黄淮海区、东北区、内蒙古及长城沿线区
七等耕地	1 260.00	10.30	西南区、长江中下游区、黄淮海区、甘新区、内蒙古及长城沿线区
八等耕地	926.67	7.60	黄土高原区、长江中下游区、西南区、内蒙古及长城沿线区
九等耕地	706.37	5.80	黄土高原区、内蒙古及长城沿线区、长江中下游区、华南区、西南区

表 3-3（续）

191

第三章 "藏粮于地"——耕地藏粮能力测算

耕地质量等级	面积/万公顷	比例/%	主要分布区域
十等耕地	506.67	4.20	黄土高原区、内蒙古及长城沿线区、黄淮海区、华南区、长江中下游区
合计	12 173.30	100.00	—

资料来源：中华人民共和国农业部. 关于全国耕地质量等级情况的公报：农业部公报〔2014〕1号［N/OL］.（2014-12-17）［2024-08-30］. www.moa.gov.cn/govpublic/ZZYGLS/201412/t20141217_4297895.htm.

备注：青藏区耕地面积较小，耕地质量等级主要分布为七至九等，占青藏区耕地面积的79.1%。

根据《关于全国耕地质量等级情况的公报》（农业部公报〔2014〕1号），在全国 12 173.30 万公顷（18.26 亿亩）耕地中，有中低产田 8 853.33 万公顷（13.28 亿亩），占耕地总面积的72.73%，其中，青藏区的中低产田占比最高，达到96.92%，东北区中低产田占比最低，但也达到了 56.89%，见表 3-4。

表 3-4 全国不同耕地质量区域面积

区域	中产田面积/万公顷	低产田面积/万公顷	中低产田占比/%
东北区	1 120.00	146.67	56.89
内蒙古及长城沿线区	313.33	480.00	89.47
黄淮海区	1 113.33	406.67	65.90
甘新区	173.33	253.33	68.82
青藏区	13.33	73.33	96.92
黄土高原区	246.67	633.33	86.27
长江中下游区	1 093.34	560.00	75.15
西南区	1 013.34	520.00	78.77
华南区	360.00	333.33	78.79
合计	5 446.67	3 406.66	72.73

资料来源：中华人民共和国农业部. 关于全国耕地质量等级情况的公报：农业部公报〔2014〕1号［N/OL］.（2014-12-17）［2024-08-30］. www.moa.gov.cn/govpublic/ZZYGLS/201412/t20141217_4297895.htm.

2018年9月，国务院统一部署开展第三次全国国土调查（以下简称"三调"），以2019年12月31日为标准时点汇总数据。"三调"全面采用优于1米分辨率的卫星遥感影像制作调查底图，广泛应用移动互联网、云计算、无人机等新技术，创新性运用"互联网+调查"机制，全流程严格实行质量管控，历时3年，21.90万调查人员先后参与，汇集了2.95亿个调查图斑数据，全面查清了全国国土利用状况。

根据"三调"数据，全国耕地面积为12 786.19万公顷（191 792.79万亩）：水田3 139.20万公顷（47 087.97万亩），占24.55%；水浇地3 211.48万公顷（48 172.21万亩），占25.12%；旱地6 435.51万公顷（96 532.61万亩），占50.33%。64%的耕地分布在秦岭—淮河以北。黑龙江、内蒙古、河南、吉林、新疆5个省份耕地面积较大，占全国耕地的40.00%。

2019年，农业农村部依据《耕地质量调查监测与评价办法》（农业部令2016年第2号）和《耕地质量等级》（GB/T33469—2016）国家标准，组织完成了全国耕地质量等级调查评价工作。评价以全国13 486.67万公顷（20.23亿亩）耕地为基数，以土地利用现状图、土壤图、行政区划图叠加形成的图斑为评价单元，选取了立地条件、剖面性状、耕层理化性状、养分状况、土壤健康状况和土壤管理等方面指标对耕地质量进行综合评价，完成了全国耕地质量等级划分。评价结果为：全国耕地按质量等级由高到低依次划分为一至十等耕地（见表3-5），平均等级为4.76等[1]，较2014年提升了0.35个等级。其中评价为一至三等的耕地面积为4 213.33万

---

① 中华人民共和国农业农村部. 2019年全国耕地质量等级情况公报：农业农村部公报〔2020〕1号［N/OL］.（2020-05-06）［2024-08-30］. www.mca.gov.cn/nybgb/2020/202004/202005/t20200506_6343095.htm.

公顷（6.32 亿亩），占耕地总面积的 31.24%；评价为四至六等的耕地面积为 6 313.33 万公顷（9.47 亿亩），占耕地总面积的 46.81%；评价为七至十等的耕地面积为 2 960.00 万公顷（4.44 亿亩），占耕地总面积的 21.95%。一至三等耕地基础地力较高，障碍因素不明显，应按照用养结合方式开展农业生产，确保耕地质量稳中有升。四至六等耕地所处环境气候条件基本适宜，农田基础设施条件相对较好，障碍因素较不明显，是今后粮食增产的重点区域和重要突破口。七至十等耕地基础地力相对较差，生产障碍因素突出，短时间内较难得到根本改善，应持续开展农田基础设施建设和耕地内在质量建设。总体来看，2019 年，中国中低产田占比为 68.76%，比 2014 年降低了 3.95 个百分点。

表 3-5 全国耕地质量等级、面积、比例及主要分布区域

耕地质量等级	面积/万公顷	比例/%	主要分布区域
一等耕地	920.00	6.82	东北区、长江中下游区、西南区、黄淮海区
二等耕地	1 340.00	9.94	东北区、黄淮海区、长江中下游区、西南区
三等耕地	1 953.33	14.48	东北区、黄淮海区、长江中下游区、西南区
四等耕地	2 333.33	17.30	东北区、黄淮海区、长江中下游区、西南区
五等耕地	2 273.33	16.86	长江中下游区、东北区、西南区、黄淮海区
六等耕地	1 706.67	12.65	长江中下游区、西南区、东北区、黄淮海区、内蒙古及长城沿线区
七等耕地	1 213.33	9.00	西南区、长江中下游区、黄土高原区、内蒙古及长城沿线区、华南区、甘新区
八等耕地	873.33	6.48	黄土高原区、长江中下游区、内蒙古及长城沿线区、西南区、华南区
九等耕地	466.67	3.46	黄土高原区、内蒙古及长城沿线区、长江中下游区、西南区、华南区
十等耕地	406.67	3.01	黄土高原区、黄淮海区、内蒙古及长城沿线区、华南区、西南区

资料来源：中华人民共和国农业农村部. 2019 年全国耕地质量等级情况公报：农业农村部公报〔2020〕1 号 [N/OL]. (2020-05-06) [2024-08-30]. www.mca.gov.cn/nybgb/2020/202004/202005/t20200506_6343095.htm.

二、耕地质量状况的区域分布

不同区域耕地质量等级、面积及所占比例情况见表3-6。

表 3-6 不同区域耕地质量等级、面积及所占比例情况

项目		东北区	内蒙古及长城沿线区	黄淮海区	黄土高原区	长江中下游区	西南区	华南区	甘新区	青藏区
耕地面积/亿亩		4.49	1.33	3.21	1.70	3.81	3.14	1.23	1.16	0.16
占全国耕地总面积的比例/%		18.30	6.57	15.87	8.40	18.83	15.52	6.08	5.73	0.79
平均等级		3.59	6.28	4.20	6.47	4.72	4.98	5.36	5.02	7.35
耕地面积/亿亩	一等耕地									
	二等耕地	2.34	0.17	1.29	0.22	1.04	0.69	0.31	0.26	0.003
	三等耕地									
	四等耕地									
	五等耕地	1.80	0.52	1.58	0.55	2.08	1.77	0.49	0.63	0.052
	六等耕地									
	七等耕地									
	八等耕地	0.35	0.64	0.34	0.93	0.69	0.68	0.43	0.27	0.105
	九等耕地									
	十等耕地									
占区域耕地面积的比例/%	一等耕地									
	二等耕地	52.01	12.76	40.15	13.16	27.27	22.12	25.33	22.36	1.65
	三等耕地									
	四等耕地									
	五等耕地	40.08	38.79	49.22	32.08	54.56	56.21	40.13	54.55	32.56
	六等耕地									
	七等耕地									
	八等耕地	7.90	48.45	10.64	54.76	18.17	21.67	34.54	23.08	65.79
	九等耕地									
	十等耕地									

资料来源：笔者根据《2019年全国耕地质量等级情况公报》的数据整理。

分地区来看，东北区包括黑龙江、吉林、辽宁三省及内蒙古自治区东北部，总耕地面积2 993.33万公顷（4.49亿亩），占全国耕

地总面积的 18.30%，平均耕地等级为 3.59 等。其中，一至三等耕地面积为 1 560.00 万公顷（2.34 亿亩），占区域耕地面积的 52.01%，占比最高；四至六等耕地面积为 1 200.00 万公顷（1.80 亿亩），占区域耕地面积的 40.08%；七至十等耕地面积为 233.33 万公顷（0.35 亿亩），占区域耕地面积的 7.90%，占比最低。

内蒙古及长城沿线区包括内蒙古自治区（西部与东北部除外）、山西省北部、河北省大部分区域，总耕地面积 886.67 万公顷（1.33 亿亩），占全国耕地总面积的 6.57%，平均耕地等级为 6.28 等。其中，一至三等耕地面积为 113.33 万公顷（0.17 亿亩），占区域耕地面积的 12.76%；四至六等耕地面积为 346.67 万公顷（0.52 亿亩），占区域耕地面积的 38.79%；七至十等耕地面积为 426.67 万公顷（0.64 亿亩），占区域耕地面积的 38.79%。

黄淮海区包括北京市、天津市、山东省，河北省东部、河南省东部、安徽省北部，总耕地面积 2 140.00 万公顷（3.21 亿亩），占全国耕地总面积的 15.87%，平均耕地等级为 4.20 等。其中，一至三等耕地面积为 860.00 万公顷（1.29 亿亩），占区域耕地面积的 40.15%；四至六等耕地面积为 1.58 亿亩，占区域耕地面积的 49.22%，占比最高；七至十等耕地面积为 226.67 万公顷（0.34 亿亩），占区域耕地面积的 10.64%，占比最低。

黄土高原区包括陕西省中部、北部，甘肃省中部、东部，青海省东部，宁夏回族自治区中部、南部，山西省中部、南部，河北省西部太行山区和河南省西部地区，总耕地面积 1 133.33 万公顷（1.70 亿亩），占全国耕地总面积的 8.40%，平均耕地等级为 6.47 等。其中一至三等耕地面积为 146.67 万公顷（0.22 亿亩），占区域耕地面积的 13.16%，占比最低；四至六等耕地面积为 366.67 万公顷（0.55亿亩），占区域耕地面积的32.08%；七至十等耕地面积为620.00万公顷（0.93亿亩），占区域耕地面积的54.76%，占比最高。

长江中下游区包括河南省南部及安徽省、湖北省、湖南省大部，上海市、江苏省、浙江省、江西省全部，福建省、广西壮族自治区南部、广东省北部，总耕地面积2 540.00万公顷（3.81亿亩），占全国耕地总面积的18.83%，平均耕地等级为4.72等。其中，一至三等耕地面积为693.33万公顷（1.04亿亩），占区域耕地面积的27.27%；四至六等耕地面积为1 386.67万公顷（2.08亿亩），占区域耕地面积的54.56%，占比最高；七至十等耕地面积为460.00万公顷（0.69亿亩），占区域耕地面积的18.17%，占比最低。

西南区包括重庆市与贵州省、甘肃省东南部、陕西省南部、湖北省与湖南省西部、云南省东部和四川省东中部以及广西壮族自治区北部，总耕地面积2 093.33万公顷（3.14亿亩），占全国耕地总面积的15.52%，平均耕地等级为4.98等。其中，一至三等耕地面积为460.00万公顷（0.69亿亩），占区域耕地面积的22.12%；四至六等耕地面积为1 180.00万公顷（1.77亿亩），占区域耕地面积的56.21%，占比最高；七至十等耕地面积为453.33万公顷（0.68亿亩），占区域耕地面积的21.67%，占比最低。

华南区包括海南省、广东省与福建省中南部、广西壮族自治区与云南省中南部，总耕地面积820.00万公顷（1.23亿亩），占全国耕地总面积的6.08%，平均耕地等级为5.36等。其中，一至三等耕地面积为206.67万公顷（0.31亿亩），占区域耕地面积的25.33%，占比最低；四至六等耕地面积为326.67万公顷（0.49亿

亩），占区域耕地面积的 40.13%，占比最高；七至十等耕地面积为
286.67 万公顷（0.43 亿亩），占区域耕地面积的 34.54%。

甘新区包括新疆维吾尔自治区、甘肃省河西走廊、宁夏回族自
治区北部及内蒙古自治区西部，总耕地面积 773.33 万公顷（1.16
亿亩），占全国耕地总面积的 5.37%，平均耕地等级为 5.02 等。其
中，一至三等耕地面积为 173.33 万公顷（0.26 亿亩），占区域耕地
面积的 22.36%，占比最低；四至六等耕地面积为 420.00 万公顷
（0.63 亿亩），占区域耕地面积的 54.55%，占比最高；七至十等耕
地面积为 180.00 万公顷（0.27 亿亩），占区域耕地面积的 23.08%。

青藏区包括西藏自治区、青海省大部、甘肃省甘南及天祝地
区、四川省西部、云南省西北部，总耕地面积 106.67 万公顷
（0.16 亿亩），占全国耕地总面积的 0.79%，平均耕地等级为 7.35
等。其中，一至三等耕地面积为 2.00 万公顷（0.003 亿亩），占区
域耕地面积的 1.65%，占比最低；四至六等耕地面积为 34.67 万公
顷（0.052 亿亩），占区域耕地面积的 32.56%；七至十等耕地面积
为 70.00 万公顷（0.105 亿亩），占区域耕地面积的 65.79%，占比
最高。

从总体来看，东北区的耕地质量等级最高，其次是黄淮海区和
长江中下游区。但无论是从总体来看还是分区域来看，中国耕地大
部分属于中低等地，总体质量偏低。再加上土壤有机质含量较低[①]、
土壤耕层变浅等因素的影响，粮食生产可持续发展面临严重挑战。
在此背景下，有必要实施耕地轮作休耕制度。实行耕地轮作休耕，

---

① 1988—1997 年国家级耕地质量长期定位监测点有机质平均含量为 25.70 g/kg，
2009—2018 年平均含量下降至 24.30 g/kg，下降了 5.40%。参见：曲潇琳，任意，
王红叶，等. 我国耕地质量主要性状 30 年变化情况报告 [J]. 中国农业综合开
发，2020（5）：25-26.

能够全面提升农业供给体系的质量和效率，有效改善土壤质量，缓解农业生产与生态环境的尖锐矛盾。

第四节　可恢复地类的数量与分布

可恢复地类主要是指"撂荒地"。狭义的耕地撂荒是指土地某段时间没有被耕种而荒芜的状态①。广义的耕地撂荒是指在土地利用过程中，生产经营者受自然、社会、经济、政策等多重因素影响，主观放弃而处于闲置状态或未充分利用的耕地②，并可根据"撂荒地"利用状态、强度，划分为显性撂荒和隐性撂荒③。显性撂荒指耕地没有种植农作物而闲置的状态。隐性撂荒指田块上依旧播种农作物，但农业生产投入少，耕作方式粗放，基本不翻耕、不施肥，这会加剧土壤破坏，导致土壤碳汇储量减少。

一、耕地撂荒的总体状况

2004 年 3 月，国务院办公厅下发了《关于尽快恢复撂荒耕地生产的紧急通知》（国办发明电〔2004〕15 号），要求"地方各级人民政府要把恢复撂荒地生产作为一项重要职责和任务，加强领导，层层落实责任制"，并要求区别不同情况，实行分类指导，"制止耕地撂荒行为，恢复撂荒地生产"。然而，耕地撂荒的趋势并未得到

① 李广泳，姜广辉，张永红，等. 我国耕地撂荒机理及盘活对策研究 [J]. 中国国土资源经济，2020（6）：36-41.

② 张斌，翟有龙，徐邓耀，等. 耕地抛荒的评价指标及应用研究初探 [J]. 中国农业资源与区划，2003（5）：53-56.

③ 谭术魁. 耕地撂荒程度描述、可持续性评判指标体系及其模式 [J]. 中国土地科学，2003（6）：3-8.

有效遏制，部分地区甚至呈现出愈演愈烈的趋势。2011 年 9 月 13 日，中央电视台《新闻 1+1》栏目报道，在中国耕地资源稀缺的背景下，仍有近 3 000.00 万亩耕地常年撂荒[①]。近年来，新型冠状病毒感染疫情、极端天气、地区冲突等一系列因素叠加，导致全球粮食供应链中断，保障粮食安全作为国家安全的基础，再次成为当前国内应对各种风险挑战的一项基础性工作。

进入 21 世纪以来，中国耕地撂荒现象普遍，撂荒率在 5.86% 上下波动[②]。2002—2004 年，耕地撂荒率由 6.26% 降到 3.96%，年均减少 1.15 个百分点[③]。2004 年，耕地撂荒面积为 486.67 万公顷（0.73 亿亩），2009 年，耕地撂荒面积增加到 1 000.00 万公顷（1.50 亿亩），撂荒率为 7.39%，比 2004 年增加了 3.43 个百分点[④]。2009—2013 年耕地撂荒情况有所缓解，中央政府不断提高粮食收购价格，一定程度上增加了种粮食的收益，到 2013 年，耕地撂荒率降为 4.92%，年均减少 0.62 个百分点。此后粮食价格支持政策红利逐渐被削弱，耕地撂荒面积再次缓慢增加，到 2019 年，耕地撂荒率达到 6.83%，12 786.67 万公顷（19.18 亿亩）耕地中有 873.33 万公顷（1.31 亿亩）撂荒。耕地撂荒面积增加导致了粮食总产量减少，大量农产品依赖进口，但这也意味着中国粮食增产和调整结构运作空间潜力大。2020 年，中国的耕地撂荒现象快速减

---

① 李广泳，姜广辉，张永红，等. 我国耕地撂荒机理及盘活对策研究 [J]. 中国国土资源经济，2020（6）：36-41.

② 邵海鹏. 耕地"非粮化"整治引关注 业内：需遵循三大规律 [N]. 第一财经日报，2023-05-15（A06）.

③ 李婷婷，刘长全. 中国耕地撂荒现状、原因及治理策略 [M] //魏后凯，王贵荣. 中国农村经济形势分析与预测（2022—2023）. 北京：社会科学文献出版社，2023：258.

④ 邵海鹏. 耕地"非粮化"整治引关注 业内：需遵循三大规律 [N]. 第一财经日报，2023-05-15（A06）.

少，耕地撂荒率降到 4.87%，同比大幅下降了 1.95 个百分点，是 2002 年以来最大年均降幅。2020 年，耕地撂荒面积降为 620.00 万公顷（0.93 亿亩），净复垦耕地 253.33 万公顷。在缺乏失业保险等社会保障的情况下，滞留家乡的外出务工人员通过复垦撂荒耕地增加收入来源，使得 2020 年耕地撂荒率大幅降低，充分发挥了耕地提供稳定就业和持续增收的社会承载功能。

耕地撂荒主要是农业比较效益低导致投入降低、土地流转机制不畅阻碍撂荒耕地的有效配置、占优补劣的策略导致补充耕地质量下降等原因所致。

二、耕地撂荒的区域分布

耕地撂荒现象已经由早期集中在部分省份扩展到全国，由大城市、农村偏远地区向粮食主产区蔓延。根据李广泳等分县统计的结果，2017 年，全国 95.00% 的县级行政单元存在耕地撂荒现象，全国耕地撂荒面积高达 913.33 万公顷（1.37 亿亩）[①]，撂荒率为 6.75%（2017 年度在河北、甘肃、贵州等省实施的 200.00 万亩休耕面积仅占"撂荒地"总面积的 1.46%，未计入）。其中，撂荒率超过 10.00% 的县级行政单元占全国总数的 30.23%。耕地利用率最高的河南省也存在 18.20 万公顷（273.00 万亩）耕地撂荒，撂荒率为 2.24%。从撂荒情况来看，"撂荒地"由早期中部多西部少逐渐向西部增多转变。甘肃、内蒙古、山西撂荒面积均超过 66.67 万公顷（1 000.00 万亩）；青海、宁夏、西藏、甘肃、山西耕地撂荒率高于 15.00%。

早期"撂荒地"主要为城市近郊、山区偏僻的破碎地块，或气候条件恶劣、土壤贫瘠、耕作困难的耕地。而近年来，粮食主产区

---

① 李广泳，姜广辉，张永红，等. 我国耕地撂荒机理及盘活对策研究 [J]. 中国国土资源经济，2021（2）：36-41.

优质耕地撂荒面积增加，黄淮海平原农产品主产区山东省有"撂荒地"36.03万公顷（540.40万亩），撂荒率达到4.73%。其中，撂荒率超过10.00%的县级行政单元占全省总数的18.51%。长江流域农产品主产区湖南省、湖北省、安徽省"撂荒地"面积达93.04万公顷（1 395.60万亩）①。

第五节　可开发地类的数量与分布

根据原国土资源部2003年4月8日发布并于2003年8月1日实施的《耕地后备资源调查与评价技术规程》（TD/T 1007-2003），耕地后备资源是指在当前技术条件下，能够通过开发、复垦措施改变成为耕地的未利用地和毁损废弃地，以及通过对划定的待整理农用地和建设用地进行整理后能够增加的耕地部分②。

一、耕地后备资源的含义与分类

根据耕地后备资源的定义，耕地后备资源主要包括待开发土地、待复垦土地和待整理土地三类。待开发土地是指有可能开发为耕地的未利用地，主要包括经过改造或改良有可能开发为耕地的未利用土地和允许并有可能开发为耕地的苇地、滩涂；待复垦土地是指通过采取工程或生物措施，可恢复耕种的毁损废弃地，主要包括挖损地、塌陷地、压占地、污染损毁地、自然灾害损毁地；待整理土地是指经过整理能够成为耕地的土地，主要包括待整理的农用地

---

① 李广泳，姜广辉，张永红，等. 我国耕地撂荒机理及盘活对策研究 [J]. 中国国土资源经济，2021（2）：36-41.

② 黄海霞，胡月明. 基于两维图论聚类法的耕地后备资源开发组合分析：以阳山县为例 [J]. 经济地理，2013（4）：139-143.

和待整理的建设用地。具体分类详见表3-7。

表 3-7　耕地后备资源分类及其含义

一级类型	二级类型	三级类型	含义
待开发土地 I		有可能开发为耕地的未利用地	
	待开发未利用土地 I_1	经过改造或改良，有可能开发为耕地的未利用土地	
		待开发荒草地 I_{11}	有可能开发为耕地的树木郁闭度<10%的荒草地
		待开发盐碱地 I_{12}	目前未利用但经过改良有可能开发为耕地的盐碱地
		待开发沼泽地 I_{13}	通过排水措施有可能开发为耕地的沼泽地
		待开发沙地 I_{14}	经过治理有可能开发为耕地的沙地
		待开发裸土地 I_{15}	经过治理有可能开发为耕地的表层为土质、基本无植被的裸土地
		待开发裸岩石砾地 I_{16}	经过工程或生物措施处理有可能开发为耕地的裸岩石砾地
	待开发其他土地 I_2	允许并有可能开发为耕地的苇地、滩涂	
		待开发苇地 I_{21}	允许并有可能开发为耕地的苇地
		待开发滩涂 I_{22}	允许并有可能开发为耕地的海滩涂及河流、湖泊、水库行洪蓄洪区以外的滩地
待复垦土地 II		通过采取工程或生物措施处理，可恢复耕种的毁损废弃地	
	挖损地 II_1	主要指露天开采矿藏、勘探打井、挖沙取土、采石淘金、烧制砖瓦、修建公路铁路、兴修水利、工矿建设、城镇和农业建筑等工程完毕后留下的毁损废弃地中可复垦为耕地的土地	
	塌陷地 II_2	地下开采矿产资源和地下工程建设挖空后，地表塌陷而废弃的土地中可复垦为耕地的部分	
		稳定塌陷地 II_{21}	塌陷区处于稳定阶段，有常年积水或季节性积水或出现盐渍的土地
		不稳定塌陷地 II_{22}	地面继续下沉，处于不稳定阶段的土地
	压占地 II_3	指采矿、冶炼、燃煤发电、水泥厂等排放的废渣、石、土、煤矸、粉煤灰等工业固体废弃物，露天矿排土场及生活垃圾等所压占的土地中可复垦为耕地的部分	
		煤矸石及粉煤灰堆积地 II_{31}	煤矸石及工业企业生产中排放粉煤灰所压占的土地，包括表层已覆土尚未利用和未覆土的压占地中可复垦为耕地的土地
		矿石、矿渣、排土石堆积地 II_{32}	地下及露天采矿过程中矿石、矿渣堆积所占的土地，包括土石堆表面已经覆土但未利用的土地和没有覆土的排土石场中可复垦为耕地的土地
		垃圾占地 II_{33}	生活、工业、建筑业垃圾占地中可复垦为耕地的土地

表 3-7（续）

203

第三章 『藏粮于地』——耕地藏粮能力测算

一级类型	二级类型	三级类型	含义
待复垦土地 II	污染损毁地 II$_4$	指污染废弃的土地中可复垦为耕地的部分	
		"三废"污染地 II$_{41}$	城市、工业、交通、乡企"三废"排放废弃的土地中可复垦为耕地的土地（固体污染物所压占的土地除外）
		污水灌溉污染地 II$_{42}$	污水灌溉造成的废弃土地中可复垦为耕地的土地
		农业生产化学污染地 II$_{43}$	化肥、农药、农用塑料薄膜等过量残留造成污染而废弃的土地中可复垦为耕地的土地
	自然灾害损毁地 II$_5$	指地震、暴雨、山洪、泥石流、滑坡、崩塌、沙尘暴等自然灾害损毁的可复垦为耕地的土地	
		洪灾损毁地 II$_{51}$	洪水冲刷或泥沙掩埋而暂不能继续利用的土地，包括冲积损毁地、洪积损毁地等
		滑坡、崩塌损毁地 II$_{52}$	滑坡和崩塌破坏而废弃的土地中可复垦为耕地的土地
		泥石流灾毁地 II$_{53}$	泥石流携带沙石掩埋而暂不能利用的土地中可复垦为耕地的土地
		风沙损毁地 II$_{54}$	大风、风暴吹蚀或风沙掩埋而暂不能利用的土地中可复垦为耕地的土地
		地震灾毁地 II$_{55}$	地震破坏的土地中可复垦为耕地的土地（地震造成的滑坡、崩塌破坏地除外）
		其他自然灾害损毁地 II$_{56}$	其他自然灾害破坏而暂不能利用的土地中可复垦为耕地的土地
待整理土地 III		通过整理措施能够增加耕地的土地	
	待整理农用地 III$_1$	指通过对待整理农用地区的农用地及其他土地采取综合整理措施可能增加耕地净面积的土地	
	待整理建设用地 III$_2$	指通过采取综合和专项整理措施可整理为耕地的建设用地	

2007 年 8 月 5 日,《土地利用现状分类》（GB/T 21010—2007）国家标准开始颁布执行。《土地利用现状分类》国家标准采用一级、二级两个层次的分类体系，共分 12 个一级类、56 个二级类。其中一级类包括：耕地、园地、林地、草地、商服用地、工矿仓储用地、住宅用地、公共管理与公共服务用地、特殊用地、交通运输用

地、水域及水利设施用地、其他土地①。2007 年开始的第二次全国土地调查直接采用《土地利用现状分类》国家标准，其中并没有耕地后备资源的分类。2014 年，原国土资源部开始新一轮全国后备耕地资源调查评价工作，当时调查评价的对象主要是第二次全国土地调查成果中的未利用地，即土地调查数据库中的其他草地、沿海滩涂、内陆滩涂、盐碱地、沼泽地、沙地和裸地等地类图斑②。

2017 年 11 月，由原国土资源部组织修订的《土地利用现状分类》（GB/T 21010—2017）国家标准发布实施，新版标准将土地利用类型分为耕地、园地、林地、草地、商服用地、工矿仓储用地、住宅用地、公共管理与公共服务用地、特殊用地、交通运输用地、水域及水利设施用地、其他用地 12 个一级类、73 个二级类，也没有耕地后备资源的分类。同时启动的第三次全国土地调查以《土地利用现状分类》（GB/T 21010—2017）国家标准为基础，将土地利用现状类型划分为耕地、园地、林地、草地、商服用地、工矿仓储用地、住宅用地、公共管理与公共服务用地、特殊用地、交通运输用地、水域及水利设施用地、其他土地、湿地 13 个一级类、55 个二级类，并对二级地类细化了三级地类，其中将过去未利用地中的沿海滩涂、内陆滩涂和沼泽地纳入湿地地类，属于生态用地，未来不再作为耕地后备资源调查评价的对象。2020 年 11 月，自然资源部发布了《国土空间调查、规划、用途管制用地用海分类指南（试行）》（自然资办发〔2020〕51 号）。2021 年 7 月，在自然资源部办公厅印发的《全国耕地后备资源调查评价技术方案》中，耕地后备资源调查评价的对象为第三次全国国土调查成果提取的其他草地、盐碱地、沙地和裸土地。2023 年 11 月，自然资源部对《国土空间

---

① 杜国明，马海粟，高靖博. 农村土地调查地类确认的原则［J］. 中国国土资源经济，2011（7）：35-37，55-56.

② 赵传普，贺伟. GIS 和 DEM 在渭北台塬区耕地后备资源分析中的应用：以白水县为例［J］. 西部大开发（土地开发工程研究），2018（3）：13-17.

调查、规划、用途管制用地用海分类指南（试行）》予以修订，以
自然资发〔2023〕234号文印发并正式实施。

二、耕地后备资源的数量与分布

新中国成立以来，中央政府进行了几次大规模的后备耕地资源
调查。新中国成立初期，"后备耕地"被称为"宜农荒地"①，当时调
查的目的是开荒，解决粮食自给问题。改革开放后，相关机构和科研
人员对中国耕地后备资源进行过多次调查和测算，结果见表3-8。

表3-8　中国耕地后备资源状况

时间	相关机构和人员	调查内容	耕地后备资源/万公顷	备注
1988年	原国家土地管理局	待开发土地资源调查	1 357.67	按60%的垦殖率计算，可开垦耕地约814.60万公顷
1991—1993年	原农业部	"四低""四荒"调查	947.63	—
1996年	原国家土地管理局	全国土地详查汇总数据	6 372.43	全国未利用土地中荒草地、盐碱地、沼泽地共计6 372.43万公顷，可开垦未耕地约80.00万公顷
1996年	张凤荣	—	661.00	根据1996年原国家土地管理局的土地利用详查变更数据，将其中的荒草地、沼泽地、盐碱地和水域用地中的苇地与滩涂计为可供开发的后备土地资源6 189.13万公顷，再根据各生态区的地形与土壤条件、水资源的状况、垦殖率、坡耕地占总耕地面积的比例，确定各生态区耕地后备资源的可垦率，测算出全国后备耕地资源总量共661.00万公顷

① 石玉林，康庆禹，赵存兴，等. 我国宜农荒地资源的研究 [J]. 自然资源，1984（4）：1-8.

表 3-8（续）

时间	相关机构和人员	调查内容	耕地后备资源/万公顷	备注
1998 年	—	全国土地后备农用地资源调查	806.92	据 1998 年全国土地后备农用地资源调查数据，后备农用地共 4 078.06 万公顷，其中后备耕地资源 806.92 万公顷，若全部开发出来，按 60%的垦殖率估算，可得耕地 484.15 万公顷
2003 年	原国土资源部	全国土地开发整理规划	1 340.00	全国土地整理补充耕地潜力约 600.00 万公顷，占 45.00%；宜农土地后备资源 4 424.00 万公顷，其中宜耕土地后备资源约 988.00 万公顷，可开发补充耕地约 586.67 万公顷，占 44.00%；全国因工矿生产建设挖损、塌陷和压占废弃的土地约 400.00 万公顷，复垦可补充耕地的潜力约 153.33 万公顷，占 11.00%，其中集中连片土地约 40.67 万公顷
2016 年	原国土资源部	耕地后备资源调查评价	535.28	可开垦土地 516.18 万公顷，占 96.40%；可复垦土地 19.10 万公顷，占 3.60%

资料来源：笔者根据相关文献资料整理。

在全国耕地后备资源中，以可开垦荒草地（344.11 万公顷）、可开垦盐碱地（65.10 万公顷）、可开垦内陆滩涂（46.75 万公顷）和可开垦裸地（42.77 万公顷）为主，占耕地后备资源总量的 93.20%[①]。其中，集中连片的耕地后备资源 188.80 万公顷，占 35.30%；零散分布的后备资源 346.47 万公顷，占 64.70%，且分布较为广泛，开发利用成本较高，大规模开发利用方式已不适用。结

---

① 中华人民共和国自然资源部. 全国耕地后备资源调查评价数据结果 [EB/OL]. (2018-06-29) [2024-08-30]. https://www.mnr.gov.cn/dt/zb/2016/gd/zhibozhaiyao/201806/t20180629_1964637.html.

合当前水资源利用限制等条件分析，全国近期可开发利用耕地后备资源 220.48 万公顷，其余 314.80 万公顷受水资源利用限制，短期内不适宜开发利用。

从区域分布来看，新疆、黑龙江、河南、云南、甘肃 5 个省份耕地后备资源面积占到全国的近一半，而经济发展较快的东部 11 个省份之和仅占到全国的 15.40%。集中连片耕地后备资源集中在新疆（不含南疆）、黑龙江、吉林、甘肃和河南 5 个省份，占 69.60%，而东部 11 个省份之和仅占全国集中连片面积的 11.00%。而且，集中连片耕地后备资源明显减少。全国仅黑龙江、河南和贵州 3 个省份同口径较上一轮有一定增加，其余 28 个省份均在减少，其中北京、天津、江苏、福建等 10 个省份减少幅度超过 90%。

根据全国耕地后备资源调查评价结果，当前中国耕地后备资源具有多方面特点。

一是区域分布不均衡。耕地后备资源主要集中在中西部经济欠发达地区，其中新疆、黑龙江、河南、云南、甘肃 5 个省份后备资源面积占到全国的近一半。这反映出，经过多年持续开发利用，经济发展较快的地区后备资源稀缺甚至枯竭，在省域内实现占补平衡越来越难。

二是集中连片耕地后备资源明显减少。同口径集中连片耕地后备资源减少了 545.58 万公顷，减幅达到 74.00%。这反映出，经过多年来的土地开发，大部分成规模的连片耕地后备资源已经被开发为耕地、园地、林地等，当前已不再具备继续全面推行大规模土地开发利用的基础。

三是耕地后备资源大多数零散破碎。全国零散耕地后备资源面积 346.47 万公顷，占耕地后备资源总量的 64.70%。其中图斑面积小于 20.00 公顷的占近 3 成，小于 6.67 公顷的图斑面积占到近 2 成。耕地后备资源开发利用方式也需要由成规模集中开发转向以综合整治为主。

四是耕地后备资源利用受生态环境制约大。调查结果显示，在全国耕地后备资源中，荒草地占 64.30%，盐碱地占 12.20%，内陆滩涂占 8.70%，裸地占 8.00%。这些土地在开发利用过程中受生态环境制约大，极易引发水土流失、土地沙化等严重后果。

综合分析结果显示，全国近期可供开发利用的耕地后备资源面积为 220.48 万公顷，占耕地后备资源总量的 41.10%。其中，集中连片耕地后备资源仅 62.68 万公顷，且分布极不均衡，新疆、黑龙江两个省份之和占集中连片耕地后备资源总量的 49.50%，而东部 11 个省份之和仅占 11.00%，每省份平均不到 0.67 万公顷。零散分布耕地后备资源 157.79 万公顷，且分布相对均匀，湖南、黑龙江、贵州和河南较多。

第六节　"藏粮于地"：中国粮食生产能力评估

一、"藏粮于地"：中国粮食生产能力评估框架

根据本书对"藏粮于地"内涵的界定，"藏粮于地"是指在现有粮食生产能力基础上的增产潜力，这部分潜力主要来源于可提高地类（中低产田）、可恢复地类（"撂荒地"）、可开发地类（后备可利用的耕地资源）以及复种指数的扩种生产能力。基于上述认识，"藏粮于地"的粮食生产能力主要来源于中低产田改造、"撂荒地"整治、耕地后备资源开发和复种指数的提高所能够增加的产

能。从这一思路出发，我们构建中国"藏粮于地"粮食生产能力的评估框架（见图3-7）。评估框架从粮食的增产潜力出发，即中低产田改造、"撂荒地"整治、耕地后备资源开发和复种指数的提高，这也是中国现实的藏粮方式。

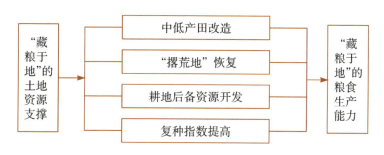

图3-7 "藏粮于地"的粮食生产能力评估框架

二、"藏粮于地"战略下粮食增产潜力测算

（一）中低产田改造的粮食生产能力

中国的中低产田不仅面积大、类型多，而且分布相对集中，障碍因子也较明显。根据农业农村部《2019年全国耕地质量等级情况公报》，中国有中低产田9 273.33万公顷（13.91亿亩），占耕地总量的68.76%，耕地土壤中有1/3受水蚀影响，盐渍化、酸化和污染土壤分别达到330.00万公顷、330.00万公顷和270.00万公顷①。相对较集中分布的低产田有：东北平原西部的风沙瘠薄农田、耕层浅薄及侵蚀农田、苏打盐化和白浆化农田，环渤海地区的瘠薄盐碱农田和淡水资源短缺农田，黄淮平原西部的沙化贫瘠农田、低洼渍害和黏板农田，黄土高原北部的风沙瘠薄农田和水土流失旱塬

---

① 曹志洪，周健民，等. 中国土壤质量 [M]. 北京：科学出版社，2008：1-109.

农田，沿洞庭湖、鄱阳湖流域的强酸性及瘠薄黏板农田、耕层浅薄和潜育化稻田等。这些低产田的障碍因子具有典型性和代表性，尽管其改造难度大，成本也较高，但通过采取具有针对性的技术和工程措施，是有可能将其改造成高产稳产农田的。

不同类型低产田因障碍或者限制因子不同，其改良的途径及所应用的技术也不尽相同，现有技术条件下部分低产田会由于改造成本过高、效果不理想等而达不到预期，或者甚至难以改造。相关研究结果认为，在现有技术条件下，能改造的中低产田一般只占其总面积的2/3左右，或者说尚有1/3的中低产田目前难以改造。按照该数据，如果以每公顷中低产田经改造后的增产潜力为750.00~1 500.00千克计算，目前可改造的中低产田面积约6 180.00万公顷（9.27亿亩），通过改造中低产田可实现增加粮食生产能力4 635.00~9 270.00万吨（见表3-9），潜力十分巨大。因此，加强中低产田改良技术研究与示范应用，通过改良中低产田提高粮食综合生产能力，对保障中国粮食和食物安全意义重大。

表3-9　中低产田改造的粮食增产能力

项目	每公顷增产/千克		粮食增产潜力/万吨	
	上限	下限	上限	下限
全国	1 500.00	750.00	9 270.00	4 635.00

（二）"撂荒地"恢复的粮食生产能力

"撂荒"是指农民因某种原因不愿意耕种，致使耕地常年荒芜的现象（不包括季节性撂荒，因其包含在复种指数内涵中）。"撂荒"现象是种植业比较效益低的直接反映，是农民在从事农业和谋求非农业经济收入之间一种无奈的选择。从农业资源利用的角度来看，这种现象经常被界定为浪费耕地资源的行为。但从经济学角度来分析，这又是一种经济合理的行为。不管从何种角度分析，其表现都是减少了现实粮食产量。如果"撂荒地"没有被破坏，其现实生产力依然存在，一旦其耕作活动符合经济合理性，必将转化为现实的粮食产量。

近年来，随着中国城镇化及工业化水平的快速提高，农民的非农就业机会增加，使得农民耕种土地的意愿不断下降，农村土地撂荒规模不断扩大，农村"空心化"、用地"非农化"现象日益严重。为进一步加强农村"撂荒地"整治工作，牢牢守住耕地保护红线和粮食安全底线，全国各地积极探索"撂荒地"整治的有效措施，涌现出了代耕代种、代管代收、全程托管等社会化服务方式，有效遏制了耕地撂荒现象。农业生产托管是解决耕地撂荒的有效方式，它不仅解决了农业劳动力不足的问题，还通过开展规模化经营，在促进农业生产节本增效的同时，进一步提高了农户收益。项目组对四川省绵阳市忠兴镇土地托管情况的调研结果表明，忠兴镇积极整合上下游产业链资源，通过组建四支服务队伍，严格实行"五统一"管理，逐步形成了独具特色和优势的"四支队伍、两种模式、五个统一"的"425"新型托管模式（见图3-8），实现了"种粮成本降低、农资用量降低、机械化服务费用降低、水电设施投入降低和粮食产量增加、农民收入增加"的"四降低两增加"，有力地促进了农民稳定增收，助推乡村振兴。目前，忠兴镇所开展的土地托管模式已经被评为全国农业社会化服务典型。

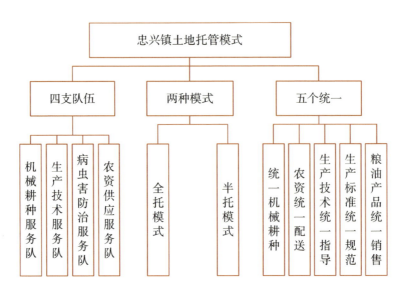

图 3-8 忠兴镇土地托管服务模式

忠兴镇土地大托管服务中心成立于 2022 年,其前身是 2014 年由 1 家农民专业合作社、1 家农业龙头企业、6 户种植大户和 3 户家庭农场发起成立的游仙区太平土地托管中心。托管中心通过开展土地托管服务,积极整合上下游产业链,已经成为当地集农资供应、技术指导、农机作业、农产品初加工、粮油销售于一体的大型农业社会化服务组织。托管中心坚持以市场为导向,通过签订合同的方式与服务主体形成了"利益共享、风险共担"的利益联结体。截至 2022 年 3 月底,忠兴镇累计投资 700 余万元,修建了占地面积 15 000 平方米的土地托管服务中心,组建了机械耕种服务队、生产技术服务队、病虫害防治服务队、农资供应服务队四支队伍。托管中心现有行政管理人员 4 人,机手 78 人,农技专家 5 人,病虫害防治人员 80 人,粮油经销人员 2 人;各类农业机械 92 台,机动喷雾器 120 台,植保无人机 3 台,大米加工机械 1 套,烘干机 4 台。人员的合理配置和农业机械的广泛使用,确保了托管中心能够及时满足农户的托管需求。在开展托管服务的过程中,土地托管中心通过统一机械耕种、农资统一配送、生产技术统一指导、生产标准统一规范、粮油产品统一销售的方式，实现了种粮成本降低、农资用量降低、机械化服务费用降低、水电设施投入降低，促进了当地粮食产量增加和农民收入增加。

从托管规模来看，农户的参与度不断提高，托管面积不断扩大。作为绵阳市首先推进土地托管项目的地区，在发展之初，由于农户对土地托管相关信息不了解，对托管服务组织的服务方式和费用不满意以及对风险的担忧，当地农户普遍不愿意接受土地托管服务。2014 年，仅有 1 750 户农户参加土地托管，托管面积也仅有266.67 公顷（4 000.00 余亩）。随着托管中心的发展，服务组织的服务内容不断扩展，质量不断提升，收费日趋标准化，加之当地政府加强对土地托管的宣传和监管力度，农户减少了对风险的担忧，参与土地托管的农户数量不断增加，托管面积也随着扩大。截至2022 年 3 月底，忠兴镇共有 11 996 户农户选择了土地托管项目，占忠兴镇总农业户数的 71.99%，托管总面积达 3 529.93 公顷（52 993.95 亩），占忠兴镇耕地总面积的 76.87%。具体见表 3-10。

表 3-10　绵阳市忠兴镇土地托管概况

年份	农户参与数量/户	土地托管面积/公顷
2014	1 750	266.67
2018	5 316	955.67
2022	11 996	3 529.93

数据来源：四川省农业农村厅、忠兴镇镇政府和笔者实地调研。

从托管模式来看，当前忠兴镇主要通过全托、半托两种方式为农户提供土地托管服务。全托模式是指农户将承包地交给托管中心，享受由托管中心提供的"耕、种、防、收、销、管"全链条托管服务（以下简称"全托服务"）。选择全托服务模式的农户收益由保底收益、土地托管收益两部分组成。保底收益是土地托管中心根据农户托管土地的状况将其划分为不同等级，按照土地等级以每公顷 4 500~7 500 元不等的价格向农民交租金或相同价值的粮食。土地托管收益是托管中心待粮食收获后核算纯利润，再按照 1∶3∶6 的比例与农户分红（中心 10%，农户 30%，服务主体 60%）。在全托服务模式下，农户不需要提前支付托管费用，还可以获得稳定的种粮收益，最大限度地保障了参与农户的利益，因此，全托服务模式得到了当地农户的大力支持，是当地主要的土地托管模式。截至 2022 年 3 月底，共有 10 097 户农户选择将土地全程委托给托管服务组织进行耕种管理，全托服务模式总面积达 3 009.40 公顷（45 141.00 亩）。与全托服务模式不同，在半托服务模式下，托管中心主要提供农资购买、机械耕种、农技指导、作物销售等服务，农户可以根据生产经营需要，通过支付服务费的方式，灵活选择托管组织为其提供的各类服务。在半托服务模式下，种植收益全部归农户所有，农户不参与托管中心的二次分配，但可以享受低于市场价 20% 左右的服务优惠。截至 2022 年 3 月底，忠兴镇共有 1 899 户农户选择半托服务模式，半托服务模式的土地面积达 520.53 公顷（7 852.95 亩）。

从托管成效来看，忠兴镇通过开展土地托管服务，进一步加快了当地农业生产方式的转变，推动农业生产向着规模化、集约化方向发展。土地托管中心通过开展土地精细整理，实现了小田变大田、坡地改梯田，显著改善了当地耕地细碎化的状况。忠兴镇在开展土地整理的过程中，还重点对塘堰、沟渠、产业道路等农业生产基础设施进行改造升级，进一步改善了农业生产条件。土地的平整、零散土地的整合以及配套灌溉节水设施的完善，为当地开展机械化、规模化、集约化经营创造了条件。2021 年，忠兴镇粮食播种面积达 6 197.07 公顷（92 956.00 亩），粮食产量 39 580.00 吨，均创历史新高。忠兴镇通过开展土地托管服务，既显著提高了种粮收益，促进了农民的职业化，又有效化解了耕地"非粮化""非农化"的问题，保障了粮食安全。

借鉴现有"撂荒地"整治的有效经验，加强"撂荒地"整治并充分利用，可以进一步提高粮食产量。但政府没有进行连续、统一的"撂荒地"调查，数据难以获取，尤其是获取某一年度的数据更是困难。基于这一实际情况，本书根据现有文献中全国现有"撂荒地"比例，粗略估算全国耕地撂荒面积，据此评价"撂荒地"整治后的粮食增产潜力。根据现有文献，2020 年，中国耕地撂荒比例为 4.87%，共 620.00 万公顷（0.93 亿亩）①。如果以后能实现"撂荒地"动态清零，因刚刚整治出的"撂荒地"产出能力较低，增产能力下限姑且按照中低产田的单位面积产量（平均单位面积产量的 50%）测算粮食产量。假定把所有的"撂荒地"都用于种粮，按中国 2022 年粮食单位面积产量上限 5 802.00 千克/公顷和粮食单位面积产量下限 2 901.00 千克/公顷计算出撂荒导致的粮食减产量，见表 3-11。结果显示，全国"撂荒地"的生产能力最高为 3 597.24 万吨，最低为 1 788.62 万吨。

表 3-11　全国耕地撂荒面积及"撂荒地"的粮食生产能力估算

项目	单位面积产量/千克/公顷		粮食增产潜力/万吨	
	上限	下限	上限	下限
全国	5 802.00	2 901.00	3 597.24	1 788.62

① 李婷婷，刘长全. 中国耕地撂荒现状、原因及治理策略［M］//魏后凯，王贵荣. 中国农村经济形势分析与预测（2022—2023）. 北京：社会科学文献出版社，2023：258.

（三）可利用后备耕地资源开发的粮食生产能力

结合前述分析结果，全国近期可供开发利用的耕地后备资源面积为 220.48 万公顷，我们将其作为耕地后备资源开发利用的上限，其中集中连片耕地后备资源 62.68 万公顷，我们将其作为耕地后备资源开发利用的下限，按照现有单位面积产量的 50%（2 901.00 千克/公顷）计算，那么中国耕地后备资源的藏粮能力如表 3-12 所示。

表 3-12　全国耕地后备资源面积及粮食生产能力估算

项目	耕地后备资源/万公顷		粮食增产潜力/万吨	
	上限	下限	上限	下限
全国	220.48	62.68	639.61	181.83

结果显示，近期如果能将 220.48 万公顷耕地后备资源全部开发出来，可增加粮食生产能力 639.61 万吨。如果仅能将 62.68 万公顷集中连片的耕地后备资源开发出来，可增加粮食生产能力 181.83 万吨。

（四）复种指数的扩种生产能力

中国有三种不同数据来源的复种指数，即由统计耕地面积计算的统计复种指数、由土地利用现状调查耕地面积计算的详查复种指数和遥感复种指数。其中遥感复种指数是 1999 年以来，中国科学院遥感应用研究所根据时间序列的 NDVI 曲线的周期性，反向捕捉到耕地农作物动态的信息，进而得到耕地的复种指数[①]。2022 年，中国的耕地复种指数已达到 133.22%，如果未来耕地复种指数能够

[①] 范锦龙，吴炳方. 复种指数遥感监测方法 [J]. 遥感学报，2004（6）：628-636.

达到 140.00%~150.00%，即在现有粮食生产能力的基础上再提高 5.00%~10.00%，再加上中低产田改造、"撂荒地"整治和耕地后备资源开发利用的复种指数，中国的藏粮能力还可以提高，结果见表 3-13。

表 3-13　全国粮食复种指数提高的扩种生产能力

项目	复种指数/%		粮食增产潜力/万吨	
	上限	下限	上限	下限
全国	150.00	140.00	6 865.30	3 432.65

（五）藏粮能力的总体测算结果

根据上述中低产田改造、"撂荒地"恢复、耕地后备资源开发和复种指数提高，可增加粮食生产能力 10 038.10 万~20 372.15 万吨，占中国现有粮食生产能力的 14.62%~29.67%，增产潜力巨大。这也是中国现实的藏粮能力。具体见表 3-14。在"藏粮于地"战略背景下，中国的现实粮食生产能力为 68 500.00 万吨，潜在生产能力平均 15 200.00 万吨，两者合计 83 700.00 万吨，即在现有粮食生产能力的基础上，中国还有约 22.00%的增产潜力。当然，从新增粮食生产能力的途径来看，中低产田改造的潜力最大，其次是复种指数提高和"撂荒地"恢复，耕地后备资源开发利用的潜力最小。因此，中国"藏粮于地"战略实施的重点应优先放在中低产田改造和"撂荒地"整治上，耕地后备资源开发利用虽然也有增产潜力，但开发难度大、成本高，可以分区分类分时序逐步推进。尽管通过复种指数提高的粮食增产潜力也非常可观，但结合中国目前耕地地力较低和耕地轮作休耕制度的实施，建议继续保持现有复种指数并可逐步降低。

表 3-14　中国耕地藏粮能力测算结果　　　单位：万吨

项目	新增粮食生产能力	
	下限	上限
中低产田改造	4 635.00	9 270.00
"撂荒地"恢复	1 788.62	3 597.24
耕地后备资源利用	181.83	639.61
复种指数提高	3 432.65	6 865.30
合计	10 038.10	20 372.15

第四章

"藏粮于地"——
主体博弈与意愿调查

明确"推进主体"和"实施主体"之间的博弈关系是确保"藏粮于地"战略落实落地的关键。在家庭联产承包责任制制度框架下，政府（包括中央政府和地方政府）是"藏粮于地"战略的推进主体，而种粮户（主要是新型农业经营主体）是"藏粮于地"战略的实施主体。"藏粮于地"的粮食生产能力是潜在的生产能力，但是，种粮的比较效益较低，当粮食供不应求时，是否能及时将潜在产能转化为现实产量，主要取决于种粮户的种粮意愿。在粮食供过于求时，"藏粮于地"战略的推进也取决于种粮户的轮作休耕意愿。出于对种粮户追求更高经济利益的考量，推进主体和实施主体之间存在一定的利益博弈。

明确"推进主体"和"实施主体"之间的博弈关系是确保"藏粮于地"战略落实落地的关键。在家庭联产承包责任制制度框架下,政府(包括中央政府和地方政府)是"藏粮于地"战略的推进主体,而种粮户(主要是新型农业经营主体)是"藏粮于地"战略的实施主体。"藏粮于地"的粮食生产能力是潜在的生产能力,但是,种粮的比较效益较低,当粮食供不应求时,是否能及时将潜在产能转化为现实产量,主要取决于种粮户的种粮意愿。在粮食供过于求时,"藏粮于地"战略的推进也取决于种粮户的轮作休耕意愿。出于对种粮户追求更高经济利益的考量,推进主体和实施主体之间存在一定的利益博弈。对此,本书将从三个方面展开研究:一是运用博弈论方法分析推进主体之间(中央政府与地方政府)以及推进主体与实施主体(种粮户)的利益博弈与策略选择;二是在粮食主产区选取若干产粮大县的农户或新型农业经营主体,对其轮作休耕或粮食种植意愿进行访谈和问卷调查;三是在访谈和问卷调查的基础上,对农户或新型农业经营主体的轮作休耕或种粮意愿的影响因素进行定量分析。

第一节 "藏粮于地"战略的主体博弈

"藏粮于地"的主体有中央政府、地方政府和种粮农民,中央政府和地方政府是"藏粮于地"的决策和推进主体,种粮农民是"藏粮于地"的实施主体,但是各主体追求的利益不同,主体之间存在着一定的利益博弈。

一、"藏粮于地"战略主体的经济行为分析

粮食安全是国家总体安全的基石。实现了粮食安全，才能支撑起国土安全、军事安全、经济安全等国家总体安全。"藏粮于地"离不开全社会的共同努力。不同主体在"藏粮于地"战略目标下尤其是轮作休耕制度的实现中发挥着不同的作用。中国传统的粮食种植主体基本上是一家一户为主的分散的小农户种植模式。随着粮食适度规模经营的推进和适应农业绿色发展的要求，单一的粮食生产逐步向粮食生态化轮作休耕方式转变已成为必然趋势。厘清粮食种植主体的经济行为可以更好地为中国实施"藏粮于地"战略、轮作休耕生态化粮食生产方式转型提供参考依据。

假定在一个以粮食生产为主、经济相对欠发达的地区，农户种植粮食，兼外出务工。农户选择轮作休耕进行粮食生产，其优势在于农户轮作休耕的效用高于其单一种粮的效用。假定农户的固定资源拥有量为 G，农户从事单一回报（单一种粮产出）和多元回报（轮作休耕）两种生产活动，分别对应产出为 Q_1 和 Q_2，MR 为耕地生产的边际收益。农户能够用于粮食等农业生产的资源要素为 C（T, L, K）。其中，T 为农地经营面积，L 为劳动力，K 为资本投入。假定在轮作休耕前，农户拥有生产粮食的初始禀赋为 C_0，此时粮食的产出为 Q_0。在"藏粮于地"战略目标下，诱导农户参与轮作休耕的关键在于：农户参与轮作休耕的收益要高于种植单一的粮食作物的收益水平。

如果用 MC_1 代表农户单一粮食生产的边际成本，用 MC_3 代表轮作休耕的最优边际成本，当轮作休耕的边际收益等于边际成本时，就实现了粮食种植的规模经济。反映在图 4-1 中，$OC_1E_1Q_1$ 的面积

为农户种植单一粮食作物的收益，$OC_3E_3Q_3$ 的面积为轮作休耕的收益，只有当 $OC_3E_3Q_3 \geqslant OC_1E_1Q_1$ 时，农户才会选择参与轮作休耕。

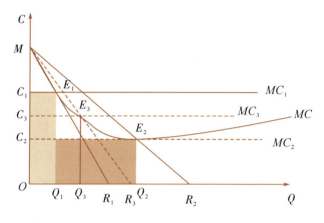

图 4-1　粮食种植主体耕地生产效用分析

二、"藏粮于地" 战略的推进主体与实施主体博弈

（一）"藏粮于地" 战略的推进主体博弈制度分析框架

在博弈论的视野中，"制度是关于博弈重复进行的主要方式的共有信念的自我维系系统"[①]。"藏粮于地" 战略的推进主体（中央政府与地方政府）之间以及推进主体与实施主体（种粮户）之间的利益博弈与策略选择，始终以多元主体的互动关系为基础。"藏粮于地" 战略旨在通过测算全国总人口的粮食需求，来测算所需的耕地面积，划定耕地保护面积的底线（红线），通过严格的耕地保护，保障粮食产能。在粮食供过于求时，可以对部分耕地安排轮作休耕；在粮食紧缺时，这些耕地可以恢复用于粮食生产，以实现粮食供需平衡。实现不同主体之间的协同联动并提升粮食生产能力，

---

①　青木昌彦. 比较制度分析［M］. 周黎安，译. 上海：上海远东出版社，1997：11.

涉及各类粮食生产资源的整合与协同作用，以及耕地轮作休耕补偿资金的利益分配和权力（利）分配，由此体现了"藏粮于地"战略是多元主体长期持续参与并相互博弈的复杂过程和系统的制度安排。

实施主体的个体行为是社会组织形态形成的基础，就"藏粮于地"战略而言，轮作休耕制度引致的资源配置格局和利益分配的变化是每一个推进主体决策变化的结果，因此涉及多元利益相关主体之间的互动博弈。推进主体互动过程可被视为一个制度化的过程，涉及粮食安全和生态保护等各类法律法规等自上而下的正式制度安排，也涉及利益相关主体之间形成的规范准则等非正式制度安排。将"藏粮于地"战略置于博弈论的制度框架来考虑主体互动关系的博弈性质，有利于从制度内生性和多样性的视角体现国家"藏粮于地"战略实施方式与微观种粮户个体行为之间的联系。

我们首先构建一个一般性框架，分析的基本单元是博弈的域，由参与人集合和每个参与人在随后各个时期所面临的可行的行动集组成。其中，A_i 包含了所有参与人 N 可行的行动集合，并构成影响参与人福利状态的行动组合集 A，最终表征为可观察的后果函数 φ。博弈形式由参与人集合、技术可行集和后果函数组成，定义了博弈的外生性规则。

$N = \{1, 2, \cdots, n\}$ = 参与人集合；

$A_i = \{a_i\}$ = 参与人 i 行动的技术可行集；

$A = X_i A_i = \{a\} = \{a_1, \cdots, a_i, \cdots, a_n\}$ = 行动组合的技术可行集；

$\Omega = \{\omega\}$ = 物质上可行的 a 可观察的后果集合；

$\Phi: A \rightarrow \Omega$ = 赋予每一个属于 A 的以属于 Ω 的 $\omega = \varphi(a)$ 的后果函数。

1. "藏粮于地"战略推进主体博弈的宏观过程

参与人在博弈中的实际行动决策不一定是可观察的，因此参与人主要根据对他人行动的预期和往期经验进行决策。假定利益相关者每期根据上一期行动组合可观察的结果来选择一项行动，那么，参与人在每一时期 t 根据行动决策规则 $s_i: \Omega \rightarrow A_i(i \in N)$ 选择的行动将使得对所有的 i，$a_i(t+1) = s_i(\omega(t))$，对所有的 t，$a(t+1) = s(\omega(t)) = s\varphi(a(t)) = F(a(t))$。当博弈状态趋于稳定时，$a(t) = a(t+1) = a(t+2) = \cdots = a^*$，这里 $a^* = F(a^*)$。这时，参与人的行动趋于一致，该域的内在状态为稳态均衡。这种均衡状态表现为"藏粮于地"战略推进主体之间有一个相对稳定的组织结构，并且取决于参与人往期的行动决策。$F(a^*)$ 稳态实际上是由不断演化并完善的行动决策 s_i 形成的。以上"藏粮于地"利益相关者的相关博弈结构可以用表 4-1 来表示。

表 4-1   "藏粮于地"战略主体博弈系统结构的科斯盒子

博弈环境	"藏粮于地"战略参数性数据（确定规则）	"藏粮于地"战略内生性变量
内生参与人（微观）	（A）推进主体行动集合	（S）推进主体策略性行动
外生性约束（宏观）	（φ）后果函数	（E）对其他推进主体策略决策的预期

2. "藏粮于地"战略主体博弈的实施机制

博弈均衡的自我实施依靠利益相关者在重复博弈过程中演化出共有的规范预期实现，以子博弈均衡形式体现。子博弈是博弈系统在时期 t 内在状态为 $a(t)$ 后的一种博弈方式。假定 $\delta = 1$，$\Omega = A$，$\omega = a(t)$，即参与人跨期完成行动策略决策并一次性选择其策略行动，相应的策略组合为 $s(\cdot) = \{s_1(\cdot), \cdots, s_i(\cdot), \cdots, s_n(\cdot)\}$。子博弈的内在状态相应表示为 $s[\tau: a(t)]$，说明参与人在 $\tau > t$ 时期

按策略组合 s 进行。对于 $\tau < t$ 的时期，参与人行动决策得出的均衡状态虽然可能是纳什均衡，但并不是一个"好"的均衡。在严格保护耕地来保障粮食安全思想形成的初期，"藏粮于地"的社会属性及"以人为本"的核心理念并未被突出，继而产生各种产销市场、种粮户利益受损和秩序失灵等问题，也是"藏粮于地"战略提出的初期在博弈过程中未能找到一致均衡点的体现。当博弈进行到 $\tau > t$ 时期后，参与人（"藏粮于地"战略的推进主体——中央政府和地方政府）的策略行动将趋于一致，持续互动形成的规范预期对治理行为形成事前约束，"藏粮于地"战略推进主体对种粮户利益的关注促使行为监管、秩序建构及"以人为本""生态优先"等理念得到完善，正式或非正式的推进规则在这个过程中逐渐形成。

3. "藏粮于地"战略主体博弈的微观行为

从博弈的微观行为角度来看，被选择的行动对于参与人而言是最优的，偏离均衡结果的策略是非理性的，在"藏粮于地"战略推进主体博弈中则体现为推进主体的决策规则是以粮食安全效用最大化为导向的。

在子博弈中，令 $\sigma_{-i}(\cdot)\colon A \rightarrow A_{-i}$ 为参与人关于其他人策略的预期，参与人的固定贴现因子 δ 上相应的报酬（效用）流量函数定义为 u_i，假定所有参与人关于其他人策略的预期均与他们的实际策略一致，且对于所有 $a(t)$、t、i，每个参与人的策略都最佳，那么就存在：

$$s^P = s^i, \quad \sigma_{-i}[\tau\colon a(t)] = s^P_{-i}[\tau\colon a(t)] \qquad (4.1)$$

$$s^P_{-i}(\cdot) \in \mathrm{argmax}_{xi} \sum_{\tau > t} \delta^{\tau-t} u_i\{s_i[\tau\colon a(t)], \sigma_{-i}[\tau\colon a(t)]\}$$

$$\qquad (4.2)$$

这样的决策规则组合 s^P 即子博弈精炼均衡，它表示博弈决策结果是以实际策略函数与对他人的策略预期函数表示的效用函数最大化情况下的参与策略组合。在正式利益激励中，产权理论表明在市场经济外部性基础上，私有产权体系是创造更高效益的有效激励机制，拥有所有权即拥有收益权。而轮作休耕的重要产品包括需要的粮食产量（短缺时生产粮食，充裕时休耕或换种其他作物）和永续的地力资源在国家安全层面是公共产品，种粮户耕地所有权与收益权分离。粮食安全的集成性和公共性使"藏粮于地"战略以提高地力资源和粮食生产能力配置效率的方式来实现国家粮食安全效益，农地个人收益权私人产权结构在"藏粮于地"战略中被淡化，产权机制影响种粮户个体决策的作用路径也随着国家粮食安全观的改变而改变。

在交易成本方面，"藏粮于地"战略推进主体力求降低交易成本，直观地表现在中央政府和地方政府各主体之间以网络连接的互动模式上，中央政府推进主体的个体诉求描绘为信息数字指标，地方政府推进主体各个微观个体参与"藏粮于地"战略的门槛和壁垒被打破。"藏粮于地"战略通过数字信息技术实现了各项搜寻成本的降低，极大地重塑了以往建立在信息不对称基础上的交易成本的理论内涵，交易成本的作用路径通过信息数字技术手段，加之资源的再分配与市场内在竞争的客观约束，引导有限理性的地方政府推进主体各个微观个体通过反思并调整组成新的行动集合，促进预期"藏粮于地"战略目的的达成。

"藏粮于地"战略推进主体之间的博弈制度分析框架如图 4-2 所示。制度内生于推进主体的重复博弈，逐渐达成一致规范预期而产生相应的策略行动，并在博弈内生变量相互强化和约束中不断促使各推进主体行为达成均衡。在此分析框架下有两个基本问题，一是"藏粮于地"战略的多样性、整体性、系统性的制度安排可视为多重均衡，即制度的共时性问题；二是在不断变化的国内外粮食安全相关社会与经济环境和生态环境面临的新挑战新要求下达成新的均衡可理解为制度变迁，即制度的历时性问题。

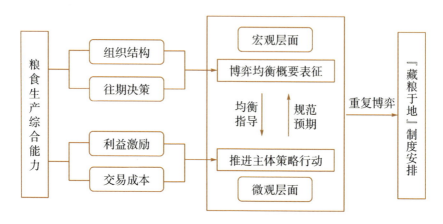

图4-2 "藏粮于地"战略推进主体之间的博弈制度分析框架

（二）"藏粮于地"战略背景下政府与农户博弈的政治交换域

博弈制度分析框架体现了"藏粮于地"战略制度安排的宏观逻辑与微观行为的相互作用路径。"藏粮于地"战略的实施制度具有共时关联的性质，也就是说当前的实施制度是由各主体决策共同决定形成的，所形成的制度会在后续的博弈中不断影响各主体的相应决策行为，制约各主体在特定关联场域的相互作用。一般来说，"藏粮于地"战略要考虑政府—农户的利益关系。中国粮食生产尤其是粮食安全，主体利益关系随着"藏粮于地"战略的实施而被重新界定。延续博弈论的逻辑，"藏粮于地"战略实施过程是制度化过程，政府是制度安排最终的推进主体，推动构建政府与农户之间的博弈，解释各主体在"藏粮于地"战略制度嬗变过程中的相互作用关系以及关联域内可能出现的多样性结果。

农户大多对"藏粮于地"战略尤其是轮作休耕后粮食产量减少心存顾虑，因此对实施"藏粮于地"战略轮作休耕制度的积极性不高。从政府角度来看，"藏粮于地"战略的轮作休耕制度实施的整个流程需要系统纠偏，政府应有完善的轮作休耕制度和补偿机制，重视农户轮作休耕的合理补偿要求，引导和激励农户参与轮作休耕，积极响应"藏粮于地"战略。

在"藏粮于地"战略的实施过程中，政府和农户均了解彼此可能采取的策略及相应的效用，即信息是完全的。轮作休耕从颁布政策到具体实施的过程中，首先是政府作出行动，然后农户根据政府的行动作出对自己最有利的行为决策。这符合 Stackelberg 博弈模型①的假设条件，因此本书构建"藏粮于地"战略背景下耕地轮作休耕中政府和农户行为的 Stackelberg 博弈模型，分析二者的行为对休耕的影响。

假设在模型中共有三个参与人：一个政府、两个种粮农户。

假设 1：政府下达土地休耕指令，种粮农户具体实施。耕地休耕能改善当地环境、保障当地粮食安全，给当地带来生态效益。农户进行休耕所获的生态效益由农户和政府共享，且不同地区存在生

---

① Stackelberg 博弈模型是经济学中的双寡头模型之一，同时也是一个完全信息的动态博弈模型。它将寡头厂商分为领导者和追随者，即一个实力雄厚，为领导者；一个实力相对较弱，为追随者。两个厂商生产相同的产品，并且都会通过确定最优产量而实现利润最大化。在决定产量时，一般由领导者先确定一个产量，追随者可以观察到该产量，然后根据该产量确定自己的产量。因此，领导者在确定自己的产量时，会考虑追随者将做何反应。该模型的假设条件为：第一，市场上只有两个厂商，生产相同的产品，且生产成本为零；第二，它们面临相同的市场需求曲线，并且需求曲线是线性的；第三，两个厂商都准确地了解市场需求曲线；第四，领导者先决定它的产量，追随者观察到领导者的产量后，再进行产量决策。

态环境、经济发展水平等差异，政府从不同地区获得生态效益的权重也不同。另外，二者所获生态效益即二者实施休耕所获收益。因此，令 x_i 表示政府从不同地区所获生态效益的权重，$i = 1$，2，且 $0 \leq x_i \leq 1$；令 y_i 表示第 i 个农户执行休耕所获生态效益，$i = 1$，2；令 R_i 表示第 i 个农户的收益，$i = 1$，2，且 $R_i = (1 - x_i)y_i$；令 R 表示政府的收益，则 $R = x_1y_1 + x_2y_2$。

假设 2：政府实施休耕所获收益要大于或等于其投资支出，令其投资支出为 E，则有 $R \geq E$。

假设 3：政府是"理性经济人"，追求效用最大化。本书构建实施轮作休耕制度背景下政府的效用函数为：$U = \ln(1 - x_1)y_1 + \ln(1 - x_2)y_2$。该效用函数表示只有在实施轮作休耕后，才能获得最大收益，并且只有各地区收益均衡，政府才能获得最大效用。

假设 4：假定农户实施休耕的投入成本为 $C_i = a_iy_i^2 (a_i > 0) i = 1$，2，农户休耕是为了获取净收益的最大化，故农户的效用函数为：$U_i = R_i - C_i = (1 - X_i)y_i - a_iy_i^2$，$i = 1$，2。

在该模型中，农户面临两种选择：

第一，农户之间不合作。

农户与政府之间的博弈有两种选择：合作与不合作。农户是自私的"理性经济人"，各方面都会追求自身利益最大化，这导致现实中农户与政府很难成功合作。政府下达休耕指令后，会承诺给农户足够的补偿，以促进农户实施耕地休耕。但政府的承诺有可能兑现，也有可能不兑现。

一是政府信守承诺。政府下达休耕指令后，信守承诺，及时将足额的补偿经费发放给农户，并规定从各地区所获生态效益的权重即 x_i。农户在观察到政府的行动后，实施休耕，并确定最优的生态

效益即 y_i，以获得效用最大化。具体博弈过程为：第一阶段，政府选择 x_1 和 x_2；第二阶段，农户1和农户2在观察到政府的选择后，根据效用最大化原则，分别确定 y_1 和 y_2。

首先考虑第二阶段的纳什均衡。对于农户1，在给定 x_1、x_2 及 y_2 后，选择 y_1 达到效用最大化，即

$$maxU_1 = (1-x)y_1 - a_1y_{12}$$

农户1的反应函数为

$$Y_1^* = (1-x_1)/2a_1 \qquad (4.3)$$

同理，农户2的反应函数为

$$Y_2^* = (1-x_2)/2a_2 \qquad (4.4)$$

由于该模型假设信息是完全的，故第一阶段的政府能够知道两个农户的反应，然后根据农户的反应函数 y_1^* 和 y_2^* 来确定最优的 x_1 和 x_2，实现约束条件下的效用最大化，即

$$maxU = ln(1-x_1)y_1 + ln(1-x_2)y_2$$

$$s.t. \quad x_1y_1 + x_2y_2 > E$$

将 y_1^* 和 y_2^* 代入上式，建立拉格朗日表达式（$\lambda > 0$）如下：

$$L = ln\ (1-x_1)\ \frac{1-x_1}{2a_1} + ln\ (1-x_2)\ \frac{1-x_2}{2a_2} + \lambda\left[x_1\frac{1-x_1}{2a_1} + x_2\frac{1-x_2}{2a_2} - E\right]$$

得到一阶条件：

$$\frac{\partial L}{\partial x_1} = \frac{2}{1-x_1} + \lambda\frac{1-2x_1}{2a_1} = 0 \qquad (4.5)$$

$$\frac{\partial L}{\partial x_2} = \frac{2}{1-x_2} + \lambda\frac{1-2x_2}{2a_2} = 0 \qquad (4.6)$$

$$\frac{\partial L}{\partial \lambda} = x_1\frac{1-x_1}{2a_1} + x_2\frac{1-x_2}{2a_2} - E = 0 \qquad (4.7)$$

由式（4.5）和式（4.6）可得政府最优解为

$$x_1^* = \frac{3 - \sqrt{1 + \dfrac{4a_1}{\lambda}}}{4}, \quad x_2^* = \frac{3 - \sqrt{1 + \dfrac{4a_2}{\lambda}}}{4}$$

将上式分别代入两个农户的反应函数，可得两个农户休耕获得的均衡生态效益为

$$y_1^* = \frac{1 + \sqrt{1 + \dfrac{4a_1}{\lambda}}}{8a_1}, \quad y_2^* = \frac{1 + \sqrt{1 + \dfrac{4a_2}{\lambda}}}{8a_2} \tag{4.8}$$

由于 $a_1 > 0$，$a_2 > 0$ 且 $\lambda > 0$，故 $x_1^* < 1/2$，$x_2^* < 1/2$；$y_1^* > 1/4a_1$，$y_2^* > 1/4a_2$。

二是政府不信守承诺。政府下达休耕指令后，可能不信守承诺，不给农户补偿或补偿的数额不足。农户没有收到足额补偿，就会先采取行动以实现收益最大化。政府在观察到农户实施休耕所能获得的生态效益后，确定最优的两个地区权重的组合，实现效用最大化。

具体博弈过程为：第一阶段，两个农户分别选择 y_1 和 y_2；第二阶段，政府在观察到两个农户的选择后，根据效用最大化原则，确定 x_1 和 x_2。

首先考虑第二阶段的纳什均衡。对于政府，在给定 y_1、y_2 后，选择 x_1 和 x_2 达到约束条件下的效用最大化，即

$$\max U = \ln(1 - x_1)y_1 + \ln(1 - x_2)y_2$$

$$\text{s.t. } x_1y_1 + x_2y_2 \geq E$$

建立拉格朗日表达式（$\lambda > 0$）如下：

$$L = \ln(1 - x_1)y_1 + \ln(1 - x_2)y_2 + \lambda(x_1y_1 + x_2y_2 - E)$$

求解该最优化问题，可得最优解即政府的反应函数为

$$x_1^{**} = \frac{1}{2} - \frac{y_2 - E}{2y_1}, \ x_2^{**} = \frac{1}{2} - \frac{y_1 - E}{2y_2} \qquad (4.9)$$

处于第一阶段的两个农户，根据政府的反应函数，分别确定最优的 y_1 和 y_2，实现效用最大化。对于农户 1 有

$$\max U_1 = \left[\frac{1}{2} + \frac{y_2 - E}{2y_1} \right] y_1 - a_1 y_1^2$$

得到一阶条件：

$$\frac{\partial U_1}{\partial y_1} = \frac{1}{2} - 2a_1 y_1 = 0$$

解上式可得农户 1 实行休耕获得生态效益的最优解为

$$y_1^{**} = \frac{1}{4a_1} \qquad (4.10)$$

对于农户 2 有

$$\max U_1 = \left[\frac{1}{2} + \frac{y_1 - E}{2y_2} \right] y_2 - a_2 y_2^2$$

得到一阶条件：

$$\frac{\partial U_2}{\partial y_2} = \frac{1}{2} - 2a_2 y_2 = 0$$

解上式可得农户 2 实行休耕获得生态效益的最优解为

$$y_2^{**} = \frac{1}{4a_2} \qquad (4.11)$$

将 y_1^{**} 和 y_2^{**} 代入式（4.9）可得

$$x_1^{**} = \frac{1}{2} - 2a_1 \left[\frac{1}{4a_2} \right] - E, \ x_2^{**} = \frac{1}{2} - 2a_2 \left[\frac{1}{4a_1} \right] - E$$

第二，农户相互合作。

前面讨论了两个农户之间不合作的情况。但某个地区实施耕地休耕政策，不仅能改善当地生态环境，也有利于其他地区生态环境

的改善，故耕地休耕具有较大的外部性，不仅当地能获得生态效益，其他地区也能获得生态效益。这种正外部性，促进了农户之间的相互合作，以最大限度地完成休耕计划，从而实现收益最大化。

假设该博弈中的变量选择与前面相同，但不是假设每个农户独自效用最大化，而是假设两个农户联合效用最大化，并且每个农户都会考虑其他农户实施耕地休耕所获得的生态效益。具体博弈过程为：第一阶段，两个农户分别选择 y_1 和 y_2；第二阶段，政府在观察到两个农户的选择后，根据效用最大化原则，确定 x_1 和 x_2。很容易看出，政府对两个农户休耕所获生态效益的反应与式（4.9）相同。

两个农户联合效用最大化为

$$\max(U_1 + U_2) = (1 - x_1)y_1 - a_1 y_1^2 + (1 - x_2)y_2 - a_2 y_2^2$$

将 x_1^{**} 和 x_2^{**} 代入上式可得

$$\max(U_1 + U_2) = \left[\frac{1}{2} + \frac{y_2 - E}{2y_1}\right]y_1 - a_1 y_1^2 + \left[\frac{1}{2} + \frac{y_1 - E}{2y_2}\right]y_2 - a_2 y_2^2$$

解该最优化问题可得两个农户休耕获得的均衡生态效益为

$$y_1^{***} = \frac{1}{2a_1}, \ y_2^{***} = \frac{1}{2a_2} \qquad (4.12)$$

将 y_1^{***} 和 y_2^{***} 代入式（4.7）可得

$$x_1^{***} = \frac{1}{2} - a_1\left[\frac{1}{2a_2} - E\right], \ x_2^{***} = \frac{1}{2} - a_2\left[\frac{1}{2a_1} - E\right]$$

将式（4.10）、式（4.11）与式（4.8）对比可知，$y_1^{**} < y_1^{*}$，$y_2^{**} < y_2^{*}$，即在政府信守承诺的情况下，农户休耕所获的生态效益大于不信守承诺的情况。因为政府不信守承诺，农户便没有足够的收入，也就没有休耕的积极性，同时农户休耕成本变高，休耕动力变弱。将式（4.12）与式（4.8）对比可知，$y_1^{***} > y_1^{*}$，$y_2^{***} > y_1^{*}$，即农户相互合作，各自实施休耕获得的生态效益大于不合作所获得的效益。因为农户是耕地休耕的具体实施者，各地区农户决策者特征、家庭及生产经营特征、耕地状况等因素存在差异，会影响农户休耕意愿，从而影响政府休耕计划的完成情况。只有不同地区相互合作，比如资源互补、信息共享及相互提供就业机会等，才能最大限度地完成休耕计划，达到1+1>2的合作效应，从而实现生态效益最大化。

（三）"藏粮于地"战略的历时性制度关联

在博弈制度分析框架下，"藏粮于地"战略轮作休耕主体博弈的多重均衡体现了制度的多样性，轮作休耕的制度安排不再是外生变量，而是内生于各主体策略选择的结果。在传统粮食生产安排向轮作休耕地力保护转型的过程中，种植主体受到外部轮作休耕制度约束和自家地力耗竭的影响，积极主动地调整种植决策行动。"藏粮于地"战略轮作休耕博弈除了存在共时关联外，旧有的耕地保护制度或粮食生产补偿机制等会影响当前"藏粮于地"战略轮作休耕制度的选择甚至进一步创造迭代的轮作休耕制度，存在着历时性关联。

"藏粮于地"战略轮作休耕制度相关政治交换域的均衡决策规则相对而言较为稳定，而经济交换域的博弈形式变化较快。对于政治交换域而言，种植主体受到权力结构的影响。权力结构是制度环境中政治制度结构的一部分，与是否存在公众参与的制度安排有关。自上而下的制度安排是宏观层面的，博弈主体要改变组织形态，不仅需要巨大的变革成本，而且要求博弈内在结构的变化。对于经济交换域而言，当国内外粮食市场经济环境发生巨大变动时，博弈参与主体在轮作休耕制度安排下的粮食种植行为会产生一系列内生的变化。随着数字信息技术在粮食产业的不断渗透，粮食种植主体的经济行为随着技术进步而重新界定和扩张，博弈的参数特征也将转型甚至重构。数字信息技术对农业尤其是粮食产业的影响渗入方方面面。传统的农业生产结构受到以往粮食单一生产制度安排路径依赖的影响而相对固化，要彻底改变粮食生产制度、实现轮作休耕，需要花费巨大的变革成本，不可能一朝一夕就轻易实现。"藏粮于地"战略轮作休耕制度需要一定时间演化出稳定的结构，包括逐渐形成一套有效的社会监督体系，以适应不断发展的国家粮食安全时代要求。

第二节　农户参与耕地轮作休耕意愿、行为与影响因素调查统计分析

推进耕地轮作休耕制度，提升农户参与意愿非常重要。国内已有许多学者针对农户参与耕地轮作休耕意愿、行为与影响因素进行了研究。较多学者采用问卷调查的形式研究农户参与耕地轮作休耕的影响因素，且主要使用的是 logistic 模型。李争和杨俊研究发现，非农业收入比例、对耕地质量的主观判断对农户的休耕意愿分别具有正向影响和负向影响[①]。尹珂和肖轶对重庆 247 户农户调研后发现，农户生产经营特征、耕地特征和农户政策认知特征会对农户生

---

① 李争，杨俊. 鄱阳湖粮食产区农户休耕意愿及影响因素研究 [J]. 广东农业科学，2015（22）：162-167.

态休耕经济补偿需求发生显著影响①。王学等②、谢花林和程玲娟③、俞振宁等④在实地调研的基础上总结出农户个体特征、家庭特征、土地特征以及农户决策者政策认知特征是影响农户参与轮作休耕的主要因素。

一、理论假设

行为理论认为决策者的行为意向是影响行为的最直接因素，行为意向反过来受决策者态度、主观规范控制的影响⑤。在农户参与轮作休耕的过程当中，在了解到轮作休耕的政策之后，农户会根据自己传统的思维模式和理解水平对该项政策作出评判，继而给出行为反应⑥。但是农户的受教育程度普遍不高，其对轮作休耕的参与判断很大程度上受自身原因及外部环境的影响，可能会作出与政策期望相悖的行为反应。这也就表明，政府需要在农户作出行为反应之前加以引导，对参与轮作休耕的意义、好处等进行合理的宣传讲解，以减少农户的认知偏差，引导其在持续的反馈中修正自身的行为。

① 尹珂，肖轶. 三峡库区消落带农户生态休耕经济补偿意愿及影响因素研究 [J]. 地理科学，2015 (9)：1123-1129.

② 王学，李秀彬，辛良杰，等. 华北地下水超采区冬小麦退耕的生态补偿问题探讨 [J]. 地理学报，2016 (5)：829-839.

③ 谢花林，程玲娟. 地下水漏斗区农户冬小麦休耕意愿的影响因素及其生态补偿标准研究：以河北衡水为例 [J]. 自然资源学报，2017 (12)：2012-2022.

④ 俞振宁，谭永忠，吴次芳，等. 基于兼业分化视角的农户耕地轮作休耕受偿意愿分析：以浙江省嘉善县为例 [J]. 中国土地科学，2017 (9)：43-51.

⑤ 段文婷，江光荣. 计划行为理论述评 [J]. 心理科学进展，2008 (2)：315-320.

⑥ 路广鹏. 大庆市农民实施耕地轮作意愿研究 [D]. 大庆：黑龙江八一农垦大学，2019.

耕地具有"外部经济"和"外部不经济"的双重特征。一方面，农户通过耕地从事农业活动，在保障经济来源的同时稳定了粮食和农产品供给；另一方面，在土地经营过程中存在过度使用等不规范耕作行为，导致耕地质量下降、资源减少，破坏生态环境①。激励农户参与轮作休耕，减少耕地"外部不经济"，提高耕地质量，才能有利于实现"藏粮于地"战略目标，保障国家粮食安全。但是农户也不可能大规模参与轮作休耕，所以政府需要建立合理的补偿机制，保障农户的收益。同时，农户主要关注的是收益，对于农业收入占比很大的家庭来说，是否参与轮作休耕需要综合家庭情况等多方面因素来考虑。

基于以上理论，本书提出以下假设：

H1：农户的文化程度以及对政策的认知程度会影响农户参与轮作休耕意愿；

H2：农户耕地的质量会影响农户参与轮作休耕意愿；

H3：农户的家庭特征会影响农户参与轮作休耕意愿。

二、样本区域基本情况与农户问卷调查描述性统计分析

"藏粮于地"战略能否顺利实施，关键在于当粮食出现短缺时，农户是否有粮食种植意愿；当粮食出现暂时性过剩时，农户是否愿意进行耕地休耕。本书数据主要来源于项目组对西部地区的四川、中部地区的河南和江西、东部地区的山东等部分农村地区农户的调查访问。2021年6—8月和2022年6—8月，项目组成员分两批次赴四川省、河南省、江西省和山东省发放农户轮作休耕意愿调查问

① 翟宇. 张家口坝上地区马铃薯休耕的农户意愿及方案选择实证研究［D］. 保定：河北农业大学，2021.

卷，共发放问卷 1 570 份，收回有效问卷 1 516 份：其中四川省发放问卷 550 份，收回有效问卷 532 份，有效率 96.73%；河南省发放问卷 450 份，收回有效问卷 426 份，有效率 94.67%；江西省发放 150 份，收回有效问卷 147 份，有效率 98.00%；山东省发放 420 份，收回有效问卷 411 份，有效率 97.86%。

（一）样本区域基本情况

四川省是中国 13 个粮食主产省份之一，也是中国三大育种基地之一，粮食产量常年位于全国前列。但近年来四川省粮食产量在全国的地位明显下降，2022 年位于全国第九位，比 2016 年下降了四位。粮食产不足需，缺口巨大，常年"引粮入川"达 1 800 万吨以上。2022 年，习近平总书记在四川省眉山市永丰村考察调研时强调，要严守耕地红线，保护好这片产粮宝地，把粮食生产抓紧抓牢，在新时代打造更高水平的"天府粮仓"。稳定粮食生产，筑牢粮食安全屏障的重点就是要保护耕地。当前四川粮食生产面临耕地数量保障压力大、耕地宜粮生产能力形势严峻等问题①，耕地保护仍须不断推进，轮作休耕制度试点仍需稳步妥善开展。

河南省是中国的产粮大省，常年粮食产量稳居全国第二位，2022 年粮食产量达到 6 789.40 万吨，仅次于黑龙江。2019 年，河南省开展耕地轮作休耕制度试点。2020 年，河南省针对耕地坚持底线思维，强化红线意识，从行政、经济、技术等方面加强耕地保护和监督管理，探索农村一、二、三产融合发展新路子。河南省耕地平均等别 7.42，其中七等耕地 390.13 万公顷，占比 47.73%，五~八等高等耕地共 703.31 万公顷，占比 86.04%，耕地质量整体较好但分

---

① 杜兴端，吕火明. 四川实施"藏粮于地、藏粮于技"战略探析 [J]. 四川农业科技，2021（3）：5-7.

布不均衡①。近年来，河南省"水稻+小麦""水稻+紫云英""小麦+玉米"等轮作模式，不仅有效提高了稻田肥力，还通过建设紫云英种植基地，推动了当地特色休闲农业发展，助力农民增收。

江西省也是中国 13 个粮食主产省份之一，2022 年粮食产量 2 151.90 万吨。黄国勤等研究发现，江西的水稻种植面积较大，且多以连作为主，全省稻田实行轮作的面积平均只有 15%～20%，即全省 80%～85% 的稻田都长期实行水稻复种连作；全省旱地有 30%～50% 实行轮作，与水田轮作相比高 15～30 个百分点②。总体上实行轮作的耕地面积比例较低。江西省为贯彻落实《国务院办公厅关于防止耕地"非粮化"稳定粮食生产的意见》（国办发〔2020〕44 号）精神，坚决遏制耕地"非农化"、防止"非粮化"，稳定粮食生产，牢牢守住粮食安全的生命线，引导种粮主体和农户积极发展粮食生产。近年来，江西省因地制宜调整农业产业结构，大力推广"优质水稻+油菜""水稻+甘薯""水稻+棉花"等轮作模式，将"农闲田"变成"效益田"，进一步提高了土地利用率，拓宽了农民增收渠道③。

山东省是我国粮食生产大省，2022 年粮食产量达到 5 500.70 万吨，稳居全国第三位。山东省坚持"整建制""大协同"推进模式，聚力打造"吨半粮"优势区、"吨粮"优势区，示范带动全省

① 河南省自然资源厅. 坚持底线思维 守护中原粮仓：聚焦河南省耕地保护与利用［EB/OL］.（2020-06-28）［2024-08-30］. https://dnr.henan.gov.cn/2020/06-28/1864863.html.

② 黄国勤，赵其国. 江西省耕地轮作休耕现状、问题及对策［J］. 中国生态农业学报，2017（7）：1002-1007.

③ 中国政府网. 江西："稻油轮作"助力农民增收［EB/OL］.（2022-10-21）［2024-08-30］. https://www.gov.cn/xinwen/2022-10/21/content_5720561.htm.

粮食大面积均衡增产，粮食生产实现面积、单位面积产量、总产量"三增"。2019 年，山东省农业农村厅、山东省财政厅印发了《2019 年耕地轮作休耕制度试点实施方案》，在自然条件适宜、产业基础良好的沿河（黄河）、沿湖（微山湖、东平湖）、沿海（渤海）等大豆、花生主产县（市、区），集中连片开展玉米与大豆、玉米与花生轮作，当年安排 3.33 万公顷（50.00 万亩）耕地作为轮作休耕制度试点田。

（二）样本农户基本情况

1 516 份有效问卷样本农户的基本情况见表 4-2。

表 4-2　样本农户的基本情况

样本特征	取值范围	人数/人	占比/%
性别	男	913	60.20
	女	603	39.80
年龄	18～29 岁	23	1.55
	30～44 岁	287	18.90
	45～59 岁	702	46.30
	60 岁及以上	504	33.20
受教育程度	未受过教育	117	7.72
	小学	526	34.70
	初中	615	40.50
	高中、中专	217	14.30
	大专及以上	41	2.70

从受访农户的性别特征来看，受访者中男性占 60.20%，女性占 39.80%。我们从同受访者的交谈中了解到，农村的主要劳动力是男性，并且绝大部分家庭的户主也是男性，在农业生产经营决策中发挥着决定性作用。

从受访农户的年龄分布来看，45～59 岁的受访者占比最大，达到 46.30%，接近受访者总数的一半。60 岁及以上的受访者占比达到 33.20%，占比次之。按照国际标准，社会人群中 60 岁及以上人口占总人口的比例达到 10%，或 65 岁及以上人口占比达到 7%，为老龄化社会；65 岁及以上人口比例达到 14%，为重度老龄化社会；65 岁及以上人口比例达到 20%，为超级老龄化社会。从此次项目组对受访农户的年龄调研结果来看，农村劳动力老龄化现象令人担忧。受访农户年龄在 18～29 岁的占比最小，仅为 1.55%；年龄在 30～44 岁的受访者占比也仅为 18.90%。44 岁以下青年农村劳动力合计占比仅为 20.45%。

从受访者的受教育程度来看，受访农户中大专及以上文化程度的占比最小，仅为 2.70%，而高中、中专的占比为 14.30%，高中以上学历的占比合计为 17.00%，还不到受访者总数的五分之一。受访农户具有初中及以下文化程度的占比最大。初中学历的受访者占比为 40.50%，小学学历的受访者占比为 34.70%。未受过教育的受访者占比也不小，达到 7.72%，接近大专及以上文化程度占比的 3 倍。一般而言，受教育程度高的农户更愿意参与轮作休耕。文化程度高的农户能够快速理解并吸收耕地保护知识从而作出保护性耕作方式的选择，在耕地利用方式的选择上更注重长远效益，因此在接受新农业技术培训后更愿意调整自己的种植结构以保护耕地质量，规避地力下降影响产量的风险，因而更愿意参与轮作休耕。而文化程度偏低的农户，其对耕地保护的认知水平和对新知识的接受程度较低，为了规避风险，求稳而不愿改变原有的传统耕作方式和耕种内容。

（三）样本农户的家庭特征

受访农户的家庭特征见表 4-3。

表4-3 样本农户的家庭特征

家庭特征	取值范围	人数/人	占比/%
职业	纯农户	538	35.50
	兼业农户	890	58.70
	非农户	88	5.80
生产经营性质	自主经营	963	63.50
	种植大户	232	15.30
	家庭农场	193	12.70
	合作社成员	129	8.50
家庭人数	3人及以下	337	22.20
	4~6人	1 101	72.60
	6人以上	78	5.10
家庭从事农业劳动人数	3人及以下	1 354	89.30
	4人及以上	162	10.70
家庭外出务工人数	3人及以下	1 455	96.00
	4人及以上	61	4.00
年总收入	0~10 000元	223	14.70
	10 001~30 000元	727	47.90
	30 001~50 000元	363	23.90
	50 001~80 000元	133	8.80
	80 000元以上	70	4.60
家庭特殊情况	村干部	135	8.90
	低保户	88	5.79
	无	1 293	85.30
纯农收入占比	20%及以下	470	31.00
	21%~40%	523	34.50
	41%~60%	294	19.40
	61%~80%	170	11.20
	80%以上	59	3.90

表 4-3 显示，在受访农户中，纯农户占比仅为受访者总数的 35.50%，而兼业农户占比达到受访者总数的 58.70%，占比超过一半；非农户占比仅为受访者总数的 5.80%。农户职业类型的差异性会对农户的轮作休耕产生显著影响。王盼等研究发现，研究区内有 62.97% 的家庭存在劳动力转移现象，且休耕农户劳动力转移数量远超未休耕农户①。从生产经营性质来看，自主经营的农户占绝大多数，占比达到了 63.50%，种植大户、家庭农场与合作社的占比分别为 15.30%、12.70% 和 8.50%。

从受访农户的家庭人数来看，家庭人数 4~6 人的受访者占比最大，达到 72.60%。家庭人数在 3 人及以下的受访者占比为 22.20%。6 人以上大家庭占比最小，仅为 5.10%。家庭从事农业劳动人数在 3 人及以下的占比高达 89.30%，家庭外出务工人数在 3 人及以下的占比更是高达 96.00%。由此可见，受访农户的家庭结构大都为典型小农式模式。家庭人数对农户农地投入②、轮作休耕等都有影响。

从受访农户的年总收入来看，农户年总收入在 10 001~30 000 元的占比最大，达到 47.90%，接近一半；年总收入在 30 001~50 000 元的占比为 23.90%。由此可见，受访农户年总收入在 50 000 元及以下的占比达到 71.80%。而受访农户的年总收入在 80 000 元以上的占比最小，仅为 4.60%，可见受访农户普遍年总收入不高，而且，纯农业收入在家庭收入中的比例大多不超过 60.00%，这表明农户家庭收入较低，且纯农业收入较少。从家庭特殊情况来看，受访农户基本以小规模的自主经营及兼业为主。

---

① 王盼，阎建忠，杨柳，等. 轮作休耕对劳动力转移的影响：以河北、甘肃、云南三省为例 [J]. 自然资源学报，2019（11）：2348-2362.

② 周萤. 家庭结构对农户农地投入的影响研究 [D]. 武汉：华中农业大学，2010.

从家庭特殊情况来看，85.30%的受访农户成员是普通村民，既不是村镇干部也不是低保户。在受访农户中，家庭成员中有村镇干部的受访农户占比为8.90%，低保户占比为5.79%。家庭成员中是否有村镇干部的农户参与轮作休耕的意愿不同。一般来说，受访者所在的调研区域的基层政府积极鼓励推行轮作休耕政策，家庭成员中有村镇干部的家庭勇做轮作休耕的"领头羊"。究其原因，村镇干部的政策认知程度较高，家庭成员中有村镇干部的农户更愿意参与轮作休耕。有村镇干部的农户家庭往往更多地接触关于轮作休耕方面的系统知识，对轮作休耕政策运用得更加得心应手。无村镇干部的受访农户家庭往往更加重视自家耕地的经济效益和经营风险、经营便利与否。作为执行政府政策的基层主体，村镇干部对农业政策的了解渠道广、程度深，家庭成员可能会受到其潜移默化的影响，会更加响应政府号召，进而会改变传统的生产经营观念。

（四）样本农户的耕地特征

样本农户的耕地特征见表4-4。

表4-4　样本农户的耕地特征

样本特征	取值范围	人数/人	占比/%
地形	平原	770	50.80
	小丘陵	746	49.20
耕地来源	自有耕地	1 216	80.20
	转包	300	19.80
耕地破坏程度	无	341	22.50
	轻度	922	60.80
	中度	188	12.40
	重度	65	4.30

表 4-4（续）

新时代中国「藏粮于地」战略的实现路径研究

样本特征	取值范围	人数/人	占比/%
耕地面积	5 亩及以下	752	49.60
	6~10 亩	523	34.50
	11~15 亩	188	12.40
	16~20 亩	35	2.30
	20 亩以上	18	1.20
耕地质量	高等（一~三等）	605	39.90
	中等（四~六等）	782	51.60
	低等（七~十等）	129	8.50

从表 4-4 可以看出，受访地区的地形以平原和小丘陵为主，受访农户的耕地基本为自有耕地，转包耕地的情况较少。农户耕地面积在 5 亩以下的比例最大，占 49.60%；其次是 6~10 亩，占 34.50%；再次是 11~15 亩，占 12.40%；16~20 亩及 20 亩以上的人数比例最小，共占 3.50%。从耕地的破坏程度来看，轻度受损的比例最大，占 60.80%；其次是无破损情况的耕地，占 22.50%；中度破损和重度破损的比例较小，分别为 12.40% 和 4.30%。按照《耕地质量等级》（GB/T 33469-2016）国家标准，耕地质量分为三个等级，分别是高等、中等和低等。耕地质量为中等的比例最大，占 51.60%；其次是高等，占 39.90%；低等最少，占 8.50%。由此可以看出，受访农户的耕地主要是自有耕地，耕地面积较小，土地的受损情况也较轻。

（五）样本农户参加耕地轮作休耕计划的意愿

样本农户是否愿意参与耕地轮作休耕见表 4-5。从表 4-5 可以得知，76.00% 的农户愿意积极参与土地轮作休耕计划。对于土地轮作休耕，31.80% 的农户认为意义较大，21.70% 的农户认为非常有意义，36.80%的农户觉得轮作休耕意义较小，认为轮作休耕完全没有意义的农户较少，只有 9.70%。从农户能够接受的土地轮作休耕计划年限来看，47.40%的农户能够接受的时间为 1~2 年，1 年以内的占 34.20%，2~3 年占 7.70%，超过 3 年的占 10.70%。关于轮作休耕补偿方式，农户最期望的补偿方式是货币补偿，其次是实物补偿，并且希望能够一次性全部补足。从农户能接受的最低补偿金额来看，38.20%的农户能接受的最低补偿金额为每亩不低于 1 000 元，其次是 1~500 元每亩，占 32.10%，600~1 000 元每亩的较少，占 29.70%。由此可以看出，农户是愿意参与土地轮作休耕计划的，但前提是要给足农户期望的经济补偿。

表 4-5　样本农户是否愿意参与耕地轮作休耕

样本特征	取值范围	人数/人	占比/%
是否愿意参与	愿意	1 152	76.00
	不愿意	364	24.00
轮作休耕对改善耕地质量是否有意义	完全无意义	147	9.70
	意义较小	558	36.80
	意义较大	482	31.80
	非常有意义	329	21.70
愿意接受的土地休耕年限	1 年以内	518	34.20
	1~2 年	719	47.40
	2~3 年	117	7.70
	3 年以上	162	10.70
期望的休耕补偿方式	货币	1 111	73.30
	实物	734	48.40
	社会保险	424	28.00

表4-5（续）

样本特征	取值范围	人数/人	占比/%
期望的休耕给付方式	一次性给付	752	49.60
	按月给付	335	22.10
	按季给付	217	14.30
	账户形式,随时取用	212	14.00
愿意接受的最低补偿金额	1~500 元/亩	487	32.10
	600~1 000 元/亩	450	29.70
	1 000 元/亩以上	579	38.20

从表 4-6 可以得知，农户愿意参与轮作休耕的最主要原因在于耕地轮作休耕能够有效抑制病虫害发生，减少农药、化肥的使用量，其次是耕地轮作休耕能够提高土壤肥力和增加农民收入，最后是耕地轮作休耕能够有效维持农产品的价格稳定和其他原因。而农户不愿意参与轮作休耕的原因主要是担心市场波动较大，新技术难以掌握，有种植业外的其他收入，粮食种植的净收益大于补贴等。

表 4-6　样本农户是否参与耕地轮作休耕的原因

样本特征	取值范围	人数/人	占比/%
愿意参与的原因（多选）	耕地轮作能够提高土壤肥力	353	23.30
	耕地轮作能够增加农民收入	347	22.90
	耕地轮作能够有效抑制病虫害发生，减少农药、化肥的使用量	535	35.30
	耕地轮作能够有效维持农产品的价格稳定	151	9.70
	其他	53	3.50

表 4-6（续）

249

第四章 『藏粮于地』——主体博弈与意愿调查

样本特征	取值范围	人数/人	占比/%
不愿意参与的原因（多选）	新技术难以掌握	100	6.60
	担心市场波动较大	151	9.70
	有除种植业外的其他赚钱方式	94	6.20
	认为粮食比生态环境重要	82	5.40
	粮食种植的净收益大于补贴	100	6.60
	喜欢农田耕种，与补贴无关	76	5.00
	无其他收入来源	65	4.30
	其他	170	11.20

（六）信度与效度检验

1. 信度检验

本书使用 stata 软件对数据进行信度检验。问卷信度值是问卷所选取的变量所测量的可信度，用来衡量最终结果的一致性或稳定性。问卷在调查过程中容易受到很多因素的干扰，导致测量结果有偏差。内在信度分析重点考察问卷结构的一致性，即问卷的题目设计是否考察同一问题。外在信度分析侧重考察问卷在不同时间点得到的结果。本书主要对数据进行内在信度分析，主要选取的是 Chronbach α 作为信度检验指标，检验结果见表 4-7。从结果中可以看出，本书所选取的变量 Chronbach α 的值为 0.549，虽然没有达到较好的效果，但也通过了信度检验，表明本书所评估的项目具有较好的一致性和可信度。

表 4-7 可靠性检验

可靠性统计	
Chronbach α	0.549
项数	14

2. 效度检验

当前结构效度分析多用因子分析来检验量表的内部效度，本书主要借助 stata 软件对本书数据来源量表进行因子分析来验证量表的内部效度。在指标方面，主要使用 KMO（Kaiser-Meyer-Olkin）检验和巴特利特球度（Bartlett test of sphericity）检验等指标进行分析，检验结果如表 4-8 所示。根据 KMO 检验标准，KMO 大于 0.5 即可进行因子分析，0.6~1 是较为理想的取值。本书的 KMO 值为 0.627，符合理想标准。另外，巴特利特球度检验在 1% 的水平上显著，拒绝相关系数矩阵为单位矩阵的零假设，证明数据可进行因子分析。以上检验均表明量表数据适合进行因子分析。

表 4-8　KMO 和巴特利特球度检验

KMO 值	0.627	
巴特利特球度检验	Chi-square	359.672
	df	91.000
	P 值	0.000

本书提取代表性的公因子，通过 stata 软件输入数据得到数据，同时为了使解释更加清晰，使代表指标更加突出，本书对所选取的因子做了因子旋转处理。经过处理后的数据如表 4-9 所示。从表中可以看出，在所选取的指标中有五个因子涵盖了大部分指标所包含的信息，所以先选取其中五个因子进行分析，后续再根据各指标荷载信息量确定具体分析因素。

主要因子的方差累计解释率比例为 54.37%，大于 0.5，说明问卷数据的因子分析效果尚可。选择方差最大法（varimax）进行因子的正交旋转，旋转后的成分矩阵如表 4-10 所示，绝大多数因子载荷结果很好，说明本问卷量表进行因子分析的效果较好。从整体来说，本次问卷数据通过了结构效度检验。

表 4-9 特征值因子旋转处理结果

成分	初始特征值			因子旋转处理后的值		
	eigenvalue	proportion	cumulative	eigenvalue	proportion	cumulative
F1	2. 326 36	0. 166 2	0. 166 2	2. 026 97	0. 144 8	0. 144 8
F2	1. 717 01	0. 122 6	0. 288 8	1. 632 99	0. 116 6	0. 261 4
F3	1. 247 03	0. 089 1	0. 377 9	1. 375 99	0. 098 3	0. 359 7
F4	1. 242 56	0. 088 8	0. 466 6	1. 375 83	0. 098 3	0. 458 0
F5	1. 078 39	0. 077 0	0. 543 7	1. 199 57	0. 085 7	0. 543 7
F6	0. 975 17	0. 069 7	0. 613 3			
F7	0. 938 24	0. 067 0	0. 680 3			
F8	0. 883 37	0. 063 1	0. 743 4			
F9	0. 752 73	0. 053 8	0. 797 2			
F10	0. 671 07	0. 047 9	0. 845 1			
F11	0. 624 00	0. 044 6	0. 889 7			
F12	0. 572 78	0. 040 9	0. 930 6			
F13	0. 539 18	0. 038 5	0. 969 1			
F14	0. 432 10	0. 030 9	1. 000 0			

表 4-10 因子正交旋转后的成分矩阵

项目	成分				
	F1	F2	F3	F4	F5
edu	0. 777 5				
occupation	0. 684 0				
significance	0. 487 8				
proportion of agricultural income		0. 696 5			
proportion		0. 566 7			
area		0. 524 6			

表 4-10（续）

项目	成分				
	F1	F2	F3	F4	F5
age		0. 122 0			
terrain			0. 799 7		
quality			0. 753 6		
sources				0. 687 1	
gender				0. 630 6	
production				0. 627 4	
destruction					0. 749 2
migrant workers					0. 538 3

第三节　农户参与耕地轮作休耕或种粮意愿影响因素的实证分析

一、模型构建

本书所分析的是农户是否愿意种粮或参与休耕政策。虽然农户的意愿受多种因素影响，但是最终只可能存在"愿意"和"不愿意"两种态度，是一个 [0，1] 的二分类变量，因此我们采用二元 logistic 回归模型对该问题进行分析。模型如下：

$$\frac{P_i}{1 + e[-(a + \beta x_i)]}$$

$$\frac{P_i}{1 - P_i} = e^{(a + \beta x_i)}$$

$$\ln(\frac{P_i}{1 - P_i}) = a + \beta x_i$$

式中，P_i 表示农户种粮或参与休耕政策的概率，x_i 表示农户种粮或参与休耕政策的第 i 个影响因素，β 表示回归系数，a 表示常数。

基于以上公式研究农户种粮或休耕意愿的影响因素，选取评价指标，变量的含义及变量赋值、预期作用方面说明见表 4-11。

表 4-11　变量释义、赋值与预期作用方向说明

一级变量	二级变量	变量的含义	预期作用方向
农户个人特征	性别	农户决策者的性别	+
	年龄	农户决策者的年龄	+
	文化程度	农户决策者的文化程度	+
	农户职业	非农户=1,兼业户=2,纯农户=3	−
	农户对轮作休耕的态度	完全无意义=1,意义较小=2,意义较大=3,非常有意义=4	+
家庭及生产经营特征	家庭特殊情况	普通农户=1,低保户=2,村干部=3	+
	家庭农业劳动力总数	从事农业生产的人数	+
耕地状况	撂荒程度	无撂荒=1,部分撂荒=2,全部撂荒=3	+
	耕地质量	重度污染=1,中度污染=2,轻度污染=3,无污染=4	−
	人均耕地面积	地块总面积与家庭人口总数之比	−
农户对国家补偿的期望状况	农户对补偿金额的满意程度	不满意=1,一般=2,满意=3,很满意=4	+
	农户对补偿给付方式的期望程度	一次性=1,按月=2,按季=3,账户形式=4	+

二、结果分析

从表 4-11 可以看出，影响农户种粮或休耕意愿的因素分为农户个人特征、农户家庭及生产经营特征、农户的耕地状况以及农户对国家补偿的期望状况四组变量。受访农户所在调研区域的农村劳

动力以中老年群体为主，大多数是男性受访者，且受访者受教育程度普遍不高，家庭经营以兼业为主。受访者希望进行轮作休耕，对轮作休耕的补偿金额不满意，对轮作休耕一次性补偿的期望较高。相关变量的描述性统计分析结果如表4-12所示。

表4-12 农户种粮或休耕意愿调查的描述性统计分析

影响因素		极小值	极大值	均值	标准差	方差
农户个人特征	性别	1	2	1.409 63	0.492 76	0.242 81
	年龄	1	5	2.875 50	0.965 41	0.932 01
	文化程度	1	4	2.132 53	0.908 35	0.825 11
	农户职业	1	2	1.522 08	0.500 52	0.250 52
	农户对轮作休耕的态度	1	4	2.658 64	0.928 90	0.862 84
家庭及生产经营特征	家庭特殊情况	1	3	0.149 20	0.465 32	0.217 42
	家庭农业劳动力总数	0	6	2.072 29	1.060 09	1.123 79
耕地状况	撂荒程度	1	3	1.975 90	0.700 97	0.491 35
	耕地质量	1	4	2.598 39	0.782 47	0.612 26
农户对国家补偿的期望状况	农户对补偿金额的满意程度	1	4	0.473 90	0.500 32	0.250 32
	农户对补偿给付方式的期望程度	1	4	1.931 73	1.099 56	1.209 03

本书依据选取的指标，运用stata软件进行运算，得出农户轮作休耕影响因素的统计结果，具体见表4-13。

表 4-13　农户种粮或休耕意愿的影响因素统计结果

影响因素		Coefficient	Std Error	z-Statistic	Prob
农户个人特征	性别	−0.168	0.350	−0.48	0.632
	年龄	0.041	0.194	0.21	0.831
	文化程度	0.143	0.220	0.65	0.517
	农户职业	−0.449	0.405	−1.11	0.267
	农户对轮作休耕的态度	0.791	0.199	3.97	0.000
家庭及生产经营特征	家庭特殊情况	−0.101	0.176	−0.57	0.566
	家庭劳动力总数	0.383	0.758	0.51	0.613
耕地状况	撂荒程度	−0.425	0.233	−1.83	0.068
	耕地质量	−0.380	0.224	−0.36	0.720
农户对国家补偿的期望状况	农户对补偿金额的满意程度	1.389	0.605	3.33	0.000
	农户对补偿给付方式的期望程度	2.016	0.259	5.36	0.001

Pseudo R^2 = 0.155 2
Prob（LR statistic = 0.0001）
Total cbs = 1 552

从模型拟合度检验的参考指标可以看出，同方差通过检验，拒绝原假设，可知显著水平为 0.000 1，Pseudo R^2 = 0.155 2，表明模型估计结果整体较为理想。

在农户个人特征方面，只有农户对轮作休耕的态度估计系数通过了 1% 的显著水平检验，表明农户越是觉得轮作休耕有意义越是愿意休耕。其原因是农户认识到采用轮作休耕有助于提高农田的生产力、减少环境破坏，同时也符合可持续农业的理念。

在农户的耕地状况方面，耕地质量估计系数通过了 10% 的显著水平检验，说明耕地质量与农户休耕意愿呈负相关关系，这表明耕地质量越好的农户越不愿意休耕。耕地撂荒程度估计系数通过了10%的显著水平检验，说明耕地撂荒程度与农户休耕意愿呈负相关关系，耕地撂荒程度越高的农户越不愿意休耕。其原因是，政策宣传力度小，休耕的补偿低，农户的相关意识薄弱，缺乏替代收入来源等。如果农户放弃耕种，就没有其他可靠的收入来源来替代，农户难以承受这样的风险。

三、结论与政策建议

粮食安全是维系社会稳定的"压舱石"，严守耕地红线任务艰巨。"藏粮于地"战略对于保障中国粮食安全的影响重大，"藏粮于地"战略能否顺利推进取决于农户轮作休耕的意愿如何。本书基于2021年6—8月和2022年6—8月在四川省、河南省、江西省和山东省发放的农户轮作休耕意愿调查问卷，使用二元logistic模型对农户参与轮作休耕意愿以及影响因素进行了分析，主要得到以下结论：

第一，在农户个人特征方面，农户对轮作休耕的态度估计系数通过了1%的显著水平检验，表明农户越是觉得轮作休耕有意义越是愿意休耕。其原因是农户认识到采用轮作休耕有助于提高农田的生产力、减少环境破坏，同时也符合可持续农业的理念。

第二，在农户的耕地状况方面，耕地质量估计系数通过了10%的显著水平检验，耕地质量与农户休耕意愿呈负相关关系，这表明耕地质量越好的农户越不愿意休耕。

第三，耕地撂荒程度估计系数通过了10%的显著水平检验，耕地撂荒程度与农户休耕意愿呈负相关关系，耕地撂荒程度越高的农户越不愿意休耕。其原因在于休耕补偿较低，缺乏替代收入来源，农户休耕的意识薄弱，且政策宣传力度不够。

　　针对以上结论，本书提出以下政策建议：首先，合理完善补偿机制。在不影响农户收益的前提下让轮作休耕顺利推行，针对不同规模的农户采用不同的补偿方式，明确补偿对象，做到"因村施策、因户施策、因人施策"。其次，合理宣传和引导农户参与轮作休耕。从实证结果中可以看到，农户的受教育程度和对政策的了解程度等都会影响农户的轮作休耕意愿。农户的文化程度不可能在短时间内得到提升，但是政府可以通过培训和思想引导来提升农户的认识，提高其对轮作休耕的接受程度。

第五章

"藏粮于地"战略的实施:

四川案例

四川省位于中国西南腹地、长江流域上游地区，是长江流域生态环境脆弱区之一，自然灾害频繁，人地矛盾突出，土地资源承载压力巨大，土地面积 48.61 万平方千米，约占全国的 5.10%，仅次于新疆、西藏、内蒙古和青海等省份。2022 年末总人口 8 374.00 万人，位居西部第一、全国第五，是典型的农业和人口大省，是中国重要的粮油生产基地。四川山地、丘陵面积大（约占 90% 以上），平原面积小（仅占约 5.30%）。

第一节　四川省耕地资源与粮食生产状况

四川省位于中国西南腹地、长江流域上游地区，是长江流域生态环境脆弱区之一，自然灾害频繁，人地矛盾突出，土地资源承载压力巨大，土地面积 48.61 万平方千米，约占全国的 5.10%，仅次于新疆、西藏、内蒙古和青海等省份。2022 年末总人口 8 374.00 万人，位居西部第一、全国第五，是典型的农业和人口大省，是中国重要的粮油生产基地。四川山地、丘陵面积大（约占90%以上），平原面积小（仅占约 5.30%）。根据《四川省第三次全国国土调查主要数据公报》的数据，2019 年，四川省耕地面积为 522.72 万公顷，其中，2 度以上坡度的耕地450.15 万公顷，占全省耕地总面积的 86.12%，2 度及以下坡度的耕地 72.57 万公顷，仅占 13.88%[①]。四川省也是长江上游最主要的侵蚀区，近年来在自然和人为因素的综合影响下，全省非农占地、自然灾害和水土流失相当严重，人均耕地面积已由新中国成立初期的 0.11 公顷下降到 2022 年的 0.06 公顷，低于全国平均水平，也低于联合国粮食及农业组织（FAO）所确定的人均耕地面积 0.08 公顷的警戒线。同时，四川省耕地后备资源相当匮乏，未利用土地利用难度较大，荒草地可开垦为耕地的

---

① 四川省自然资源厅. 四川省第三次全国国土调查主要数据公报 [N/OL]. (2022-01-18) [2024-08-30]. https://dnr.sc.gov.cn/scdnr/scsdcsj/2022/1/18/3e1bc5eb55db44628498b5db740eac 5b.shtml.

不多，且多分布于气候、土质、交通条件较差，开垦非常困难的川西南山地和川西北高原等边远山区，盆地区基本已无可开垦荒地。其他盐碱地、沼泽地、沙地、裸土地等可利用土地在目前经济技术水平下已难以有效利用。如何实现四川省耕地资源可持续利用，保障国家粮食安全，已经成为当前亟待解决的重大问题。

一、四川省耕地资源状况

1952 年，四川省耕地面积为 547.85 万公顷，1957 年增加到 569.13 万公顷，增幅 3.88%。1957 年耕地面积为最高点，之后呈逐年下降趋势，2003 年下降到 390.37 万公顷。2004—2013 年在 390.37 万~401.70 万公顷区域波动，但波动幅度不大。人均耕地面积在 0.048~0.049 公顷之间。2014 年，统计口径和测量技术发生变化，四川省耕地面积大幅增加至 673.40 万公顷，增幅达 68.33%，但随后几年耕地面积逐年减少。根据全国第三次国土调查的数据，2019 年，四川省耕地面积为 522.72 万公顷，比 2009 年全国第二次土地调查时减少 149.28 万公顷，减幅为 22.20%，减少量居全国第一位。2022 年，四川省耕地面积为 520.99 万公顷，人均耕地面积为 0.06 公顷。具体见图 5-1。

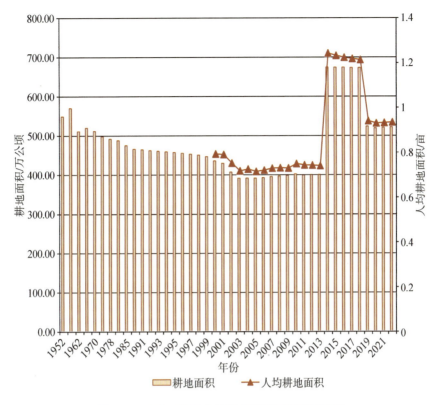

图 5-1 1952—2022 年四川省耕地面积变化情况

资料来源：历年《四川统计年鉴》。历史原因，1952—1985 年数据统计不完整、不连续。自 2014 年起，耕地面积数据由四川省自然资源厅提供；2019 年后为第三次全国国土调查后定案数。

2022 年，四川省人均耕地面积 0.06 公顷，低于全国 0.09 公顷的平均水平，粮食总产量在 3 510.55 万吨左右，但粮食消费量达 5 300.00 万吨以上，从以前的粮食输出大省转变为粮食输入大省，每年需要从外部调入粮食 1 800.00 万吨以上。四川省作为西部地区唯一的粮食主产省份，确保省内粮食总量平衡、实现基本自给，是四川作为粮食主产省份的责任担当。因此，四川省委、省政府始终把粮食安全工作放在社会与经济发展的首要位置上，加强统筹协调、周密安排部署，确保全省粮食播种面积只增不减，牢牢把握粮食安全主动权。2022年，在全国13个粮食主产省份中，耕地面积最多的是黑龙江，为1 713.13万公顷，也是粮食产量最大的省份，为7 763.14万吨。四川省耕地面积为520.99万公顷，排名第五位；粮食产量3 510.55万吨，排名第九位。具体见表5-1。四川省农作物播种面积1 022.74万公顷，其中粮食播种面积646.35万公顷，占四川省农作物播种面积的63.20%，在全国13个粮食主产省份中，粮食播种面积占农作物播种面积的排名为第11位，表明四川省耕地"非粮化"倾向较严重。2022年6月8日，习近平总书记来川视察时强调，成都平原自古有"天府之国"的美誉，要严守耕地红线，保护好这片产粮宝地，把粮食生产抓紧抓牢，在新时代打造更高水平的"天府粮仓"。这是继2018年习近平总书记来川视察时提出"把四川农业大省这块金字招牌擦亮"之后，赋予四川的又一全新战略定位。2022年，四川省粮食产量为3 510.55万吨，较2021年减少2.00%。2023年7月27日，习近平总书记在四川考察时指出，要巩固脱贫攻坚成果，把乡村振兴摆在"治蜀兴川"的突出位置上，更好地扛起粮食、生猪、油料等重要农产品稳产保供责任。要抓住种子和耕地两个要害，加强良种和良田配套，打造新时代更高水平的"天府粮仓"。

表5-1　2022年全国13个粮食主产省份耕地面积与粮食产量

省份	耕地面积/万公顷	农作物播种面积/万公顷	粮食播种面积/万公顷	粮食产量/万吨	粮食播种面积占农作物播种面积比例/%
河北	601.12	811.40	644.38	3 865.10	79.42
内蒙古	1 156.11	875.07	695.18	3 900.60	76.44
辽宁	515.67	432.69	356.15	2 484.50	82.31
吉林	744.43	622.64	578.51	4 080.80	92.91
黑龙江	1 713.13	1 520.94	1 468.32	7 763.14	96.54

表 5-1（续）

265

第五章 『藏粮于地』战略的实施：四川案例

省份	耕地面积/万公顷	农作物播种面积/万公顷	粮食播种面积/万公顷	粮食产量/万吨	粮食播种面积占农作物播种面积比例/%
江苏	409.12	753.42	544.44	3 769.10	72.26
安徽	555.09	893.36	731.42	4 100.10	81.87
江西	271.28	573.05	377.64	2 151.90	65.90
山东	645.64	1 096.41	837.22	5 543.80	76.36
河南	753.49	1 471.15	1 077.84	6 798.40	73.27
湖北	469.80	819.19	468.90	2 741.10	57.24
湖南	365.42	859.15	476.55	3 018.00	55.47
四川	520.99	1 022.74	646.35	3 510.55	63.20

资料来源：笔者根据各省份统计年鉴整理。

二、四川省粮食和重要农产品生产情况

（一）四川省粮食产量变化情况

1983 年，四川省粮食总产量首次突破 3 000.00 万吨，1997 年创历史新高，达到 3 668.40 万吨（至今仍未被突破），之后四川省粮食总产量开始大幅度下滑，特别是 2001 年（2001 年四川省粮食总产量为 3 056.54 万吨，比 2000 年下降 511.96 万吨），直到 2006 年以后，四川省粮食总产量才开始逐渐增加。

2000—2022 年，四川省粮食产量总体呈现增长态势，但增长缓慢。这 23 年的粮食产量变化（见图 5-2、图 5-3、图 5-4）大致可分为两个阶段：

第一阶段（2000—2006 年）：粮食产量大幅波动。2000 年，粮食产量为 3 568.50 万吨，2006 年下降到 2 859.80 万吨，跌破了 3 000.00 万吨关口，减产 19.86%。这一时期粮食产量的波动基本上是粮食播种面积和单位面积产量的波动共同造成的。当然，2001

年和 2006 年历史上罕见的严重旱灾对粮食产量也造成了严重影响。2000 年粮食播种面积为 685.40 万公顷，2006 年减少到 644.90 万公顷，减幅 5.90%；粮食单位面积产量由 2000 年的 5 206.40 千克/公顷减少到 2006 年的 4 434.60 千克/公顷，减少 14.80%。

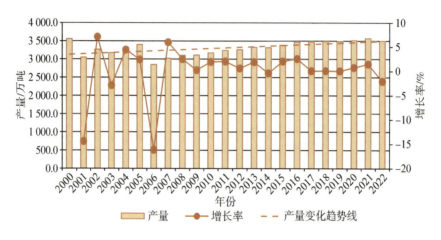

图 5-2　2000—2022 年四川省粮食产量变化及趋势

资料来源：历年《四川统计年鉴》。

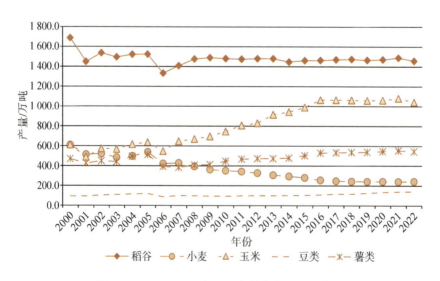

图 5-3　2000—2022 年四川省粮食产量变化情况

资料来源：历年《四川统计年鉴》。

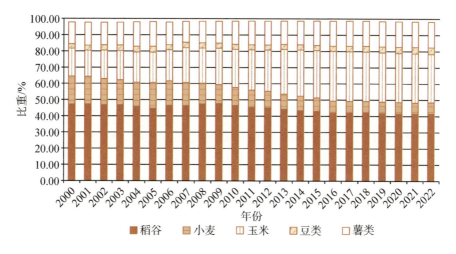

图 5-4　2000—2022 年四川省主要粮食品种占粮食产量比重的变化

资料来源：历年《四川统计年鉴》。

分品种来看，稻谷始终是四川省第一大粮食作物，产量远高于其他粮食品种，在粮食总产量中的占比在 40.00% 以上。2000—2006年，减产最多的是稻谷，减产稻谷占粮食总量的 50.00%，但由于基数大，减幅为 20.99%，仅次于小麦；小麦、玉米、豆类、薯类减幅分别为 30.54%、10.53%、6.65% 和 16.18%。

第二阶段（2007—2022 年）：粮食产量稳定增长（2014 年略有下降），除小麦减产外，其他粮食品种同步增产。这一时期播种面积变化不大，单位面积产量的提高对粮食增产起到了极大的促进作用。粮食产量从 2006 年的 2 859.80 万吨增加到 2022 年的 3 510.55万吨，增产 22.76%；粮食播种面积从 644.90 万公顷增加到 646.35万公顷，仅增加 0.22%；粮食单位面积产量从 4 434.60 千克/公顷增加到 5 431.30 千克/公顷，增加 22.48%。

分品种来看，玉米成为推动粮食增产的主要力量，并稳定成为四川省第二大粮食作物。16 年间，玉米增产 494.30 万吨，增幅 89.60%，对粮食增产的贡献度达到 75.96%；稻谷增产 125.3 万吨，增幅 9.37%，对粮食增产的贡献度为 19.26%；薯类增产 153.40 万吨，增幅 38.63%，对粮食增产的贡献度为 23.57%；豆类增产 53.90 万吨，增幅 58.84%，对粮食增产的贡献度为 8.28%；小麦减产 295.50 万吨，减幅 54.41%。

从总体来看，2000—2022 年的 23 年，四川省粮食产量虽然呈现增长态势，占全国粮食产量的比重却从 7.72% 下降到 5.11%（见图 5-5），位次也从全国第二位下降到第九位①。但是，2022 年四川省粮食产量仍然没有回归到 2000 年的产量，共减产 58.00 万吨，减幅 1.63%。玉米增产明显，主要得益于播种面积的扩大和单位面积产量的提高，23 年间共增产 429.40 万吨，增幅 69.64%；薯类和豆类也有一定程度增长；小麦和稻谷减产，其中小麦减产最多，为 366.70 万吨，减幅 59.69%；稻谷减产 230.00 万吨，减幅 13.59%。2006 年的产量 2 859.80 万吨，为 23 年间最低。在粮食播种面积略有减少②、粮食价格上涨③的背景下，2006 年粮食总产量比 2005 年减少 16.10%、单位面积产量减少 15.40%。如果说特大干旱是导致

---

① 2000 年，山东省粮食产量为 3 837.70 万吨，排全国第一位；四川省粮食产量为 3 372.00 万吨，排第二位。2022 年，黑龙江（7 763.14 万吨）、河南（6 789.40 万吨）、山东（5 543.80 万吨）、安徽（4 100.10 万吨）、吉林（4 080.80 万吨）、内蒙古（3 900.60 万吨）、河北（3 865.10 万吨）、江苏（3 769.10 万吨）、四川（3 510.55 万吨）粮食产量分列全国前九位。

② 2006 年粮食播种面积比 2005 年减少 5.30 万公顷，减少 0.08%。

③ 2006 年，稻谷、小麦、玉米三种粮食每 50 千克主产品平均出售价格比 2005 年上涨 4.63 元，涨幅 6.87%。参见：国家发展和改革委员会价格司. 全国农产品成本收益资料汇编（2007）[G]. 北京：中国统计出版社，2007：6，21，24.

2006 年粮食减产的主要原因①，那么之后几年无自然灾害②的情况下粮食产量应很快回归到 2005 年的水平，但是一直到 2015 年才实现回归，由此我们认为，2006 年的大幅度减产并不仅仅是自然灾害的原因，一定还有其他因素的影响，至于到底是什么因素，有待学者做进一步的深入研究。

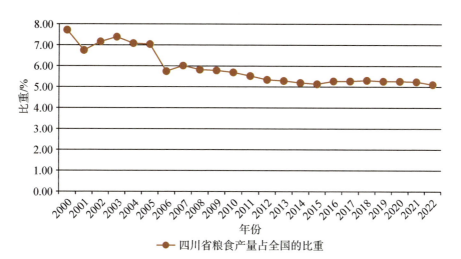

图 5-5　2000—2022 年四川省粮食产量占全国的比重

资料来源：历年《四川统计年鉴》和《中国统计年鉴》。

从人均粮食产量来看，四川省人均粮食产量从 2000 年的 414.85 千克增加到 2022 年的 419.21 千克，23 年间仅增加了 4.36 千克，年均仅增加 0.19 千克。

---

　　①　2006 年受灾面积和成灾面积分别为 156.60 万公顷和 21.60 万公顷，分别为 2005 年的 53.20% 和 18.00%。

　　②　实际上，2008 年汶川特大地震当年，四川省粮食总产量与单位面积产量仍然比上年增长 3.70% 和 4.00%；2013 年芦山地震当年，四川省粮食总产量与单位面积产量仍然比上年增长 2.20% 和 2.10%。

(二) 四川省粮食种植面积变化情况

2000—2022年，四川省粮食作物播种面积总体上呈现下降趋势（见图5-6），由2000年的685.45万公顷减少到2022年的646.35万公顷，减少5.70%，并在2003年出现最低值608.88万公顷。2010年后，播种面积呈现恢复性增长，但增长缓慢。

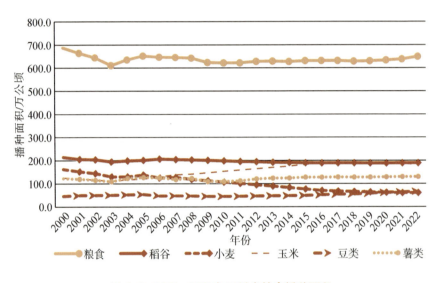

图5-6　2000—2022年四川省粮食播种面积

资料来源：历年《四川统计年鉴》。

分品种来看，稻谷的播种面积总体上持续下降。2013年之前，稻谷的播种面积基本上保持在200.00万公顷左右。2013年，播种面积减少到190.50万公顷，并在2020年出现最低值186.60万公顷。玉米的播种面积则呈现出快速上升趋势，由2000年的123.50万公顷上升至2022年的180.00万公顷，尤其是2005年之后呈现出强劲的上升趋势，2016年达到186.60万公顷，此后略有下降。小麦的种植面积与玉米的种植面积呈现出一种相反的趋势。2000年，小麦的种植面积为 160.50 万公顷，此后快速下降，2022 年仅为 58.10 万公顷，比 2000 年下降 63.80%，是主要粮食品种中播种面积下降最快的粮食作物。豆类和薯类的种植面积在 2000 年到 2022 年期间总体上保持稳定，大豆的种植面积保持在 40.00 万到 65.00 万公顷之间，薯类的种植面积保持在 120.00 万公顷左右。

（三）四川省主要粮食作物单位面积产量变化情况

与粮食总产量的变化趋势相同，2000—2022 年，粮食单位面积产量的变化（见图 5-7）也可分为两个阶段。第一阶段为 2000—2006 年，除 2001 年和 2006 年粮食单位面积产量有较大幅度下降外，其余年份粮食单位面积产量缓慢增长，但增幅不大。2006 年粮食单位面积产量比 2000 年减少 488.39 千克/公顷，减幅 9.38%。这一时期粮食单位面积产量增长率大幅波动，上下震荡幅度超过 20.00%。第二阶段为 2007—2022 年，粮食单位面积产量基本上呈现缓慢的稳定上升态势（2014 年和 2022 年略有减产）。2022 年粮食单位面积产量比 2006 年增加 996.70 千克/公顷，增幅 22.48%。粮食单位面积产量增长率小幅波动，但波动幅度已明显收窄。23 年间，有 17 年粮食单位面积产量增产，6 年减产，增产与减产的年份分别占整个时期的 73.91% 和 26.09%。

2006 年以前，四川省粮食单位面积产量一直高于全国平均水平，但 2006 年以后，除 2009 年、2010 年、2011 年、2016 年和 2017 年外，其余年份均低于全国平均水平（见图 5-8）。一方面，它说明四川省粮食生产"靠天吃饭"的问题还没有完全解决；另一方面，它说明四川省粮食生产仍然有较大的增产潜力。

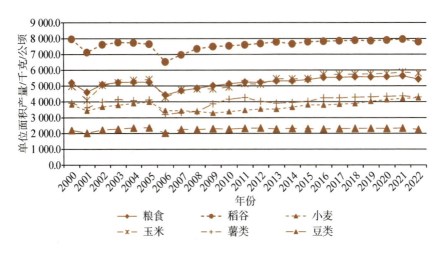

图 5-7　2000—2022 年四川省粮食单位面积产量变动趋势

资料来源：历年《四川统计年鉴》。

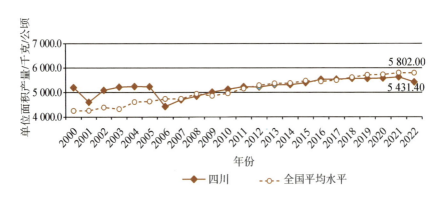

图 5-8　2000—2022 年四川省粮食单位面积产量与全国平均水平的比较

资料来源：历年《四川统计年鉴》和《中国统计年鉴》。

我们据此进行综合分析，认为四川省粮食产量的变化主要表现出如下特点：①单位面积产量的提高已经成为支撑四川省粮食增产的主要因素。2000—2022年，四川省粮食共减产58.00万吨，其中播种面积减少的作用为−245.40%，单位面积产量增加的贡献度为154.20%。②化肥施用量和其他物质投入的增加，对于单位面积产量的提高发挥了重要作用。化肥施用量越多，单位面积产量就越高。③尽管玉米已经超过稻谷成为支撑四川省粮食增产的主要品种，但相对于其他品种而言，稻谷产量基数大，单位面积产量也远高于其他品种，因此稻谷更有可能成为导致粮食减产的主要品种。④粮食增产已经越来越取决于科技进步和基础设施建设。⑤经营效益和比较利益对粮食生产投入或粮食增产的决定作用显著增强。

（四）四川省蔬菜生产情况

四川省是全国重要的蔬菜产区，是"南菜北运"和冬春蔬菜生产基地。经过多年的发展，蔬菜已成为四川省种植业中播种面积最大、产出量最大的经济作物，面积、产量均居全国前列，不仅保障了全省人口的蔬菜基本需求，而且常年外销到全国各地，有效保障了全国蔬菜市场供应。2000—2022年，鲜菜（含食用菌）产量从2 312.56万吨增长到5 198.70万吨，增长了124.80%；播种面积从85.86万公顷增加到154.20万公顷，增长了79.60%（见图5-9）。2022年鲜菜播种面积、产量均居全国第五位。

图 5-9　2000—2022 年四川蔬菜及食用菌产量和播种面积变化

数据来源：2000—2021 年数据来源于《四川统计年鉴（2001—2022）》，2022 年数据来源于《四川 2022 年统计公报》。

（五）四川省生猪生产情况

四川省是全国生猪养殖第一大省，也是猪肉消费大省，除自身消费外，每年还要大量外调以支援外省。2000—2022 年，受猪养殖周期以及非洲猪瘟的影响，生猪出栏头数、猪肉产量波动幅度较大。2022 年，生猪出栏 6 548.40 万头，占全国的 9.36%；猪肉产量 477.99 万吨，占全国的 8.63%。具体见图 5-10。据测算，四川省年生猪需求量约 4 400.00 万头，其余 2 000.00 余万头为全国猪肉保供作出了贡献。

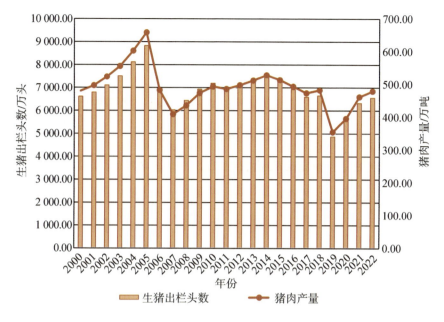

图 5-10　2000—2022 年四川生猪出栏和猪肉产量变化

数据来源：2000—2021 年数据来源于《四川统计年鉴（2001—2022）》，2022 年数据来源于《四川 2022 年统计公报》。

（六）四川省油菜生产情况

四川省是油菜生产和菜籽油消费第一大省，油菜产业比较优势突出，区域特色明显，具备良好的产业发展基础和多元消费支撑。2000—2022 年，油菜播种面积从 77.70 万公顷增加到 150.00 万公顷，增长 93.10%，占全国的比重从 10.37% 增加到 20.64%；油菜籽产量从 137.50 万吨增加到 354.10 万吨，增长 157.50%，占全国的比重从 12.08% 增加到 22.70%（见图 5-11）。2017 年以来，四川省油菜籽产量已连续 6 年居全国第一位。

2018 年，四川省启动实施"天府菜油"行动，聚焦"做优品牌、做强基地、做大产业、做好融合"四大目标，实施"品牌培育、基地提升、产能优化、产业融合、科技创新"五大工程，深挖浓香菜籽油特色优势，以"天府菜油"省级区域公共品牌建设作为振兴川油产业的重要抓手，闯出一条"川"字号特色优质粮油产业高质量发展新路。"天府菜油"连续三年上榜"中国粮油影响力公共品牌"，被评为"十佳公共品牌"，入选"新华社民族品牌工程"，四川油菜产业链被农业农村部列为全国唯一的油菜全产业链重点链，入选2022年全国优势特色产业集群建设名单，川油产业综合产值突破650亿元。虽然"天府菜油"行动取得了成效，但企业规模小、竞争力弱、油菜产业大而不强的形势并未发生根本性改变。

图 5-11 2000—2022 年四川省油菜产量和播种面积变化

资料来源：2000—2021 年数据来源于《四川统计年鉴（2001—2022）》，2022 年数据来源于《四川 2022 年统计公报》。

第二节　四川省高标准农田建设与地力提升情况

　　高标准农田建设是落实"藏粮于地"战略的重要方式与手段。通过农村土地整治，形成"土地平整、土壤肥沃、集中连片、设施完善、农田配套、高产稳产、生态良好、抗灾能力强"的高标准农田，不仅能够提高耕地质量，提升土壤肥力，不断满足国民对农产品的持续需求，也可为保障国家粮食安全提供重要的基础支撑。2008 年以来，国家在多个中央一号文件中提到建设高标准农田，并在实践中加快推进速度，旨在通过高标准农田建设达到耕地稳产高产、保障粮食安全、方便机械化作业、抗灾能力强、减少生态环境破坏等目的，体现出中央政府对高标准农田建设的高度重视。

一、四川省高标准农田建设与地力提升的基本情况

（一）四川省高标准农田建设和耕地地力提升的背景

　　四川省是农业大省，近几年粮食产量居全国第九位，但自身粮食缺口巨大，常年需要"引粮入川"来保障粮食供需平衡。随着城镇化、工业化进程的加快，以及不合理耗用制度和管理措施的应用，四川省耕地保护面临巨大挑战。一是中低产田比重大，土壤退化和污染严重。在全省耕地中，25 度以上陡坡耕地和河道、湖区、林区、牧区耕地及石漠化荒漠化耕地有 47.75 万公顷（716.30 万亩），难以长期利用。耕地地力较差，中低产田占全省耕地面积的61.80%，而且土壤重金属污染问题日益突出，粮食持续增产难度大。二是农业面源污染长期存在。禽畜粪污处理任务重、压力大，种养业循环发展的基础设施薄弱，化肥、农药持续减量空间有限。三是农村人口老龄化问题突出。据《四川省第三次全国农业普查主

要数据公报（第五号）》，在四川省农业生产经营人员中，55 岁及以上人员占比 38.10%，比全国平均值高出 4.50 个百分点；初中及以下学历人员占比 94.90%，比全国平均值高出 3.10 个百分点，其中未上过学的占 9.00%，比全国平均值高出 2.60 个百分点。农业劳动力老龄化趋势明显且受教育年限低和接受新技术的能力有限，种粮方式粗放，致使四川省面临严峻的"谁来种地"困局。从总体来看，四川省农田的地力状况和生态质量都不容乐观。通过加强高标准农田建设和管护，提升耕地质量，提升农业科技应用和农业机械化耕种水平，有利于提升四川省粮食综合生产能力和推动农业可持续发展。

四川省耕地质量低于全国平均水平。其中，成都平原、四川盆地浅（缓）丘平坝、安宁河谷等处主要为一至三等地，以水稻土为主，没有明显障碍因素。四川盆地的丘陵区、秦巴山区低山丘陵区等处主要为四至六等地，以紫色土地、黄壤为主，基础地力中等，灌溉条件一般，部分耕地质地偏黏，存在酸化、障碍层次等障碍因素。乌蒙山区、秦巴山区、大小凉山和龙门山区等处主要为七至十等地，以黄棕土、石灰（岩）土为主，立地条件较差，土层浅薄，砾石含量高，存在酸化、瘠薄、潜育化、障碍层次等障碍因素。从总体来看，四川省耕地质量以中低产田土为主，占耕地面积的一半以上。按照中低产田耕地质量平均提高 1 个等级、单位面积产量增加 1 500.00 千克/公顷左右计算，可以实现新增粮食综合生产能力 500.00 万吨，相当于在 2022 年全省粮食总产量的基础上增产 14.24%。

为了提升耕地质量，提高粮食综合生产能力，2009 年，四川省委九届六次全会提出了"新建 1 000 万亩高标准农田""新增 100 亿斤粮食生产能力"的目标。2011 年，四川省人民政府印发了全国第一个省级高标准农田建设规划《四川省建设 1 000 万亩高标准农田工程规划纲要（2011—2015 年）》（川府发〔2011〕9 号），提出在"十二五"规划期间全省 100 个粮食主产县建设 1 000 万亩高标准农田，相当于再造一个成都平原良田，这对于全省新增 50 亿千克粮食生产能力建设、促进农民增收具有重要意义①。同时，四川省人民政府建立了高标准农田建设联席会议制度，召开高标准农田建设工作会议，配套下发了高标准农田建设标准、验收认定、项目整合等方面的配套文件，强力推进高标准农田建设。2013 年 3 月16 日，《国家高标准农田建设规划》出台后，四川省发布了《四川省高标准农田建设总体规划（2011—2020 年）》，提出了高标准农田建设的具体目标和要求②。2020 年，四川省人民政府办公厅发布《关于切实加强高标准农田建设　巩固和提升粮食安全保障能力的实施意见》，明确提出到 2020 年累计建成 295.33 万公顷（4 430.00万亩）集中连片、旱涝保收、宜机作业、节水高效、稳产高产、生态友好的高标准农田；到 2022 年，建成 333.33 万公顷（5 000.00万亩）高标准农田，稳定保障全省粮食年产量 3 500.00 万吨（700.00 亿斤）以上；到 2035 年，全省高标准农田保有量进一步提高，权责明确、主体多元、保障有力的长效管护机制基本形成，粮食等重要农产品安全保障能力不断夯实③。

中央政府对于高标准农田建设的关注度非常高，2013 年就出台

---

① 四川省人民政府关于印发建设 1 000 万亩高标准农田工程规划纲要（2011—2015 年）的通知 [EB/OL]. (2011-06-10) [2024-08-30]. https://www.sc.gov.cn/zfgbdb/detail/6af04591c2014c37851949a6bd7b2881.shtml.

② 四川省人民政府关于四川省高标准农田建设总体规划（2011—2020 年）的批复（川府函〔2014〕117 号）[EB/OL]. (2014-06-28) [2024-08-30]. https://www.sc.gov.cn/10462/10883/11066/2014/6/28/10306064.shtml.

③ 四川省人民政府办公厅关于切实加强高标准农田建设　巩固和提升粮食安全保障能力的实施意见 [EB/OL]. (2020-07-31) [2024-08-30]. https://www.sczwfw.gov.cn/art/2020/7/31/art_15330_108503.html？areaCode=510000000000.

了《国家高标准农田建设规划》，2021 年 9 月 6 日又印发了《全国高标准农田建设规划（2021—2030 年）》。丘陵地区最常见的地形是山地，存在耕地分散、供水设施不完善、土地锁水能力弱、水土流失情况严重等各种不利于粮食产量提升的问题，但通过建设梯田、完善交通设施、提高土地厚度等手段，以玉米、油菜等农产品产量提升为目标建设高标准农田，可突破山地的地理局限，粮食单位面积产量能达到 12 750.00 千克/公顷。

根据《全国高标准农田建设规划（2021—2023 年）》，2025 年之前，中国要实现建设 10.75 亿亩高标准农田的目标，而在 2030 年，这一数据要增加到 12.00 亿亩。其中，2021—2022 年，至少要新增 2.00 亿亩高标准农田；2023—2030 年，平均每年至少要新增 2 500.00 万亩高标准农田，并且每年通过复垦、修复、改造等手段建设的高标准农田要达到 3 500.00 万亩。其中，四川省要确保 2025 年累计建成高标准农田 5 726.00 万亩，并在同年累计改造 598.00 万亩农田；争取在 2030 年累计建成 6 353.00 万亩高标准农田、改造 1 594.00 万亩农田。最新制定的四川省高标准农田建设规划主要指标如表 5-2 所示。

表 5-2　四川省高标准农田建设主要指标（2021—2030 年）

单位：万亩

指标		目标值	
		2025 年	2030 年
高标准农田保有量		5 726.00	6 353.00
其中	累计新建高标准农田面积	1 230.00	1 857.00
	已建高标准农田累计改造提升面积	598.00	1 594.00
	累计新增高效节水灌溉面积	221.00	406.00

资料来源：《四川省高标准农田建设规划（2021—2030 年）》。

《全国高标准农田建设规划（2021—2030 年）》指出，政府将加大对高标准农田建设的投入保障力度，针对高标准农田建设设计各个方面的投入保障机制。每个地区都要持续调整支出结构，把高标准农田建设摆在政府工作的重要位置上，及时安排资金，明确地方责任，根据高标准农田的建设目标、成本的发展方向，为政府提供的每项投入资金提供保障。省级政府要充分发挥自身的职能，主动承担地方投入责任，对土地出让收入的使用范围进行相应的合理优化，将更多的土地出让收入投入农业农村中，为高标准农田建设提供资金保障。支持部分经济发展水平较高的地区在国家出台的投资标准之上，适当扩大投入规模，让高标准农田建设不会因为资金匮乏而陷入停滞。2024 年的中央一号文件《中共中央　国务院关于学习运用"千村示范、万村整治"工程经验　有力有效推进乡村全面振兴的意见》明确提出，"适当提高中央和省级投资补助水平，取消各地对产粮大县资金配套要求，强化高标准农田全过程监管，确保建一块成一块"。这项政策极大地减轻了基层政府对高标准农田建设资金配套的负担。

国务院办公厅对高标准农田建设非常重视，2019 年就针对高标准农田建设及中国的粮食安全下发了《国务院办公厅关于切实加强高标准农田建设　提升国家粮食安全保障能力的意见》（国办发〔2019〕50 号），强调要进一步提升财政投入力度，同时构建和完善高标准农田建设投入长效机制，并要求各级政府要基于地方发展实情，对财政支出结构进行相应的调整，将农田建设摆在政府工作的重要位置上，对高标准农田建设目标、成本的变化趋势进行动态跟踪，确保其不会因为资金不足而陷入停滞。适当增加土地出让收入对高标准农田建设的投入倾斜，各级政府要基于规定的要求保质保量落实支出责任，省级财政要对资金支出情况进行监督。此外，还指出要拓宽融资渠道，丰富融资模式。政府要扮演好领路人的角色，通过资金补贴、优惠政策等各种手段为高标准农田建设提供保障支撑。地方政府也要采取有效措施吸引社会资本流入高标准农田建设过程中。在合理控制政府债务规模的前提下，支持开发性、政策性金融机构推出针对性的服务，为高标准农田建设提供支持，调动商业金融机构针对高标准农田建设提供贷款的积极性。进一步弥补政银担保合作机制的不足，确保信贷担保政策能够落到实处。要认可并支持政府在债务限额内采取发债券的方式筹备资金，为高标准农田建设提供资金支持。部分经济发展水平相对较高的地区，可以先行垫付部分资金用于高标准农田建设，然后再通过发行债券的方式募集资金及时归还，确保高标准农田建设进度不受影响。此外，还要与国外金融机构加强合作，尝试借助国外贷款为高标准农田建设提供资金保障。

2022年1月，四川省农业农村厅以一号文件的形式印发了《四川省高标准农田建设规划（2021—2030年）》，该规划提出要对与公共财政相关的投入保障机制作出调整与升级，以此吸引中央财政投入更多资金。与此同时，各地政府也要履行自身的职责，让筹备到的资金发挥其最大化效益及效率，尊重农民意愿，维护农民权益，积极引导农民、新型农业经营主体以及各种农业企业的社会资本、农村的本土组织等参与到高标准农田的管护及建设工作中，形成"共建一块田、共保一碗粮"的工作合力①。该规划也提出了四川省2021—2030年的高标准农田建设任务，见表5-3。

---

① 四川省高标准农田建设规划（2021—2030年）（川农发〔2022〕1号）[EB/OL].（2022-01-17）[2024-08-30]. https://www.sc.gov.cn/10462/c108551/2022/1/17/247ddfe4509b46ab83 52fa1325bad5e.shtml.

表 5-3　四川省全省及各市（州）高标准农田建设任务（2021—2030 年）

单位：万亩

全省、市(州)、县(市、区)	2021—2030 年新建高标准农田面积			2023—2030 年改造提升高标准农田面积		
	合计	2021—2025 年	2026—2030 年	合计	2023—2025 年	2026—2030 年
四川省	1 857.00	1 230.00	627.00	1 594.00	598.00	996.00
成都市	112.65	77.85	34.80	100.00	37.51	62.49
自贡市	57.64	37.39	20.25	44.41	16.66	27.75
攀枝花市	19.99	14.24	5.75	5.35	2.00	3.35
泸州市	130.20	83.33	46.87	127.43	47.80	79.63
德阳市	63.36	45.03	18.33	106.88	40.10	66.78
绵阳市	123.57	82.86	40.71	135.10	50.69	84.41
广元市	95.90	64.82	31.08	92.28	34.62	57.66
遂宁市	72.88	47.20	25.68	105.54	39.60	65.94
内江市	95.89	60.55	35.34	42.42	15.91	26.51
乐山市	61.06	48.96	12.10	74.81	28.06	46.75
南充市	175.16	110.61	64.55	128.19	48.10	80.09
宜宾市	127.22	81.51	45.71	126.88	47.61	79.27
广安市	89.05	58.58	30.47	57.81	21.69	36.12
达州市	172.35	108.84	63.51	101.23	37.98	63.25
巴中市	111.66	70.51	41.15	94.38	35.40	58.98
雅安市	17.35	15.59	1.76	26.24	9.85	16.39
眉山市	58.41	39.40	19.01	82.82	31.07	51.75
资阳市	77.37	48.85	28.52	56.14	21.06	35.08
阿坝藏族羌族自治州	38.72	27.50	11.22	0.39	0.15	0.24
甘孜藏族自治州	17.97	16.53	1.44	4.58	1.71	2.87
凉山彝族自治州	138.60	89.85	48.75	81.12	30.43	50.69

资料来源：《四川省高标准农田建设规划（2021—2030 年）》。

（二）四川省高标准农田建设成效

进入"十二五"规划时期以来，四川省建成高标准农田277.93万公顷（4 169.00万亩），占耕地总面积的41.30%，处于全国中等偏上水平，在西南地区位于前列。高标准农田建设使农田排灌能力和灌溉保证率大幅提升，主要农作物耕播收综合机械化水平明显提高，比全省平均水平高出10个百分点，耕地生产能力也得到了大幅提升①。通过优化化肥科学施用、推广测土配方施肥和水肥一体化技术、扩大有机肥替代化肥等技术手段，开展地力培肥，耕地平均地力水平提高0.63个等级，2011—2022年全省粮食增产261.00万吨，增幅8.03%。同时，四川省的水土流失问题也得到了有效遏制，土壤侵蚀量减少75%以上，侵蚀模数降低1~2个等级，综合治理度达到85%以上。节水灌溉加快发展。通过加强小型农田水利建设，以渠道防渗建设为重点，推广低压管道灌溉、喷灌、微灌等高效节水灌溉技术，全省节水灌溉面积达到170.27万公顷（2 554.00万亩）。农业产业基地规模不断扩大，产村融合程度大幅提升。建成优质粮食生产基地133.20万公顷（1 998.00万亩），现代农业产业基地70.00万公顷（1 050.00万亩），新农村产业发展基地23.00万公顷（345.00万亩）；在高标准农田建成区建成农业主题公园12个，休闲农业景区156个，休闲农庄378个，休闲农业专业村1 200多个；围绕高原地区、凉山彝区、秦巴山区、乌蒙山区四大地区，建成高标准农田88.87万公顷（1 333.00万亩），产业扶贫基地24.00万公顷（360.00万亩以上），促成项目区14.60万人口就地

---

① 四川省农业农村厅. 扎实推进高标准农田建设 为"擦亮农业大省金字招牌"作出贡献：四川省高标准农田建设工作综述［J］. 中国农业综合开发，2021（7）：11-15.

就业，年人均增收 1 000 元以上，打造项目区农户脱贫致富的重要增收途径。

构建了经费来源多元投入机制，资金投放效应大幅提升。一是加大财政支持力度。在积极争取中央财政支持的同时，四川省各级财政加大对高标准农田建设的支持力度，完善财政资金管理制度和办法，加强资金监管。二是加强资金整合。2018 年，四川省人民政府出台《关于探索建立涉农资金统筹整合长效机制的实施意见》(川府发〔2018〕31 号)，旨在打破部门和行业界限，加强涉农资金统筹整合，提高财政资金使用绩效。三是创新投融资机制。鼓励和支持社会资本、金融资本、新型农业经营主体建设高标准农田，社会资本平均每年投入 11 亿元。2011—2019 年，四川全省累计投入资金 733 亿元。2019 年，四川省委《关于加快建设现代农业"10+3"产业体系　推进农业大省向农业强省跨越的意见》和 2020 年四川省委一号文件都明确了高标准农田建设"中央、省级和市县财政补助资金每亩不低于 3 000 元"的要求，各项目县特别是产粮大县，积极申请发行专项债。

建立了统筹协调机制，综合推进能力大幅提升。一是构建统筹机制。在机构改革前，四川省建立了以分管省长任召集人、相关部门领导为成员的全省高标准农田建设工作联席会议制度，市（州）、县（市、区）相应建立了政府主导、农业牵头、部门联动的推进机制。在机构改革后，按照建立集中统一高效的农田建设管理新体制要求，四川省将联席会议的职责整合到省农田水利基本建设指挥部，实行统一规划布局、统一建设标准、统一组织实施、统一验收考核、统一上图入库"五统一"管理新机制。四川省定期召开农田水利基本建设现场会和指挥部成员会议，会商工作措施，统筹安排部署，加快推进速度。二是加强督促考核。四川省将高标准农田建设纳入各级政府年度工作目标绩效管理指标、耕地保护责任目标和粮食安全省长责任制考核，实行考核结果通报制度。

注重工程质量和管护，确保项目效益充分发挥。"三分建、七分管"，四川全省十分重视工程建设质量和建后管护工作。一是多种措施并举，加强质量管理。四川省制定地方标准《四川省高标准农田建设技术规范》，印发项目和资金管理办法实施细则、实施方案编制和验收工作指导意见，规范开展工作。加强工程建设质量管理，督促参建单位严格履职尽责，按照规范和标准实施项目，严格质量控制、巡查和监理工作，把好材料设备进场关、工程质量验收关，做到进度、质量并重，解决好高标准农田建设"最后一公里"问题。二是加强建后管护，促进长效运行。四川省将已建成的高标准农田纳入永久基本农田管理，划定为"两区"，对财政资金形成的资产进行股权量化，明确管护主体和责任，加强工程运行管护和防灾抗灾减灾管理，加强耕地质量调查监测评价工作，确保已建成高标准农田重点用于粮食生产，避免"非粮化"和"撂荒"现象。

二、四川省高标准农田建设与地力提升存在的主要问题

（一）耕地质量基础条件较差

耕地是人类赖以生存的基本资源，是国家安全和发展的基石。进入 20 世纪 90 年代以后，影响大部分耕地生产力发挥的主要限制因子被消除，但随着化肥的普遍应用、农村社会化分工变细、农村劳动力结构变化以及耕地产出提高，加之有机肥料施用量下降，耕地利用强度和承载能力达到饱和，耕地退化明显，中低产田地比例有扩大趋势。从 21 世纪初至今，高标准农田建设的开展，解决了

制约耕地质量提升的农田基础设施不足的问题，但其在建设过程中更关注集中连片开发广度、农田水利设施覆盖程度、工程建设质量、农机作业水平以及规模化效益等，忽视了耕地保育和土壤质量建设等问题。在新形势下，耕地资源保护的难度增加，耕地产能提升的风险增大。目前，一些地方在高标准农田建设上"重工程建设轻质量管护"问题仍然比较突出。

（二）重用轻养，耕地质量保育缺失

从全省来看，成都平原地区农田质量提升工作开展较多，而川中紫色丘陵及盆周山区等以坡耕地为主地区开展相对较少；前期开展的大部分高标准农田建设项目建设标准和建设质量不高，耕地土壤质量提升技术建设投资严重不足。省内条件较好的区域因追求经济效益，长期进行连作，化肥和农药超强度施用以及不合理的灌溉方式，导致土壤板结，有机质含量下降，土壤次生盐碱化程度加重。尽管从 2015 年以来，在国家化肥和农药"零增长行动"政策导向下，化肥和农药施用量有所下降，但仍然高于国际平均水平，并且导致了农业面源污染加重。这已经成为制约四川粮食单位面积产量提高的重要因素。

（三）高标准农田建设地力培育技术措施有待突破

技术措施是高标准农田建设和耕地地力提升的基础和支撑，没有完善有效的技术措施，难以取得高标准农田建设和耕地地力提升的实效。面对粮食安全危机、土壤退化严重、生态保护形势严峻等多重因素的挑战，持续增产的耕地保育与质量提升措施瓶颈有待突破。四川全省其他草地、裸土地、沙地和裸岩石砾地等未利用地主要位于三州（甘孜藏族自治州、阿坝藏族羌族自治州、凉山彝族自治州）高海拔地区，可开垦为耕地的后备耕地资源非常有限，而且快速推进的城镇化进程占用了大量良田沃土，而在"耕地占补平衡"政策实施过程中，补充的耕地大多数土壤熟化程度较低，这部分通过工程措施整理出来的高标准农田基本没有形成耕作层或耕作层较薄，普遍缺乏行之有效的快速培肥措施。同时，对新建成的高标准农田项目区原有耕地缺乏农田土壤保护技术、持续提升土壤质量的新技术和绿色生产技术，导致耕地地力变差，粮食持续增产难度较大。

（四）生态保护有待加强

有些人在高标准农田建设过程中往往比较重视农田基础设施建设，而对改善农田生态环境的重视程度不够，或者没有有效的技术措施。当前，在高标准农田建设区已杜绝了工业固体废弃物、未达标排放水等有毒有害物质进入耕地，但是化肥农药农膜污染、畜禽养殖污染等农业面源污染依然形势严峻，农田生态问题依然突出。一些建设区域耕地中的重金属含量存在明显的累积现象，水土流失严重，生态环境脆弱。"重化肥轻有机肥、重氮肥轻磷钾肥"等不科学的施肥方法和农药过量使用，在影响农作物均衡增产和农产品品质的同时，也增加了土壤污染的风险，使耕地土壤生态系统变得更加脆弱。

（五）后期管护有待跟进

高标准农田建设"三分靠建、七分靠管"，但在现实中，高标准农田建设后期管护不到位是长期困扰高标准农田发挥作用的现实问题，"重建轻管"问题普遍存在。既有工程设施管护不到位的问题，也有耕地质量管护不到位的问题。高标准农田建设的工程设施置于户外，布局分散、地域偏远，管护难度很大。没有对农田基础设施及时进行资产量化、管护资金不足、处罚措施不严、利益分配机制不健全等也是其后期管护无法跟进的重要原因。在高标准农田建成后，重用轻养，缺乏农田管护措施，导致农田基础设施维护困难，耕地质量持续下降，农田产出持续减少，一些地方甚至出现了"撂荒"现象。

（六）建设标准有待修订完善

高标准农田建设目前按照《高标准农田建设通则（GB/T 30600—2014)》《高标准农田建设技术规范（NY/T 2949—2016)》《高标准农田建设技术规范（DB51/T 1872—2014)》等技术标准执行。既有标准着重对农业基础设施建设标准予以规范，但对耕地保护和培育、土壤质量持续监测、土壤健康等方面约束不够。同时，农业现代化是一个复杂的系统工程，在实施过程中，高标准农田建设与地力提升必然与其他农业技术相结合，因而既有标准规范中农业工程建设、地力提升建设与其他农耕农艺措施结合的相关内容不够丰富，有待加快标准更新，修订完善。

（七）社会投入有待形成

现阶段高标准农田建设依然沿用以国家财政投入为主的建设模式，建后管护也主要依赖政府，市场化程度不高，难以充分发挥市场主体在农田建设管护中的作用。尽管早在 2017 年，国家在发布的《关于扎实推进高标准农田建设的意见》（发改农经〔2017〕331 号）中就明确指出要积极吸引社会投资，然而受农田基础设施建设投资成本高、多属于公益性产品、投资回收期长、投资收益差等属性影响，社会资本投入机制还没有形成，企业参与积极性不高，市场机制未能充分发挥作用，导致农田建设管护资源配置效率低下，难以满足农业现代化发展的需求。在金融支持方面，受到农村基础设施产权不明晰、不能作为资产进行抵押、项目投资回收期长等因素影响，依然难以推进形成社会投入模式。

三、四川省高标准农田建设与地力提升发展的政策建议

(一) 加快耕层培肥技术应用，推动基础地力提升

土壤耕层是农业生产的重要物质条件，直接关系到作物的高产稳产和农业的可持续发展①。在高标准农田建设过程中，要加快集成应用深厚耕层、翻旋结合、有机培肥、有机替代、物质改良、耕作除障、机具研制、墒情智能监测等相融合的耕层构建与培肥技术模式，针对农田土壤存在的一种或多种障碍因子，提出相关解决方案，选择一种或多种改良技术加以应用。例如在耕层浅薄和耕层板结区域，加快深厚耕层技术应用，确定适宜翻旋深度和次数；在土壤酸化较强区域，适当施用碱性肥料或土壤改良剂加以改良；在土壤有机质低的区域，施用适宜用量有机肥。在高标准农田建设过程中坚持工程建设与耕地质量提升相结合，以完善田间基础设施和提高基础地力为中心，全面推进高标准农田建设，加大改造中低产田土力度，切实提高项目区内的耕地质量，为振兴乡村产业发展夯实土壤基础。

(二) 加快秸秆综合利用探索，促进农田物质循环

针对高标准农田建设区秸秆利用技术措施单一、利用结构不合理、收储体系不健全、社会化服务缺失等问题，按照"建体系、调结构、促农用、推创新、搞示范"的工作思路，强化技术创新意识，加快探索高标准农田建设区秸秆综合利用技术模式，着力培育秸秆"收储运加用"社会化服务市场主体，构建秸秆综合利用长效机制。在高标准农田建设项目设计中选用生态适用、运行高效、经

---

① 白伟，孙占祥，郑家明，等. 辽西地区土壤耕层及养分状况调查分析 [J]. 土壤，2011 (10): 714-719.

济可行的秸秆综合利用技术措施，提升工程处理能力与技术水平。建设秸秆青（微）贮等综合利用工程，实现秸秆资源饲料化利用，最终实现秸秆过腹还田。适度配套畜禽养殖有机肥深加工工程，实现畜禽粪便和种植秸秆资源地能源化、肥料化利用。引导推动分散式秸秆智能堆肥模式应用，根据项目区秸秆可收集量设计适度规模的秸秆智能堆肥系统与场所，实现秸秆肥料化就地还田利用，探索实施"秸秆换肥"模式，深入研究和完善鼓励秸秆综合利用配套政策措施，因地制宜推进秸秆综合利用工作，促进秸秆的资源化、商品化利用。通过高标准农田建设区农作物秸秆综合利用技术与模式的实施应用，促进农田物质高效循环利用，在稳定和提升耕地质量的同时，带动当地秸秆综合利用率稳步提高。

（三）加快绿色生产技术集成，改善农田生态环境

将绿色发展理念贯穿于高标准农田建设全过程，在高标准农田建设区积极探索发展绿色农业，加强工程建设与农机农艺技术集成应用，鼓励丘陵山区开展高标准农田宜机化改造模式创新。以高标准农田建设为抓手，科学规划和实施产业园区、田园景区、新型社区"三区同建"，统筹推进产业发展、环境治理、生态环保、乡村旅游。加强高标准农田后期管护，确保农田良田、良田粮用，持续提升农业综合生产能力，促进高标准农田建设高质量发展。加快在高标准农田建设区开展化肥与农药减施、绿色生物防控、水肥一体化、重金属防控、耕地安全利用等一批绿色生产技术集成，促进技术成熟应用，有效保障高标准农田既符合农业生产的高标准要求，又满足生态环境保护的高标准要求。

（四）加强耕地地力提升科技创新，保障粮食安全

一是建立科技创新的长效机制，促进耕地质量提升。秉承"从

土壤健康到人类健康"的生态理念，结合农业生产和乡村振兴战略需求，深度开展耕地质量监测与数据挖掘，加强土壤质量提升的科学研究，加大政策支持和投入力度。建立省级耕地科学研究试验站，并积极争取融入土壤质量国家监测站网络，加强全省不同生态区耕地产能提升的科学研究，提升耕地数量质量监控和粮食安全预警能力，打造西部地区耕地质量安全和粮食安全的科技人才培养高地。

二是加强耕地地力提升的理论研究，促进粮食综合生产能力提升。针对耕层浅化、土壤酸化、土壤连作障碍、土壤重金属污染等耕地土壤质量退化问题以及定向培育基础土壤地力要求，研究四川主要生态区中低产田障碍类型及驱动因素，解析土壤退化的发生与形成机制，阐明其消减与调控机理；研究土壤肥沃耕层结构形成机制，阐明中低产田改造和提升的潜力与途径，构建四川中低产田土产能提升科技创新项目。

三是加强粮食主导品种选育和品牌建设。依靠科技进步提高单位面积产量，是提高粮食综合生产能力的主攻方向。今后必须全面加强科技赋能，加快推进农业科研、成果转化和推广体系建设，积极构建粮食生产科技支撑的长效机制。聚焦水稻、小麦、玉米等主要粮食作物单位面积产量效益提升，强化需求导向，加快优质、高产、专用粮食品种的选育，加强粮食品牌建设，提高"川"字号粮食品牌的知名度。加强农业科研的基础研究，建立和完善激励机制，推动农业科技创新体系建设。进一步强化政府对农业科技投入的主体地位，建立以政府为主导、社会力量广泛参与的多元投入保障机制，加强农作物改良中心和重点实验室建设；建立适应市场经济要求的技术成果评价与分配激励机制，组织开展生物技术、信息技术、遗传工程等重大科研项目攻关。

四是提高农业科技成果转化效率。运用市场机制促进农业科技成果转化。围绕粮食生产目标，确立主推技术、主导品种。通过引入市场机制，加快新品种、新技术等科技成果的集成、转化和提高，以项目带动方式引导资金、人才向重点作物和重点技术倾斜。鼓励农业科研单位、大专院校等应用研究人员投身粮食生产第一线，推进粮食生产科技成果产业化。原则上一乡推广1~2个、一县推广3~5个主导品种，集成推广配套的主推技术、主要模式。每个乡镇建成1个以上粮食生产示范基地，每个行政村培育1户以上粮食生产科技示范户，以示范引领全省粮食增产增效。

（五）科学优化区域布局，完善标准质量体系

摸清高标准农田数量、质量、分布和管护利用状况，结合国土空间、水资源利用、农业区划、乡村振兴等科学制定建设规划和耕地利用空间规划，优化高标准农田建设布局，以粮食生产重点县为重点，合理确定高标准农田建设规模。在高标准农田建设区，要根据土地承载能力合理确定种植规模和配套相应的养殖规模，实行种植业与养殖业的科学优化布局，就近就地消纳养殖废弃物，就地结合、就地利用，促进农牧良性循环发展。同时，加快研究制定和完善高标准农田分区域、分类型建设标准及定额，完善高标准农田建设内容，构建四川省高标准农田建设标准体系。

（六）坚持用养结合制度，加大建后管护力度

按照"县（区）负总责、乡镇监管、村为主体"的原则，在项目初步验收合格后，要建立工程设施总量和分类工程明细台账，明确管护主体，落实管护责任，细化落实管护内容和管护要求，强化督促指导，确保建成的高标准农田工程有人用、有人管。建立高标准农田建设项目多元化管护经费合理保障机制。结合农村集体产

权制度改革，按照权责明确、运行有效的原则，积极探索"田长制"、项目建管一体化新机制，项目建设前开展同步设计和落实管护制度，建立健全日常管护和专项维护相结合的管护机制。按照"谁使用、谁受益、谁管护"的原则，积极探索社会化和专业化相结合的管护模式，加强高标准农田建后管护，提升高标准农田的建后完好率。鼓励有条件的地方通过政府购买服务方式，加强高标准农田建后管护。

（七）积极探索社会参与，促进投融资模式创新

采取政府和社会资本合作、投资补助、以奖代补、财政贴息等多种方式，支持社会资本开展高标准农田建设。鼓励和引导商业性、政策性、开发性等各类金融机构在依法合规、风险可控的前提下，积极为高标准农田建设提供信贷支持等金融服务。通过发展壮大新型农业经营主体，搭建投融资平台等方式，培育符合要求的贷款主体，为高标准农田建设融资提供便利。完善"政—银—担"合作机制，加强与信贷担保等政策的衔接。鼓励地方政府在债务限额内发行债券来支持符合条件的高标准农田建设。加强新增耕地指标省域内调剂统筹和收益调节分配，优先用于高标准农田建设再投入和债券偿还、贴息等，不断拓展高标准农田建设资金投入渠道。

（八）加快完善监管机制，严格落实农田保护

完善耕地质量监管机制，明确法律责任主体和相应的法律责任，构建耕地质量建设长效投入机制，增加用于耕地质量建设的资金比例，用于现有耕地、整理土地、复垦土地的耕地质量监测、建设与管理，重点加强土壤肥力培养，真正做到"取之于土，用之于土"。建立各级"田长制"监管责任体系，有利于督导管护工作的长效化。对建成的高标准农田，要划为永久基本农田，实行特殊保

护，防止"非农化""非粮化"，任何单位和个人不得损毁、擅自占用或改变其用途。严格耕地占用审批制度，经依法批准占用高标准农田的，要及时补充，确保高标准农田数量不减少、质量不降低。

第三节　四川省耕地环境质量保护与安全利用

耕地是农业之本，是粮食生产的基础，是实现耕地可持续发展及保障农产品质量安全的基础。四川作为全国农业大省，打造新时代更高水平的"天府粮仓"，是"擦亮农业大省金字招牌"的首要任务，是应对国内外形势变化的必然选择，是推动农业农村现代化的重要举措。根据国家加强生态环境保护、坚决打好污染防治攻坚战的重大决策部署，近年来，四川省严抓耕地质量提升和耕地污染治理等方面工作，夯实耕地质量基础，为坚守耕地数量红线，保障粮食安全、农产品质量安全和生态环境安全保驾护航。但四川省耕地数量减少和质量退化仍然严重，耕地保护形势仍然异常严峻。

一、四川省农业面源污染现状及防治对策

（一）四川省农业面源污染现状

面源污染又称为非点源污染，没有固定的排放点且污染范围大，一般通过农田径流、土壤侵蚀、农田排水等方式进入水体环境、土壤环境、大气环境，从而导致其受到污染。面源污染具有分散性、广泛性、隐蔽性、随机性、难以监测性等特点。农业面源污染是指在农村生活和农业生产活动的过程中，不合理施用化肥、农药、农膜及未合理排放生活污水、畜禽粪便等，排放物在径流和降

水冲刷作用下，在土壤圈层中活动并缓慢地流动至水环境中，从而形成农业面源污染。农业面源污染可分为三类，分别为生产源、生活源和养殖源。生产源包括化肥、农药、农膜等农业化学投入品，生活源包括农村生活污水、生活垃圾、农作物秸秆等，养殖源包括畜禽养殖粪便等。

1. 生产源

在长期的农业生产过程中，农药与化肥对促进粮食增产起到过积极作用，但在增产导向下，化肥与农药被过量施用，导致农业面源污染问题加剧。根据 2021 年的统计数据，四川省化肥施用量207.20 万吨，其中氮肥80.80 万吨、磷肥34.80 万吨、钾肥14.90万吨、复合肥75.60 万吨、其他肥1.10 万吨。化肥施用量已连续6年下降，下降幅度为17.80%，复合肥施用量则逐年增加。按农作物播种面积计算的平均化肥施用强度为207.17 千克/公顷，已经接近国际公认的化肥施用安全上限225.00 千克/公顷水平。而且四川省化肥中氮、磷、钾肥料平均利用率分别为30%～35%、10%～20%、35%～50%，综合利用率比发达国家低20%～30%。根据第二次污染源普查结果①，四川全省农药施用总量为 54 252.00 吨，平均农药用量为 56.60 千克/公顷（按 2017 年农作物播种面积957.51万公顷计算），其中有机磷类、乙草胺、毒死蜱、涕灭威等农药是用量最大的，占全省农药用量的48.30%。农药有效利用率为30%，比发达国家低10%～20%，且农药仅有 1%～4%接触到病虫害。目前，四川主要的"白色污染"是塑料地膜，而中国常使用的薄膜强

①　第二次全国污染源普查从 2017 年开始，历时三年。四川省于 2020 年 6 月完成普查。

度低、耐用性差、使用寿命短、不易清除、易破碎，极易残留在土壤中。根据第二次污染源普查结果，四川全省种植业地膜使用量为8.58万吨，累积残留量为0.63万吨，回收率仅为49.3%，远远低于国家规定的80%回收率要求。

2. 生活源

四川是农业大省，农作物种植种类多，秸秆资源丰富。根据《四川省第二次全国污染源普查公报》，2017年，秸秆产生量为3 300万吨，秸秆利用量为2 500万吨，较多的秸秆被焚烧排放，对环境造成污染。农村大部分生活污水和冲厕污水通过简易沟渠或经化粪池简单处理后直接排入河道和农田，对周边环境造成污染。

3. 养殖源

畜禽养殖业发展方式粗放，集约程度不高，污染防治滞后，小规模养殖场和零散养殖户的污水大多未经任何处理就直接排放到江河、水渠、鱼塘中，造成水体污染。根据《四川省第二次全国污染源普查公报》，2017年，四川省畜禽养殖业水污染物排放量中，化学需养量（COD）排放总量为40.76万吨，氨氮0.39万吨，总氮2.70万吨，总磷0.50万吨。其中，畜禽规模养殖场水污染物排放量：化学需氧量（COD）14.86万吨，氨氮0.15万吨，总氮1.19万吨，总磷0.19万吨，处理效率却不到50%[1]。水产养殖业在渔业生产中起着重要的作用，2017年，四川水产养殖业水污染物排放化学需氧量（COD）2.28万吨，氨氮0.10万吨，总氮0.34万吨，总磷0.04万吨。除水产养殖排放物之外，水产养殖过程中投放的人

---

① 四川省生态环境厅. 关于发布《四川省第二次全国污染源普查公报》的公告: 2020年第7号 [N/OL]. (2020-09-21) [2024-08-30]. https://sthjt.sc.gov.cn/guestweb4/s? uc=1&siteCode=5100000086&column.

工饵料、渔用肥料及水产动物残骸也会对水体造成严重污染①。

造成农业面源污染的原因之一是农田氮、磷营养物质的损失。化学农药进入环境后，会发生一系列的扩散、挥发、吸附、迁移、转化、富集、降解等行为，而剩余的农药残留在环境中造成污染。残留在农田中的氮、磷和农药在雨水冲刷、农田排水等影响下进入地表水对水体造成影响②。对于四川省而言，雨季主要集中于 7～8 月，因此氮磷和农药的流失危险期也集中于此时，特别是氮养分。四川省氮、磷养分流失最大的片区主要集中于成都平原区（成都、德阳、眉山、绵阳、资阳）、川南丘陵区（自贡、宜宾、泸州、内江、乐山）和川东北丘陵区（广元、南充、遂宁、广安、达州、巴中），而攀西山地区（攀枝花、雅安、凉山彝族自治州）和川西北高原区（阿坝藏族羌族自治州、甘孜藏族自治州）流失比较少。

（二）四川省面源污染治理中存在的问题

目前四川省面源污染治理中存在的问题主要有：

1. 立法不健全，政策不完善

良法乃善治之前提。在 21 世纪，农村环境问题越来越突出，农业面源污染必须得到治理。虽然四川省先后颁布了《四川省土壤污染防治条例》《四川省农药管理条例》《四川省环境保护条例》等法律法规，并出台了《四川省畜禽养殖污染防治规划（2021—2025 年）》（川环发〔2022〕18 号），但仍然存在缺乏化肥管理的规章制度、农药经营制度不完善以及缺乏农膜生产、销售、回收具体

---

① 罗付香，秦鱼生，林超文，等. 四川省农业面源污染现状及治理对策 [J]. 安徽农学通报，2017（7）：76-78，114.

② 何为媛，王春丽. 我国农业面源污染现状及治理措施浅析 [J]. 南方农业，2020（9）：201-202.

法规和规范性文件等问题。四川省生产源管理的主体不明确，制定政策和执法主体有时均为农业部门和环保部门，相关责任不能落实。此外，农业生产源污染的控制还缺乏监测、监督、问责等具体管理机制。

2. 强调单项措施，忽视系统集成

农业面源污染防控可以分为源头防控、过程拦截、末端净化和循环利用。但是现在大多数技术都只强调单方面的作用，例如，测土配方施肥技术、秸秆还田与资源化利用技术、绿色病虫害防治技术以及畜禽粪便污水处理技术等。而针对面源污染治理的复杂性，单方面进行技术措施改进并不能起到作用，应该加强技术集成。

3. 资金投入不足，研究经费缺乏

虽然财政部对农村固定资产的支出每年都有所增长，但涨幅不大且投资总额比重仍然较低。在农村固定资产投资结构中，对农业科技创新的投入较少，还须继续优化调整财政支出结构。此外，从目前来看，四川省还未专门针对农业面源污染治理建立专项资金，若政府对农业面源环境的投资不足，农业面源污染的投融资机制很难建立起来，农村环境治理效果很难显现出来。

当前，农业面源污染成为农业可持续发展的瓶颈，而且呈现从水体、土壤、生物到大气的立体污染，具有分散性、隐蔽性和不确定性等特点，使治理和控制工作更为复杂、艰巨，需要进行多方面、多环节考虑。

（三）四川省面源防治的政策建议

加强农业面源污染防治，推进农业农村绿色发展是一项复杂的系统工程。科学评价农业农村绿色发展水平将进一步确保绿色发展理念落实落地。为了更好地推进农业农村绿色发展工作，我们提出以下建议：

第一，强化"绿色兴农"理念。推进农业农村绿色发展是农业发展观的一场深刻革命。要实现农业农村绿色发展，首先要解决观念问题，推动各类涉农主体树立和强化"绿色兴农"理念，充分认识到农业农村绿色发展是涉农部门新的关键政绩指标，是农户新的增收手段，是农业企业和专业合作社新的利润增长点，是涉农科研机构新的研究领域和方向，是农产品消费者新的提高生活质量的需要。把农业农村绿色发展摆在生态文明建设全局的突出位置上，是乡村振兴战略的重要遵循。

第二，建立农业农村绿色发展评价考核机制，开展农业农村绿色发展年度评价。我们建议将农业农村绿色发展指数作为政绩考核的重要指标。开展农业农村绿色发展年度评价，对于引导各地方各部门深入贯彻新发展理念，树立正确政绩观，加快推进农业农村绿色发展和生态文明建设，具有重要的导向作用。同时，在测算农业农村绿色发展水平的过程中，存在农业数据获取不全的问题，例如秸秆综合利用率、畜禽粪污资源化利用率和耕地质量等，尤其是地方数据的获取难度更大。建立和完善农业农村绿色发展评价考核机制，配套相应的数据收集、记录和整理部门势在必行。

第三，把握时代背景和区域差异，制定差异化的农业农村绿色发展战略。农业农村绿色发展存在较大的区域内部差异，应充分借鉴国内外农业面源污染治理和农业农村绿色发展成功经验，结合自身绿色自然禀赋条件，制定差异化的农业农村绿色发展战略。农业农村绿色发展要兼顾经济效益、社会效益、生态效益"三大效益"，追求经济高效、生态安全、资源节约"三大目标"，借助工业化与城镇化两大推力、科技创新和制度创新两大动力，按照差异化发展思路促进建设经济高效、生态安全、资源节约、环境友好的美丽乡村。

二、四川省农田重金属污染现状及防控对策

（一）四川省农田重金属污染特点及防控现状

1. 土壤重金属超标面积大

根据四川省原环境保护厅和四川省原国土资源厅 2014 年发布的《四川省土壤污染状况调查公报》，全省土壤总的点位超标率为28.70%，镉污染物点位超标率为 20.80%，远远高于全国平均点位超标率 19.40% 和镉点位超标率 7.00%，其中轻微、轻度、中度和重度污染点位比例分别为 22.60%、3.41%、1.59% 和 1.07%。镉、汞、砷、铜、铅、铬、锌、镍 8 种无机污染物点位超标率分别为20.80%、0.76%、1.98%、3.77%、1.44%、1.79%、0.61%、9.52%。四川省耕地土壤点位超标率为 34.30%，其中轻微、轻度、中度和重度污染点位比例分别为 27.80%、3.95%、1.37% 和1.20%，主要污染物为镉、镍、铜、铬。从污染分布情况来看，攀西地区、成都平原区、川南地区等部分区域土壤污染问题较为突出，镉是四川省土壤污染的主要污染物。

从分布区域来看，全省农产品产地土壤重金属超标点位主要集中在工矿企业周边农区，全省工矿企业周边农区超标点位百分率达到 40.94%，而大中城市郊区农区超标点位百分率为 21.09%，一般农区超标点位百分率为 22.53%，说明全省工矿企业周边农区土壤重金属安全风险最高。全省农产品产地土壤重金属砷、镉、铬、汞、铅元素存在着安全风险的标点百分率分别为 0.98%、26.95%、1.49%、1.64%、1.21%。

2. 四川省前期开展的重金属污染防控工作

四川省从 2014 年开始在全省部分县（区）开展四川省农产品

产地土壤重金属污染防治试点项目，通过项目的实施，摸清了土壤重金属污染变化趋势和污染来源，在此基础上形成了相关的污染防控技术和模式，进而开展综合防控技术示范和水稻安全利用示范，筛选出了"沈稻 1 号""成恢 3203"和"川优 6203"等富集镉能力较弱的低积累品种水稻，集合土壤调理剂、叶面阻控剂等农作物安全利用技术，保证污染耕地安全利用，并以项目为依托在当地开展示范。采取合理的品种选择、使用钝化剂等调控措施，可以在一定程度上保证四川省重金属中度、轻度污染农田土壤安全利用，改善四川省粮食安全状况。通过试点工作，初步保证了轻度污染地区农产品的安全生产，降低了中度污染地区的农产品污染风险。项目组组建了一支包含大学、科研机构和大专院校专家为主的污染耕地安全利用专家队伍。与国内其他省份相比，四川省前期项目经费支持有限，农产品产地土壤重金属试点项目在全省开展的示范措施以单一措施为主，并且示范面积有限，与国家对四川省完成污染耕地安全利用工作的目标要求有较大差距。为此，急需在前期工作的基础上对技术模式进行综合和推广，进一步加快推广速度，为四川省障碍耕地安全利用技术提供技术支撑。

（二）四川省重金属污染防控中存在的问题

目前四川省重金属污染防控中存在的问题主要有：

1. 耕地安全利用投入不足

按照《中华人民共和国土壤污染防治法》和《土十条》① 的规定，对受污染耕地应安全利用。在"十三五"规划期间，每年仅有四川省财政安排的近 3 000 万元用于耕地重金属污染防治，远远不

---

① 《土十条》是指《国务院关于印发土壤污染防治行动计划的通知》（国发〔2016〕31 号），共 10 部分内容，简称《土十条》。

能满足四川省治理任务要求。

2. 科技技术积累不足

土壤污染有其特殊性，与大气污染、水污染相比，土壤是最终的污染物受体，也是最难处理的环境介质，目前国内国际均无成熟的经验可以借鉴，在确保当前粮食生产安全的前提下，缺乏成熟可靠且低成本、能复制、易推广的综合防治集成技术。相关技术要求高，农业农村部门缺乏以农耕农艺措施为主的耕地重金属污染防治专业技术人员，修复利用经验不足，难以支撑大规模的耕地污染综合防治工作。

3. 污染类型多样，治理难度较大

四川省存在包括石亭江流域的工业生产污染类型、川南土壤酸化区污染类型、攀西地区工矿生产与地质高背景区①等在内的多种污染类型，与其他省份单一的工业生产污染类型相比，类型更为复杂多样，治理难度更大。

4. 污染耕地种植结构多样，生态环境与经济环境复杂

四川省污染耕地主要存在于成都平原区等典型的经济发达地区、川南乌蒙山区、三州地区和川北秦巴山区等。这些地区种植结构多样，生态环境复杂，污染耕地安全利用工作更为艰巨。

5. 专业人才队伍缺乏

缺乏专门的污染耕地治理技术对口部门与相关技术人员。同时，地方基层也将大部分任务归口在土肥系统等。土壤重金属污染治理技术性较强，导致相关技术人员技术缺乏，也阻碍了四川省污染耕地治理工作。

---

① 土壤重金属高背景区是指土壤中重金属含量明显高于其他同地区母质发育的土壤重金属含量的现象。

（三）现有技术措施及推广瓶颈

针对土壤镉污染治理问题，国内外土壤科学与环境科学家们尝试了包括物理、化学、生物修复和组合人工湿地技术等，虽然效果较好，但成本高、过程烦琐，难以大面积推广。根据前期四川省和国内的很多研究，不同作物如水稻和高粱、蔬菜和水果，同一种作物的不同品种如水稻和小麦的不同品种，对镉的吸收性差异很大，不同的水肥管理和栽培技术也明显影响作物对镉的吸收，这些研究结果为生产无镉污染或低镉污染的农产品提供了很好的基础。对中度、轻度污染土壤，宜采用切断污染源、种植镉低吸收的作物和品种、优化水肥管理和栽培技术等进行综合防控。对重度镉污染土壤，在综合防控技术的基础上，宜种植一些食用器官镉含量低于国家限量值的作物，如木本果树、酿酒用高粱、油菜等。结合近年来的研究成果，我们提出防控技术宜采用"一控五调"措施：控源头，调结构、调品种、调土壤、调水分、调农艺等主要技术措施。

（四）对策与措施

我们认为应采用技术集成、应用与验证示范相结合的方法，构建低成本、可复制、易推广的稻米重金属污染综合防控技术体系。应根据不同区域、不同土壤类型、不同种植模式、不同农艺措施进行集成示范，形成可推广、可复制、低成本，农民看得懂、易操作的技术体系。

1. 加强污染耕地安全利用与修复投入

按照《中华人民共和国土壤污染防治法》和《土十条》的规定，对受污染耕地应开展修复与安全利用。建议国家和省级财政加大对农业农村部门的经费支持力度，保障农业农村部门每年有固定经费开展农产品产地生态环境保护工作。安排专项资金对优先类农产品产地进行保护，对中度、轻度污染产地进行安全利用技术推广与示范，对重度污染地区加大结构调整示范补贴力度。在前期工作和研究成果的基础上，加快保护、安全利用与种植结构调整示范推广速度，在重点区域先行先试，并逐步推广到其他地区，最终改善农产品产地土壤生态环境，保障农产品质量安全与社会稳定。大力推进农药减量控害，大力推广绿色防控技术和专业化统防统治技术，禁止使用高毒、高残留农药。加强农膜减量利用和废弃农膜回收利用，加大农药包装废弃物回收处置力度。

2. 污染源控制

在工矿企业集中的区域，控制工矿企业排污，在工矿区周围建立隔离带，阻控污染源。除此之外，对于水泥制造等行业要注意相关的大气排放对周边农用地土壤的环境污染，也要对目前存在的大型采矿厂附近的排放进行整改和治理，保证排放达到国家标准。对于矿山废水和排污工厂等企业，要注意监测企业的污水排放，避免不合理地任意乱排与偷排进入灌溉渠道以及地下水，最终造成对土壤环境的污染。加强对农用化学品的控制，禁止或限制使用重金属超标、剧毒、高残留农药，如有机氯农药；采用高效、低毒、低残留农药，如除虫菊酯、烟碱等含天然成分的农药。合理施用硝酸盐和磷酸盐等肥料，科学施用，提高肥效，减少施用量，禁止使用重金属等有毒有害物质超标的肥料；畜禽养殖肥等有机肥经无害化处理检测达标后可还田利用。加强灌溉水检测，大型灌溉水源地实时监测水质状况，定期抽检水质。加强农膜使用与回收，鼓励废弃农膜回收和综合利用，建立农药包装容器和农膜废弃物回收点。

3. 加强科技投入，增加基础技术积累

土壤重金属污染是世界性难题，国内外都还没有成熟的方法可以借鉴。四川土壤有其特殊性，需要加强科技投入，加大科研院所的合作研究力度。科研院所与地方农技推广机构大力合作，可为农产品产地土壤生态环境保护工作提供技术支撑，可为基层农技人员提供培训与指导，可为更好地开展产地土壤生态环境保护工作提供保障。

加强农产品镉污染防控技术的基础理论与应用技术研究，力争早日突破技术瓶颈。与其他污染相比，重金属污染近年来才引起人们的高度重视，其研究历史短，不深入、不系统，防治技术体系不完整，至今还没有专门的研究经费支持，需要加以特别关注。

第一，在抗镉污染作物种类和品种的筛选上，系统开展镉污染土壤上粮食、油料、蔬菜、水果、花卉、糖料等作物植株及不同器官对镉的积累特性、敏感程度研究，筛选出更多的抗镉污染的作物、品种，经反复验证后，短期内就可在镉污染区域推广。

第二，培育低富集镉的品种，如四川省农科院培育的超高产杂交水稻"德香4103""川优6203"等。应加强抗镉污染作物品种的遗传特性研究，广泛筛选抗镉污染的材料，利用筛选出来的材料与现有高产品种杂交，培育出抗镉污染的高产、优质品种。

第三，加强镉污染土壤修复技术基础理论研究，依据土壤类型和污染程度，进行土壤镉活性抑制剂作用机理及应用技术研究，研发高效抑制土壤镉活性的材料，用于吸附和固定土壤中的有效镉，阻止镉进入作物体内。

第四，开展土壤镉污染防控的农艺措施与耕作制度研究，提出适宜镉污染区的耕作制度和栽培技术，减少镉由土壤向作物的转移量。筛选高富集镉的植物品种和栽培技术，形成高效的镉生物治理技术体系，使镉不断地被移出土体，最终达到消除镉污染的目的。

4. 加强专业队伍建设

我们建议在省级成立专门的土壤污染治理部门或者归口部门，明确责任，加强管理。加强基层农技人员的技术培训，逐步建立起专业的技术队伍与体系，有力支撑四川省污染耕地治理工作。

5. 加强领导，保障部门之间协作配合

加强与环保、资源、科技等部门合作，共同推动相关政策出台和项目实施，积极引导地方政府开展优先类农产品产地保护工作、轻中度污染土壤安全利用工作与重度污染地区种植结构调整工作。

三、四川省地膜污染现状及防控政策建议

地膜覆盖是灌溉农业不可或缺的保障性技术，具有增温、保墒、除草、保肥和增产等作用。但传统农用地膜材料主要是聚乙烯，在自然环境条件下难以降解，长期"重使用轻回收"，废旧地膜多残留在农田土壤中，导致农田生态逐渐恶化，环境成本增加。加强地膜污染治理，已成为推进农业绿色发展的重要举措。

（一）四川省地膜污染现状

中国地膜使用量和覆盖面积均为世界第一。地膜覆盖技术提高了农业生产力，地膜的覆盖面积与使用量也逐年增加。中国地膜覆盖面积从 1998 年的 1 003.49 万公顷增长到 2017 年的 1 865.72 万公顷峰值，增长了 85.90%，此后逐年下降。2021 年，地膜覆盖面积为 1 728.22 万公顷，比 2017 年下降了 7.40%，地膜覆盖面积占耕地总面积的 13.50%。地膜使用量从 1998 年的 67.30 万吨增长到 2016 年的 147.00 万吨峰值，增长了 118.40%，年均增长 4.44 万吨（18 年），此后逐年下降。2021 年，地膜使用量为 132.00 万吨，比

2016 年下降了 10.20%（见图 5-12）①。2017 年，原农业部启动农膜回收行动，并出台强制性国家标准《聚乙烯吹塑农用地面覆盖薄膜》（GB 13735-2017），提高了地膜厚度、力学性能、耐候性能，并要求在产品合格证的明显位置标示"使用后请回收利用，减少环境污染"字样。2020 年，农业农村部再次发布《农用薄膜管理办法》，要求"农用薄膜使用者应当在使用期限到期前捡拾田间的非全生物降解农用薄膜废弃物，交至回收点或回收工作者，不得随意弃置、掩埋或者焚烧"。四川省是西南地区覆膜栽培的主要种植区，地膜覆盖面积从 1992 年的 662 万公顷增长到 2016 年的 100.78 万公顷峰值，此后逐年下降，到 2021 年下降到 85.37 万公顷，比 2016年下降了 15.30%；地膜使用量从 1998 年的 4.05 万吨增长到 2016年的 9.22 万吨峰值，比 1998 年增长了 127.65%，此后逐年下降，到 2021 年地膜使用量下降到 7.77 万吨，比 2016 年下降了 15.73%（见图 5-13）。

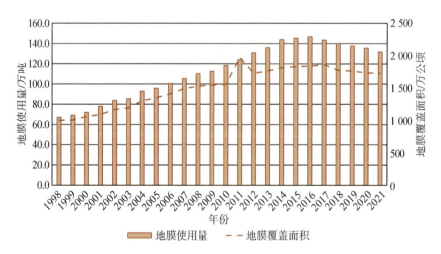

图 5-12　中国历年地膜使用量和覆盖面积变化情况

资料来源：历年《中国农村统计年鉴》。

---

① 地膜覆盖面积和使用量数据来源于历年《中国农村统计年鉴》。

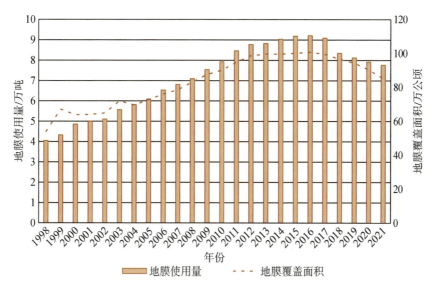

图 5-13　四川省历年地膜使用量和覆盖面积变化情况

资料来源：历年《中国农村统计年鉴》。

　　传统农业地膜使用的是聚乙烯膜，难以自然降解，可以在土壤中残留 200~400 年。中国长期重使用、轻回收，随着覆膜年限的增加，残膜积累效应导致地膜残留污染日益加剧。当前中国地膜残留总量近 200 万吨，回收率不到 2/3。而且农户为了降低生产成本，更青睐厚度低于 0.008 毫米的薄地膜，薄地膜的抗拉强度和使用寿命低，更易破碎、更难回收。据原农业部 2016 年的监测数据，中国所有覆膜农田土壤均有不同程度的地膜残留，局部地区亩均残留量达 4~20 千克，个别地块的亩均残留量达 30 千克以上，相当于 6 层地膜①。而 0~20 厘米的耕层土壤中，面积为 1~25 平方厘米的残膜碎片数量约为 100 万片，形成了残膜碎片障碍层。残膜将破坏土壤结构，抑制微生物活性，阻碍水肥传输，引起作物减产，违背

①　张斌，王真，金书秦. 中国农膜污染治理现状及展望 [J]. 世界环境，2019（6）：22-25.

了覆膜增产的初衷。残膜中含有的增塑剂多为酞酸酯类化合物，不仅会对土壤、空气和水等造成污染，还能通过食物链进入动物和人体内，危害人类健康，对农业生产和生态环境构成巨大威胁。

（二）四川省地膜污染防控中存在的主要问题

近年来，围绕地膜回收体系构建、残膜治理方式等，中央政府出台了一系列政策文件，四川省也制定了地方政策及指导性文件，农田"白色污染"加重的趋势得到了有效遏制，但总体上农膜污染形势依然严峻。地膜使用过滥、残膜回收补贴项目资金有限、回收机制不健全、残膜回收机械装置研发滞后、废旧地膜回收利用产业链不完善、监管力度薄弱等问题依然存在。

1. 残膜回收率低

四川省加强废弃农膜的回收与利用，部分地方政府出台了奖励农民回收农用地膜的政策，对回收地膜进行补贴。但四川省地形地貌复杂，人均耕地较少，丘陵山区机械化耕种程度低，回收机械推广率低，残膜回收主要依靠人工捡拾，人工回收成本高达 65 元/亩，是机械回收成本的 3 倍以上。当季使用的地膜通过人工捡拾可以回收 60%~80%，但过去残留的地膜隐藏在土壤的各个深度和维度，人工捡拾效率低下。四川省 2018 年发布的《四川省创新体制机制 推进农业绿色发展实施方案》中完善了废旧地膜和包装废弃物等回收处理制度，要求加快 0.01 毫米以上新国标地膜的推广速度。但监管力度薄弱，且使用新国标地膜会增加 20~40 元/亩的生产成本，农民仍愿意使用 0.008 毫米或更薄的地膜。残膜回收机械推广率低、人工回收成本高、农户购买国标地膜和主动回收地膜的积极性低等原因综合导致残膜回收率低。

2. 残膜回收再利用难

回收的残膜与土壤、秸秆等混合在一起，含杂率高达 50%~

80%，需要进一步人工分拣清洗后才能开展后续利用，可再利用性差，并且再生过程中还会产生二次污染。残膜再生利用一般用于生产滴灌带或者再生颗粒，但回收残膜生产滴灌带的成本约 0.15 元/米，而直接用原材料生产的成本只有 0.09 元/米，再生颗粒的销售价格也很低。残膜处理加工后价格上没有竞争优势，再利用企业利润率低，无法靠市场效益支撑发展，只能依赖政府资金扶持，难以实现可持续经营，企业生产积极性不高，地膜回收利用产业市场化运行的难度大。

(三) 四川省地膜污染防控的政策建议

1. 源头控制

大力推进地膜使用源头减量，分区域分作物开展地膜覆盖技术适宜性评估，防止地膜使用过泛过滥。加强对农民进行使用符合新国标的地膜的宣传和教育，同时也加强对市场的监管，减少不符合新国标的地膜在市场上的流通量。积极制定符合本区域实际情况的地方标准，推进地膜生产标准化，使用标准化地膜。地膜质量标准提高后，不易破碎，既可以降低回收难度和回收成本，也可以降低残膜加工再利用的成本，从源头上控制残膜污染。

2. 优化增效

新国标地膜较厚会增加生产成本，但可以通过优化地膜覆盖方式和中期适时揭膜等技术，提高利用效率，减少残膜污染。适宜的起垄覆盖，减少无效的超宽地膜覆盖，根据田块大小"量地裁膜"，可以减少地膜的使用量，降低残膜累积。地膜覆盖主要是在低温旱季起增温保墒的作用，而作物生长的中后期高温多雨，不再需要覆膜。此时适时揭膜，地膜还未老化发生破碎，回收率可达 90% 以上，且回收完整可重复使用，提高再利用率。同时也方便追肥，改变了覆膜种植中一次性施肥模式，在促进作物增产的同时提高肥料利用率。

3. 加强回收

将残膜回收定位为农田污染治理，明确残膜离田的目标。加强残膜回收作业机械的研发和改进。建议设立专项资金，以农艺、农机、农膜相结合为主线，以技术与装备创新为突破口进行研究，形成一系列回收率高、适应不同作物生产模式、适应四川省不同地形地貌的专用残膜回收机型。并通过相关技术集成示范，为农用残膜污染治理提供重大技术和装备支撑。同时要带动残膜回收后续的资源化利用，加快废旧地膜回收网点建设，扶持建立回收加工再利用体系，切实提高残膜回收率。

四、四川省土壤农药污染现状及防控对策

农药是农业生产中必不可少的重要生产资料，在稳定农业生产与发展、保障粮食安全等领域发挥了不可替代的作用。1990 年，中国农药使用量为 73.30 万吨[①]，2013 年增加到 180.77 万吨的最高点，比 1990 年增加了 1.47 倍。随着农药使用量的不断增加，其残留污染问题日益严重，已成为农业面源污染的重要来源之一。2013 年以后，中国的农药使用量逐年减少，2022 年为 119.00 万吨[②]，比 2013 年减少了 34.17%。目前，中国高效、低风险农药使用占比超过90%，高毒农药被逐步淘汰，水分散粒剂、悬浮剂、水乳剂等环保剂型得到大面积应用；农作物病虫害绿色防控覆盖率为 41.5%；

---

① 国家统计局农村社会调查司. 中国农村统计年鉴（2019）[M]. 北京：中国统计出版社，2019：42.

② 国家统计局农村社会调查司. 中国农村统计年鉴（2023）[M]. 北京：中国统计出版社，2023：42.

全国水稻、玉米、小麦三大粮食作物农药利用率从 2015 年的 36.6% 提高到 2022 年的 41.0%，其余近 60% 的使用量扩散到土壤等环境介质中造成污染。这些化合物及其衍生物能抑制多种土壤原生生物活性，不仅会破坏土壤生态系统结构与功能的完整性，还会通过饮用水或农产品进入人体，危害人体健康。习近平总书记曾多次强调"强化土壤污染管控和修复，有效防范风险，让老百姓吃得放心、住得安心"。随着国家对农产品安全和品质要求的重视，土壤农药污染的治理受到越来越多科技工作者的关注。

(一) 四川省农田土壤农药污染现状

中国是农业大国，2022 年农药使用量达到 119.00 万吨，居世界第一，超过 100.00 万公顷的农田土壤受到农药污染。四川省地处西南，是中国的生态脆弱区，也是中国发展特色农产品和生态农业的重要区域，2022 年农药使用量为 4.00 万吨，使用量和使用强度均居全国中游。《四川省土壤污染状况调查公报（2014 年）》显示，全省土壤环境状况总体不容乐观，总的点位超标率为 28.7%，攀西地区、成都平原区、川南地区等部分区域土壤污染问题较为突出；污染类型以无机型为主，有机型次之，化学农药是农田土壤最主要的有机污染物，其中"六六六""滴滴涕"的点位超标率分别为 0.04% 和 1.22%。

(二) 四川省农田土壤农药污染防治中存在的问题

第一，四川省缺乏针对土壤农药污染监管及防治的地方性法律法规，不能为农业土壤保护提供全面系统的法律支持。

第二，家底不清，莠去津、二氯喹啉酸等高风险农药已在省内多地造成残留药害，但具体的使用情况、危害区域、危害程度仍不明确，对于长残留农药的使用缺乏系统的风险评价和科学指导体系。

第三，缺乏完善有效的土壤农药污染监督、整治机制，目前虽试探性地开展过一些污染监测、治理工作，但在资金供给、技术支持、执行力度等方面尚有一定欠缺。

第四，公众缺乏强烈的农业土壤环境保护意识，一般农户和乡镇农企对土壤环境保护的意识较为淡薄，加之农业生产力水平较低，乱用、超量使用农药现象较为普遍，违规施用高毒、高残留农药，导致农业土壤污染事件频发。

（三）四川省农药污染农田的综合治理政策建议

第一，制定农业土壤污染防治法，加强农药安全使用宣传。应依据《中华人民共和国土壤污染防治法》，加快推进落实《四川省土壤污染防治条例》《四川省固体废弃物污染环境防治条例》《四川省农药管理条例》等法规条例的制定、修订工作，为保护四川省农业土壤资源提供具有针对性的法律保障。全面开展以"土壤农药污染和环境保护"为主题的宣传教育活动，加强对相关法律法规的解读，普及土壤环境保护知识，培训农药安全使用技能，让广大农民认识到土壤农药污染的危害，提高环境保护的责任感使命感，形成可持续的绿色农业生产模式。

第二，加强调查监测，摸清家底。加强土壤环境监测预警机制建设，全面推进土壤污染状况详查，明确四川省长残留农药污染的分布区域和发生特点，完成风险分级，建立污染地块清单、优先控制名录。农药污染物含量超过土壤污染风险管控标准的耕地，要开展风险评估并按照农用地分类管理制度实施管理。加强农药污染源头控制，有计划地淘汰残留期长的高风险农药。加快土壤环境质量监测网络建设，加强省级土壤风险管控区、各市（州）农业土壤污染监测系统、农产品污染物含量超标区域等重点区域土壤监测能力建设，提升监测水平，完善信息化管理平台，实现数据动态更新，做好信息资源共享。

第三，加强科技支撑，提高土壤农药污染的治理水平。加强基础性研究，推进土壤污染管控与修复共性关键技术研发，包括土壤环境污染物的多尺度效应及生物互作机理、原位强化生物修复技术、土壤复合污染阻控和靶向修复技术等，建立土壤农药污染防治科技支撑体系，研发和推广快速检测、修复等关键技术和设备。建立重点区域土壤污染长期定位研究基地和多区域多要素观测网络系统。推广污染耕地治理经济性较好、技术可行的农艺措施，选育对农药污染抗性强的作物品种。

第六章

"藏粮于地"战略的政策和制度
设计、机制建设与实现路径

实施"藏粮于地"战略,关键在"地",核心在"藏"。数量充足和高质量的耕地是基础,同时,还必须有完好的"养地"与"用地"机制。因此,应强化"护地""建地""养地""用地"观念,即走护、建、养、用"四结合"之路。

实施"藏粮于地"战略，关键在"地"，核心在"藏"。数量充足和高质量的耕地是基础，同时，还必须有完好的"养地"与"用地"机制。因此，应强化"护地""建地""养地""用地"观念，即走护、建、养、用"四结合"之路。

学术界对于"藏粮于地"战略的实施对策也有较多研究。封志明等认为"藏粮于地"战略的主要内容是：切实保护好耕地，建立国家级耕地保护区；实施土地整理，提高土地资源利用率；建设基本农田，提高土地资源生产效率；建立小区平衡机制，提高农业资源区域配置效率；立足全部国土，挖掘非耕地食物资源生产潜力①。杨正礼等认为，我国实施"藏粮于田"战略的总体思路是遵照粮食经济和生态系统的科学原理，以政策的细化和落实为保障，分区调研规划为基础，科技先行为支点，系统保育为方略，基础条件建设为主体，政府、群众齐参与，通过坚持不懈的努力，保质保量地建设基本农田，保障我国"藏粮于田"战略的实施②。陈印军等认为，"藏粮于地"战略的关键在"地"，核心在"藏"。数量充足和高质量的耕地是基础，应走护地、建地、养地与用地"四结合"之路③。柯炳生认为"藏粮于地"战略的关键是保住耕地面积和提高耕地质量。提高耕地质量的措施主要是土地整治、农田水利工程、耕地质量保护、休耕轮作④。杨文杰等认为应在结合休耕主体投入

① 封志明，李香莲. 耕地与粮食安全战略：藏粮于土，提高中国土地资源的综合生产能力 [J]. 地理学与国土研究，2000（3）：1-5.

② 杨正礼，卫鸿. 我国粮食安全的基础在于"藏粮于田" [J]. 科技导报，2004（9）：14-17.

③ 陈印军，易小燕，陈金强，等. 藏粮于地战略与路径选择 [J]. 中国农业资源与区划，2016，37（12）：8-14.

④ 柯炳生. 怎样才能做到藏粮于地？[N]. 农民日报，2018-08-15（A3）.

差异、技术路径、农户利益、周期及机会成本波动等因素的基础上，构建符合休耕区域要求的差别化动态补偿模式①。谢花林等认为在污染地区实行耕地休耕政策具有较大的正外部性，中央政府及时给予地方政府足额的经费，有利于地方政府完成休耕计划，从而获得更大的生态效益②。陈展图等从休耕区域模式、休耕地的诊断与识别、休耕规模的确定、休耕地的时空配置、休耕补助标准及方式、休耕行为主体的响应及协调、休耕地的管护和休耕地的监测评估等方面构建了中国休耕制度框架③。梁鑫源等认为当前中国的耕地资源仍存在较大的利用潜力，科学保护耕地应该以数量管控为前提，以产能提升为核心，以促进健康为保证，做好用养结合，兼顾利用效率，并实施有效监管④。蓝红星等提出基于大食物观的"藏粮于地"战略要协调好全方位利用国土资源与生态保护的关系，统筹好农业主产区类型拓展与产业结构优化的关系，把握好防止耕地"非粮化"与引导耕地合理"食物化"的关系，处理好国内耕地资源利用与海（境）外耕地投资的关系，以全方位夯实我国粮食安全根基，全面推进中国式农业农村现代化⑤。

① 杨文杰，刘丹，巩前文. 耕地休耕差别化动态补偿模式构建及其保障措施［J］. 农村经济，2018（9）：36-42.

② 谢花林，金声甜. 基于利益博弈视角下的重金属污染区耕地休耕问题研究［J］. 生态经济，2018，34（7）：190-195.

③ 陈展图，杨庆媛. 中国耕地休耕制度基本框架构建［J］. 中国人口·资源与环境，2017（12）：126-136.

④ 梁鑫源，金晓斌，韩博，等. 新时期"藏粮于地、藏粮于技"战略解析与路径探索［J］. 中国农业资源与区划，2022（4）：2-12，23.

⑤ 蓝红星，李芬妮. 基于大食物观的"藏粮于地"战略：内涵辨析与实践展望［J］. 中州学刊，2022（12）：49-56.

第一节 "藏粮于地"战略的政策和制度设计

我们认为应重点聚焦现有耕地生产能力保护和耕地潜在生产能力挖掘两个维度进行"藏粮于地"战略的政策和制度设计。在现有耕地生产能力保护方面，重点放在耕地保护制度优化、耕地空间规划管控和建立耕地战略储备制度上；在耕地潜在生产能力挖掘方面，重点从高标准农田建设、"撂荒地"恢复整理、耕地后备资源开发、复种指数提高等方面发力。通过现有耕地生产能力保护和耕地潜在生产能力挖掘，可形成"藏粮于地"战略的耕地资源支撑。具体见图6-1。

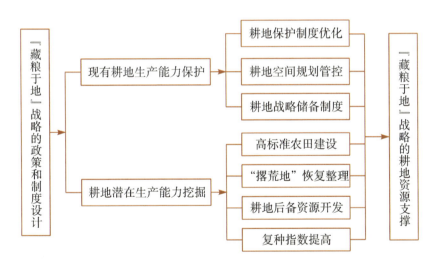

图6-1 "藏粮于地"战略的政策和制度设计

一、耕地保护制度优化

我们认为应坚持耕地保护党政同责，采取"长牙齿"的硬措施加强耕地保护。自1986年以来，中央政府在耕地数量保护、质量建设、用途管制、占补平衡、开发整理复垦、法律约束等方面建立了一套相对完整且严格的耕地保护政策与法律体系，包含永久基本农田、占补平衡、轮作休耕等相关制度①，国家政策对耕地利用与变化的影响呈现不断强化的趋势②。在过去的土地利用与管理实践中，受地方保护主义思维影响，地方政府往往选择性地执行中央耕地保护政策③。耕地占补平衡政策成为协调地方和国家"发展"与"吃饭"矛盾、优化区域土地利用结构和科学配置土地资源的有效手段④。由于缺乏有效的激励机制，加之地方政府对土地财政过度依赖，以及地方政府与中央政府的利益博弈等，耕地保护政策在实施过程中出现了占多补少、占优补劣、挪用补偿、浪费土地资源等执行偏差，导致粮食产能被隐性降低⑤。因此，占补平衡侧重型的耕地保护制度有必要转换为永久基本农田保护并重型，围绕数量、质量、健康综合目标，促使耕地利用方式由短期过渡型向长久保护型转变⑥。就整体而言，中国耕地保护政策强度随时间推移表现出阶段性上升趋势，未来耕地保护制度的改革创新方向应侧重于建立弹性与刚性相结合的差异化耕地占补平衡机制⑦。

---

① 匡兵，卢新海，韩璟. 政策工具如何影响中国耕地保护效果［J］. 中国人口·资源与环境，2019（11）：111-119.

② 谭永忠，吴次芳，王庆日，等. "耕地总量动态平衡"政策驱动下中国的耕地变化及其生态环境效应［J］. 自然资源学报，2005（5）：727-734.

③ 王庆日，郎海鸥，仲济香，等. 2020年土地科学研究重点进展评述及2021年展望［J］. 中国土地科学，2021，35（2）：71-83.

④ 李国敏，王一鸣，卢珂. 耕地占补平衡政策执行偏差及纠偏路径［J］. 中国行政管理，2017（2）：108-112.

⑤ 苏伟忠，叶高斌，杨桂山. 1985—2010年太湖流域粮食产能隐性增减评估研究［J］. 自然资源学报，2014（8）：1366-1376.

⑥ 吴宇哲，许智钶. 休养生息制度背景下的耕地保护转型研究［J］. 资源科学，2019（1）：9-22.

⑦ 刘洪彬，陈文亮，李顺婷，等. 基于政策文献量化的我国耕地保护制度演进规律研究［J］. 土壤通报，2020（5）：1079-1085.

二、耕地空间规划管控

土地利用总体规划作为耕地用途管制和集约节约用地的纲领性文件，对城市建设规划、产业发展规划等起到统领作用，并具有法律效力，不能轻易更改。但在实际工作中，以耕地保护作为第一任务的土地利用规划主要包括微观农业园区规划和宏观区域土地总体规划，而细分保护方式的中观空间控制性规划相对缺乏①，加之地方政府出于对政绩的考量，规划的实施无法妥善协调开发、利用、管控与修复的关系。因此，耕地保护规划的关键做法应是针对性的耕地保护方式，即对不同种植类型、质量效益、区域属性的地块制定差异化耕地"红线"保护类型②，进而在中国土地资源分布失衡以及耕地保护与城镇建设、生态建设时空冲突的背景下为维护优质健康耕地数量和布局提供路径选择③。传统耕地保护制度的核心目标是保护耕地的生产能力，而耕地科学合理布局的核心内容是保证耕地质量要求的核心目标④。不同区域或省份应在国家统一的耕地保护政策框架之下，制定更具有针对性的地方施政措施和调控细则，动态识别耕地变化热点区域，提升耕地资源管理的精准定位和因地施策能力⑤，进而为特定地区的特定目标群体单独设计可持续

① 吴宇哲，许智钰. 休养生息制度背景下的耕地保护转型研究 [J]. 资源科学，2019（1）：9-22.

② 吴宇哲，许智钰. 休养生息制度背景下的耕地保护转型研究 [J]. 资源科学，2019（1）：9-22.

③ 汤怀志，桑玲玲，郧文聚. 我国耕地占补平衡政策实施困境及科技创新方向 [J]. 中国科学院院刊，2020（5）：637-644.

④ 侯现慧，王占岐，杨俊，等. 基于产能核算和土地质量地球化学评估的县域基本农田布局研究 [J]. 中国土地科学，2016（1）：89-97.

⑤ 袁承程，张定祥，刘黎明，等. 近10年中国耕地变化的区域特征及演变态势 [J]. 农业工程学报，2021（1）：267-278.

的土地管理政策和计划，结合轮作休耕与多样化种植，在粮食主产区尝试保护性休耕，推动不同粮食品种生产优势区发展[1][2]。

三、耕地战略储备制度

设计耕地战略储备制度的目标在于建立国家耕地战略储备区，构建以耕地生产能力为核心的动态占补平衡机制，在约束建设和农业结构调整侵占耕地的同时，加强耕地利用中的生态环境保护。修订《中华人民共和国土地管理条例》等法律法规，明确实施耕地战略储备制度。将宜耕未利用土地资源中光热水土条件好、集中连片程度高、与生态用地空间冲突少的区域划定为国家补充耕地储备区，保障国家重大项目跨区域补充耕地需求。适度放宽跨省域补充耕地国家统筹实施条件及范围，根据区域经济发展、资源环境承载状况和耕地后备资源条件，在经济发达地区、重点发展区域实施建设用地使用国家统筹补充耕地指标试点，以各省份申请、国家批准、异地集中开展补充耕地统筹方式，地方按规定足额缴纳补充耕地资金（用于补充耕地支出和承担补充任务地区发展补偿）后即可供地。

四、高标准农田建设

2023年的中央一号文件明确提出，要"实施新一轮千亿斤粮食产能提升行动"。高标准农田建设作为产能提升行动的重要内容，除"完成高标准农田新建和改造提升年度任务"外，还要"制定逐步把永久基本农田全部建设为高标准农田的实施方案"。

---

① 陈祥云，李荣耀，赵劲松. 我国粮食安全政策：演进轨迹、内在逻辑与战略取向［J］. 经济学家，2020（10）：117-128.

② 袁承程，张定祥，刘黎明，等. 近10年中国耕地变化的区域特征及演变态势［J］. 农业工程学报，2021（1）：267-278.

根据前述分析，中国现有耕地中约有 2/3 是中低产田，且点多面广，改造和提升难度大。但其中土地质量较好、产量未达到应有水平的中低产田，只要增加投入、加强管理，就可以将其改造成高产田；对农业利用有一定限制、质量中等的土地，只要按其适宜性调整作物生产布局，或采用简单的改良措施，消除其限制因素，就可以达到增产效果。从投资效益来看，中产田增产的效益既高于高产田，也高于低产田。这是因为高产田已接近生产极限，处于报酬递减阶段，而低产田的改造费用又远高于中产田。因此，应采取"主攻中产田、改造二等地、巩固高产田，有计划地改造低产田"的方针。为此，中央应统一制定中低产田改造规划，提出改造措施，制定科学详尽的中低产田改造进度表，由各级政府积极组织实施，有计划地进行逐片、逐块、逐丘改造，限期达到目标。中央政府可以将中低产田改造列为考核地方政府政绩的重要指标之一，在做好规划的前提下，加大执行力度。中低产田改造工作是一项庞大的系统工程，耗资巨大。目前，中低产田改造的难点在于没有建立起有效的投入机制。本书认为，较符合实际的办法有：一是根据不同内容分类实施。农田共用的基础设施（如道路、农田水利设施等）可由财政投资、农民投工来共同解决；土地整治（如土壤改良、地力培肥等）可由财政给予少量补贴、以土地经营者投入为主来解决。随着土地流转的逐步推进，应鼓励形成土地经营者投入为主、财政补贴为辅的中低产田改造投入机制。二是在中低产田改造中，可以按照"统筹使用"原则，以农业综合开发中低产田改造项目为平台，将与中低产田改造密切相关的自然资源部土地整理、农业农村部优质粮食产业工程、国家林业和草原局防护林工程及生态建设等中央农业口项目资金，统筹规划，集中使用。

根据《全国高标准农田建设规划（2021—2030 年)》，国家将在规划期内集中力量建设集中连片、旱涝保收、节水高效、稳产高产、生态友好的高标准农田，形成一批"一季千斤、两季吨粮"的口粮田，满足人们粮食和食品消费升级需求，进一步筑牢国家粮食安全基础，把饭碗牢牢端在自己手上。通过新增建设和改造提升，力争将大中型灌区有效灌溉面积优先打造成高标准农田，确保到 2022 年建成 10.00 亿亩高标准农田，以此稳定保障 1.00 万亿斤以上粮食产能。到 2025 年建成 10.75 亿亩高标准农田，改造提升 1.05 亿亩高标准农田，以此稳定保障 1.10 万亿斤以上粮食产能。到 2030 年建成 12.00 亿亩高标准农田，改造提升 2.80 亿亩高标准农田，以此稳定保障 1.20 万亿斤以上粮食产能。把高效节水灌溉与高标准农田建设统筹规划、同步实施，规划期内完成 1.10 亿亩新增高效节水灌溉建设任务。高标准农田建设按照"政府推动、农业农村部门主导、相关部门协作、集中统一、上下联动"的要求，以各省为单位，成立由省长任主任、分管副省长任副主任，农业农村、财政、水利、自然资源等相关部门主要领导为成员的高标准农田建设工作领导小组，高位推动高标准农田建设，省内各级政府成立相应组织机构，明确职能分工、制定工作细则、压实责任；构建部、省、市、县四级农田建设管理支撑保障体系，制定适宜地区特点的运行制度，整合吸纳相关部门从事高标准农田建设的专业技术力量，建强各级农田建设人才队伍，鼓励成立农田建设专职事业单位，形成科学合理的高标准农田建设管理体制。依据高标准农田建设规划布局和建设标准，分区调研测算高标准农田建设资金投入需求。在积极争取中央财政资金的同时，各省建设投资超出部分，通过探索形成适宜地区特点的整合财政资金、发行高标准农田建设专项债券、新增耕地指标交易、引导社会资本投入等资金筹措机制。

五、"撂荒地"恢复整理

耕地撂荒是农户基于收益最大化原则，对人力资本与耕地资源结合与否的理性行为选择，受到多重宏微观因素综合影响，而农业比较收益偏低是造成耕地撂荒的最直接原因。农业比较收益偏低最直接的结果是推动农业劳动力向比较收益高的非农业转移，由此带来大量耕地撂荒。耕地撂荒，一方面导致粮食总产量减少，影响国家的粮食安全，与中国耕地资源稀缺、大量农产品依赖进口的现象相矛盾；另一方面大量耕地撂荒意味着中国粮食增产和调整结构运作空间潜力大。耕地撂荒的效应研究结果会影响区域生态保护政策和管护措施的制定，而撂荒效应的区域差异性要求在制定政策的时候考虑各地"撂荒地"的综合效应，制定合理的预防和治理措施，尽量减轻耕地撂荒带来的不利影响。中国在 2008 年后大幅度提高粮食收购价格，扭转了持续的耕地撂荒现象。应继续发挥农产品价格政策对提高农业净收益的作用，多措并举提高农业比较收益。鉴于丘陵山区"撂荒地"较为普遍的现实，需要根据"撂荒地"的区域差异制定差异化政策措施，尽量减轻耕地撂荒带来的不利影响，并对有代表性的山区农耕文化或具有较高生态价值的山区农村进行保护，采取特殊农业补贴或支持旅游发展等措施维护生态适宜、人地和谐的农耕文化和景观，促进山区农村可持续发展。

六、耕地后备资源开发

中国耕地后备资源存在分布范围较广、区域差异十分明显的特点，因此在开发利用耕地后备资源时，须依据不同地区的实际情况选择最合适的开发利用方式及目标，以便有效提升耕地后备资源利用率。在开发利用耕地后备资源的过程中，须确定耕地后备资源开发利用优先次序，依据不同地区的资源承载能力和粮食生产状况，明确耕地后备资源重点开发区域、适度开发区域、生态建设区域等，并明确不同区域耕地后备资源开发利用目标，采取合理、有效的开发策略，提升资金利用率。在开发利用耕地后备资源时，必须严格遵循"在开发中保护、在保护中开发"原则，保证在耕地后备资源开发过程中不对当地生态环境造成不良影响，因此须制定耕地后备资源开发管理体系。在开发利用耕地后备资源时，须进行全面调查及生态环境影响评估，合理分析新开发耕地是否将影响当地生态环境，并制定有针对性的生态保护方案及措施。在开发耕地后备资源时，须依据当地生态环境特征进行规划及设计，保证施工操作的合理性、科学性，充分利用当地生态环境，加强对开发项目的生态管理。在开发项目施工完毕之后，须加强对新增耕地的管理及维护，以保证新增耕地质量。

第二节 "藏粮于地"战略的机制建设

一、"藏粮于地"的投入保障机制

无论是现有耕地生产能力保护，还是耕地潜在生产能力挖掘，都需要大量的资金投入，需要建立长效的投入保障机制。但是，资金的投入主体是谁？资金投入量多大？资金投向哪里？资金投入是否有效？如何监管？对这些问题都需要予以明确回答。

（一）明确"藏粮于地"战略的资金投入主体

政府（包括中央政府和地方政府）是"藏粮于地"战略资金投入的重要责权主体。鉴于乡镇政府的财力状况，建议乡镇政府退出"藏粮于地"战略的资金投入主体序列，改为担任执行主体。除了加大政府投入力度以外，还要培育更多的"藏粮于地"战略资金的市场投入主体。诸如高标准农田建设、中低产田改造、"撂荒地"整治等项目，可以通过加强基础设施建设和制定优惠政策，改善"藏粮于地"战略资金投入的市场环境和政策环境，通过多种方式培育和吸引更多的市场主体参与"藏粮于地"战略的实施。但是，在培育和吸引市场主体参与"藏粮于地"战略资金投入的过程中，要加强政府管制和实行准入制度，对于适合市场主体介入的项目可由其进行投入和运营。同时，要加强对农村专业合作组织的扶持和农村精英的培育，使其尽快成为"藏粮于地"战略资金投入的私人主体或私人合作主体。还可以考虑恢复"两工"（农村义务工和劳动积累工）制度，对于需要大量进行劳动力投入的"藏粮于地"项目，可对其进行组织动员，以劳动替代资本的方式进行投入。

（二）完善"藏粮于地"项目的资金投入决策机制

建立"藏粮于地"项目的需求表达机制，加大农村基层民主制度建设力度，充分实行村民自治，通过村民委员会制度和乡（镇）人民代表大会制度，使农民通过直接或间接的渠道充分表达自己对"藏粮于地"项目的需求，实现"藏粮于地"项目投入决策程序由"自上而下"向"自下而上"转变；同时，加强财政预算的科学性，建立合理有效的投入决策运行机制；坚决落实中央的各项政策，按照城乡融合发展的要求，坚持工业反哺农业、城市支持农村的方针，加大财政支农资金以及财政转移支付力度，确保"藏粮于地"项目投入资金的稳定增长。充分发挥各级人民代表大会的作用，加强人大代表与人民群众的联系，加强人大的审批权和监督权，同时还要保证全体村民对"藏粮于地"项目投入决策的知情权，并将"藏粮于地"项目投入决策置于村民的有效监督之下。

（三）完善"藏粮于地"项目资金投入的监督机制

提高国家预算的透明度，并做到专款专用。财政部门和审计机关加强对财政预算支出的监督和检查，尤其是加强对预算外资金的监督与管理；充分发挥各级人大的公共选择作用和各级人民政府的监督作用，完善财政决策中作为权力机构的各级人民代表大会与作为执行机构的各级政府间相互制衡和约束机制；改革现行的干部考核机制和任免机制，建立地方政府内部的自我约束机制；结合村民自治制度建设，建立村务公开和民主理财的长效机制，充分发挥广大农民在涉及村民利益的"藏粮于地"项目资金投入过程中的民主监督主体地位与作用，还要建立和完善能够充分发挥包括政府职能部门在内的外部监督机构作用的有效制度，特别是有利于发挥专业审计监督机构独立监督职能方面的制度建设。

二、耕地质量的动态监测机制

中国耕地长期高强度、超负荷运转，基础地力下降等问题突出，已成为制约农业可持续发展和粮食综合生产能力提升的关键因素。为保障国家粮食安全，提升耕地质量，必须严格执行《耕地质量调查监测与评价办法》①，加强耕地质量调查监测与评价。

① 《耕地质量调查监测与评价办法》（中华人民共和国农业部令 2016 年第 2 号）于 2016 年 5 月 3 日经原农业部第 4 次常务会议审议通过，自 2016 年 8 月 1 日起施行。

（一）完善耕地土壤环境质量监测网络

进一步完善耕地土壤环境质量例行监测制度，建立耕地质量长期定位监测点，保持监测点的常态化运行，完善耕地质量监测网络，对重点流域、典型作物种类、土壤类型和耕作制度的耕地土壤理化性状、养分状况等质量变化开展动态监测，逐步实现主要粮食生产功能区和重要农产品生产保护区全覆盖。

（二）动态调整耕地土壤环境质量类别

开展耕地污染成因识别和排查，加强土壤污染源头控制。按照"先排查、后调整"的思路，持续开展耕地污染状况加密调查、土壤和农产品协同监测评价、受污染耕地地块排查登记等。建立受污染耕地安全利用成效跟踪机制，根据土地利用变更、土壤和农产品协同监测结果等，动态调整耕地土壤环境质量类别。

（三）不断提升耕地质量监测信息化管理水平

创新耕地质量动态监测技术，创建耕地质量监测评价指标体系。整合农产品产地土壤污染状况普查、农用地土壤污染状况详查、产地环境例行监测等数据，稳步开展耕地质量年度监测评价，充分挖掘监测数据资源，建立农产品产地环境基础数据库，动态更新与实时管理耕地土壤环境质量大数据，实现产地环境监测数据深度挖掘与信息共享。大力推广成果应用，与农业生产和绿色发展相结合，着重分析耕地生产的障碍因素，为因地制宜开展耕地质量建设、提升耕地综合生产能力提供依据。

三、耕地保护监管机制

传统耕地保护主要从制度上监督省、市、县落实耕地保护的责任，普遍采用的是日常巡查、分片执法等手段，存在问题遗漏，问题发现不及时、时效性不强等问题，主动监管手段不足。因此，及时发现耕地利用变化情况并有效监管，是耕地保护监测监管体系建设的关键。

（一）压实耕地保护主体责任

落实最严格的耕地保护制度，严格执行耕地保护党政同责，按照自然资源部办公厅印发的《关于完善早发现早制止严查处工作机制的意见》（自然资办发〔2021〕33号），推动建立"田长制"，实行覆盖县、乡、村三级联动的耕地保护网格化监管机制，压实耕地保护属地监管责任。"田长制"按照属地管理原则，以签订责任书的形式将耕地保护任务落实到责任人、责任地块，实现"横向到边、纵向到底、全覆盖、无缝隙"的耕地保护新机制。借鉴总结和推广典型耕地保护基层管理制度，建立政府"自上而下"与基层"自下而上"相结合的监管模式，增强镇政府、村级组织和村民的耕地保护意识，强化耕地保护的群众监督机制。将耕地保护纳入省级政府耕地保护责任考核目标，将耕地、永久基本农田、设施农业用地等重点区域监测结果情况列为重要考核指标，作为年度自查、期中检查、期末考核的量化评分基础，同时为地方开展耕地保护实施奖惩提供依据。

（二）强化耕地动态监测的技术手段

充分运用物联网、大数据、人工智能、5G等信息技术手段，对耕地开展动态监测、分析、研判，探索耕地资源数量、质量、生态"三位一体"监管体系建设，解决"源头→过程→结果"耕地保护缺乏有效监测数据与智慧平台等问题。建立"天地网一体化"的技术体系，通过卫星影像数据定期解译判读耕地变化情况，借鉴调查云举证平台进行占用耕地情况现场核实，建立监管平台实现部、省、市、县（区、市）四级联动监管，实现"天上看"及时发现、"地上查"及时制止与处理、"网上管"有效监管，完善耕地保护监测监管技术手段。

（三）探索耕地保护长效激励机制

坚持耕地集约节约利用和有效开发相结合，确保耕地总量不减少、质量不下降。加大财政投入力度，积极稳妥推进多样化土地开发整理模式和多元投入机制。国家层面应设立耕地保护专项资金，重点用于耕地保护监测监管、地力培肥、补充耕地后期管护、耕地保护补偿激励等。探索将新增建设用地土地有偿使用费、跨省域国家统筹补充耕地结余资金、城乡建设用地增减挂钩节余指标跨省域调剂结余资金以及其他财政渠道来源的资金，用于耕地保护监管和补偿激励工作。加大执法监察力度，落实日常巡查监管，严厉查处耕地违法行为，坚决遏制耕地"非农化"，防止"非粮化"。加强规划控制，提高合法占用耕地的成本，严控征占耕地规模和速度。

第三节 "藏粮于地"战略的实现路径

一、严守耕地保护红线，优先保障种粮用地

一是坚决稳住耕地数量，加强土地的用途管制，严格管控土地的用途转化。落实最严格的耕地保护制度，严格永久基本农田管理制度，坚决遏制耕地"非农化"，防止"非粮化"，确保粮食生产功能区范围内耕地数量不减少、质量不下降。对于确实因社会或经济发展需要而转换土地用途、占用耕地的，必须落实好"以补定

占、先补后占"的"占补平衡"补充耕地制度和"占优补优、占水田补水田"的耕地"占补平衡"责任。二是科学合理利用好耕地资源。粮食安全是国家安全的重要基础，必须把粮食生产摆在耕地利用的首位，把有限的耕地资源首先用于生产粮食，把最好的耕地优先用于生产粮食。统筹利用好农村"撂荒地"。三是开展耕地质量保护和提升行动。加快测土配方施肥、秸秆还田、增施有机肥、绿肥种植、绿色防控等技术推广速度，促进化肥、农药减量增效。保护和提升耕地质量，努力实现农田排灌能力、农机作业能力、耕地生产能力"三力"提升，确保耕地持续、高效产出，稳定提升粮食产能。四是强化永久基本农田划定监管手段，确保优质耕地得到永久性保护。将"优先划"落实到位，即加强对城镇周边、交通沿线容易被占用的优质耕地永久基本农田划定工作的监管，保证90%以上的耕地划入永久基本农田进行保护。

二、推进农业污染治理，加强耕地质量保护

加强污染治理、循环利用和生态保护，深入推进农业投入品减量化、生产清洁化、废弃物资源化、产业模式生态化发展，从源头减少农业面源污染。大力发展测土配方施肥和农作物病虫害统防统治与全程绿色防控，切实加强秸秆、农膜废弃物资源化利用，实现农药、化肥、农膜使用量负增长，充分发挥上市的农药、化肥企业在粮油投入品绿色减量发展方面的引领作用，创新"科研机构+农技推广+农资企业+社会化服务主体+基地（农户、新型主体）"模式。形成科技研发、绿色农资开发、绿色减量技术推广一体化发展的新格局。积极开展涉镉等重金属污染治理，通过调改结合建设减少粮食产地污染示范区，降低农产品中镉等重金属超标风险。加强

耕地质量动态监测与评价，推进耕地质量监测点位涉农县（市、区）全覆盖，开展县域耕地质量等级评价。

三、加强高标准农田建设，提高粮食综合生产能力

建设"集中连片、旱涝保收、宜机作业、节水高效、稳产高产、生态友好"的高标准农田是实施"藏粮于地"战略的基础。整合现有农田水利建设、土地整治、农业综合开发、新增千亿斤粮食产能田间工程建设、耕地质量保护与建设等各种投资渠道，进一步加大高标准农田建设和投入力度。以粮食生产功能区和重要农产品生产保护区的划定为基础，依托不同类型区的国家级、省级现代农业园区，推动农、科、教紧密结合，遵循"以产定田"原则，研究建立不同生态类型、不同生产目的的专用化高标准农田标准及差异化的建设资金投入机制。以粮食生产重点县为主体，摸清粮田底数和建设潜能，根据地理条件、粮食作物生产需求，布局高标准农田建设。加强高标准农田建设投入，适度提高标准，鼓励、支持粮食生产重点县提高粮田的基础设施建设配套水平，大规模开展田网、渠网、路网"三网"配套和耕地地力建设，积极推进机械化、规模化、标准化"三化"联动，提升粮田排灌能力、农机作业能力、耕地生产能力，稳定提升粮食产能。构建"高标准粮田+一般粮田+后备粮田"的粮田体系，在建设高标准农田的同时，抓好低产田的改造和后备粮田的储备。平常没有种粮，但可以经过改造转产的耕地，应作为后备粮田，在需要转产种粮时迅速调整种植结构投入粮食生产。同时，研发并建立保障农业高质高效的专用化高标准农田建设技术规范，按照农业生产不仅要求产出高产农产品，也要产出优质农产品，更要产出安全绿色化、功能化、强营养化、可

追溯的健康农产品的要求，增加"本底清楚、资源高效、绿色生态、田园美化、配套完善、线上线下"等新的建设标准内容，修订建立保障农业高质高效的高标准农田建设技术规范。

四、加强耕地轮作休耕制度建设，必须坚持"四个统一"

第一，坚持粮食安全、食品安全、生态安全统一。首先，粮食安全是基础。不能因为实施耕地轮作休耕而减少粮食生产量，影响粮食安全，要在确保"吃饭有保障""粮食有安全"的前提下实行轮作休耕。其次，食品安全是关键。在耕地遭受严重污染，特别是重金属污染的情况下，生产出来的农产品会危及人民身体健康，对这类耕地就必须毫不犹豫地坚决进行轮作休耕。最后，生态安全是根本。轮作休耕不是目的，轮作休耕是维护生态安全、食品安全的手段和方法，确保生态安全才是根本目的，有了生态安全作为保障，食品安全才有希望。

第二，坚持经济效益、生态效益、社会效益统一。推进耕地轮作休耕，必须正确处理经济效益、生态效益、社会效益三者之间的关系，做到"三效"统一。首先，实施耕地轮作休耕，往往要牺牲部分经济效益，生态效益是明显的、正面的；而从社会效益来看，轮作休耕维护了食品安全，显然社会效益也是正面的、积极的。其次，为了弥补农户因实施耕地轮作休耕而形成的经济损失，国家和集体要给农户应有的补偿和补贴，从而推动耕地轮作休耕可持续发展。

第三，坚持耕地"休""养""用"统一。实现耕地轮作休耕，"休"是积极的"休"，在"休"的过程中要尽量地"养"，即通过种植养地作物（绿肥、豆类作物等）、采取养地措施（土壤耕翻晒垄、秸秆还田、施用有机肥等）以达到"养"地的目的。耕地不论是"休"，还是"养"，其目的均是为了恢复、培育、提高土壤肥力，提升耕地生产力，以便更好地"用"。也就是说，耕地"休""养"的目的是"用"。"用"是目的，"休""养"是手段。在生产实践中，要尽量做到"寓休于养""寓养于用"，"休""养""用"相结合。

第四，坚持国家利益、集体利益、农户利益统一。从国家利益、集体利益而言，就是要实施轮作休耕，以维护生态安全、食品安全。但从农户利益而言，实行轮作休耕，会减少农作物种植面积，影响农户经济收入。如果没有适当的、必要的经济补偿，农户肯定是不愿意休耕的，但从大局来看，又必须实行轮作休耕。显然，给农户发放轮作休耕的经济补偿和补贴是必不可少的。只有这样，才能使轮作休耕健康地向前发展，才能实现国家利益、集体利益、农户利益的统一。

五、完善政策扶持体系，提升农户粮食生产积极性

建立健全粮食产业发展的政策扶持体系，完善和落实粮食补贴政策，新增粮食补贴向主产省份和主产县份倾斜、向新型农业经营主体倾斜。培育扶强加工龙头，整合提升粮油产品区域品牌，促进生产、加工、品牌等产业链条融合发展。现有高标准农田、大中型灌区续建配套及节水改造等农业基础设施建设投资要积极向粮食生产功能区倾斜，率先在粮食生产功能区范围内建立以绿色生态为导向的农业补贴政策，采取财政扶持、信贷支持措施，鼓励新型农业经营主体通过合作式、订单式、托管式等粮食生产经营服务模式开展社会化服务。支持金融机构创新粮食生产和加工的金融产品和服

务，创新推出促进粮食生产、加工、储备等方面的普惠小微专属信贷产品，完善信贷管理机制，拓宽抵（质）押物范围。不断创新数字普惠金融应用模式。指导政策性担保机构加强对粮食增产提升行动的融资担保服务。协调金融机构加大对粮食产业发展相关主体的再贷款支持力度。支持金融机构将物联网、区块链等新技术嵌入粮食种植、加工、销售等环节，赋能农业供应链资金流、商品流、物流深度融合，规范发展供应链金融。深化粮食种业发展金融服务专项行动，精准对接科研机构和优质种业领军型企业融资需求，优化种业创新平台、重点技术攻关项目等金融服务。探索农机研发、制造、推广应用一体化融资服务模式。扩大实施主要粮食品种完全成本保险和种植收入保险试点。进一步丰富生产托管、农机具综合保险等特色农业保险品类，优化"保险+期货"功能，强化价格端的保障功能。

六、树立国家"大食物"安全观,构筑粮食安全立体防线

粮食安全与能源安全、金融安全并称三大经济安全，其中粮食安全居于首位。确保国家粮食安全是重大战略，而不是技术策略。习近平总书记强调，对粮食问题，要从战略上看，看得深一点、远一点。立足国内保障自给，牢牢掌控粮食安全主动权，这是中国的基本国情决定的。从"大食物"安全观的角度出发，应深入实施"六藏两生"战略，拓展食物的供给渠道，构筑国家粮食安全的立体防线，确保粮食供给的稳定性和可持续性。

（1）"藏粮于地"就是在确保耕地数量底线的前提下，以高标准农田建设为抓手，提高粮食综合生产能力，实现粮食生产的稳产高产。一是加快粮食生产功能区和重要农产品生产保护区的划定工

作进度，为保障国家粮食安全提供基础地力支撑。二是在稳定粮食产量的基础上，继续在严重干旱缺水的地下水漏斗区、重金属超标的重度污染区和生态严重退化地区实行轮作休耕，以涵养地力；加快推进化肥、农药使用量零增长行动，提高化肥、农药使用效率，以避免农业面源污染加剧。三是进一步加大投入力度，加快农田水利、田间沟渠等农业基础设施建设，补齐农业基础设施短板，大规模开展集中连片、土地平整、设施完善、与现代化生产经营方式相适应的高标准农田建设。

（2）"藏粮于技"就是依靠科技进步提高粮食单位面积产量和粮食生产效益。其重点是坚持战略需求导向，完善协同创新体系，增强创新资源集聚转化功能，在农业种源、装备、设施与加工设备等关键环节和领域，以破解"卡脖子"技术为突破口，实施关键核心技术攻关工程和产业技术路线图计划，加快形成以市场为导向、以企业为主体、产学研用深度融合的科技创新体系，不断增强粮食产业链供应链自主可控能力。加快绿色储粮先进技术推广应用，探索使用物理、生物源储粮药剂等绿色防护技术，推动仓储技术升级，改善储粮条件，减少储粮损耗，提高储粮品质。加快5G、人工智能、大数据等新一代信息技术与粮食的产、购、储、加、销深度融合，推进"互联网+"，拓展"智能+"，推进粮食产业数字化、智能化，提升粮食流通管理和粮食产业发展数字化治理水平。

（3）"藏粮于库"就是库中存粮的数量和品种结构要能起到调节粮食供需和平抑粮食市场价格的作用。从历史经验来看，当粮食库存消费比低于25%时，容易引发大范围的粮价波动和市场供应紧张局面。当前粮食库存结构已有重大调整，农民普遍不再大量存粮，在储备方式上可以发挥市场机制配置粮食资源的作用，大力培育市场化储粮主体，以减轻政策性储粮的压力。

（4）"藏粮于民"就是提升新型农业经营主体的储粮能力。当前，农户的储粮意愿和储粮规模下降，增大了政策性粮食储备的压力。同时，农户专业合作社、家庭农场等新型农业经营主体已经成为粮食生产经营的主力军，其储粮意愿日益增强。在政府财政资金有限的情况下，以"优质粮食工程"为抓手，通过财政补贴撬动社会资金建设粮食仓储设施是一种必然趋势。其重点是支持新型农业经营主体建设以粮食烘干、储藏、加工为主要内容的粮食产后服务中心，健全运营机制，创新服务方式，提升其代清理、代干燥、代储存、代加工、代销售"五代"和市场信息、生产资料、技术指导等专业化服务水平，既能实现"藏粮于民"，又能助农增收。

（5）"藏粮于企"就是提升企业周转储备粮的市场调节能力。粮食加工企业是粮食周转储备的主体，是粮食转化的重要渠道，加工业越发达，粮食市场就越活跃。但是，加工用粮过多也会挤占食物用粮。因此，国家应制定支持粮食加工企业发展和保障粮食市场稳定的协调性政策。当市场上粮食供给过剩时，可多加工粮食；当市场上粮食供给不足时，应少加工粮食；遇到极端情况时，可以强制加工企业停产或限产，以保障居民基本口粮需要。

（6）"藏粮于外"是适度进口战略的具体化。中国水土资源有限，粮食生产的基础还比较薄弱，粮食供需的结构性矛盾还比较突出，粮食购销市场化改革仍在进一步推进之中。在国内资源稀缺和生态环境刚性约束越来越严厉的情况下，充分利用好国内国际两个市场、两种资源，通过适度进口弥补国内部分粮食品种供需缺口是一种适时灵活的战略选择。但是，适度进口要掌握好平衡点，把握好进口的度，真正实现有效调剂国内粮食余缺的目标。

（7）"生粮于山"就是充分发挥中国丰富的山地、草原和森林资源在粮食增产、发展木本食物方面的作用。合理开发利用南方的草山草坡生产木本食物和发展草食动物，可弥补中国农业资源的不足，增加食物来源。在保护、建设、利用北方草原的基础上发展生态草牧业，以增加肉、蛋、奶等产品供给。中国有各类天然草原近4亿公顷，占国土面积比例超过40%，是世界上草原资源较丰富的国家之一。草原食物资源开发长期以来以草食畜牧业为主。优质牧草粗蛋白含量在16%至20%之间，而小麦粗蛋白含量为12%，大米粗蛋白含量仅为8%，饲用玉米粗蛋白含量仅为3%~4%，因此，牧草资源是一种十分优质的动物饲料来源。草食畜牧业的快速发展，不仅能够增加动物性食品的供应，还能在一定程度上缓解我国饲料用粮尤其是蛋白饲料短缺的窘境。除此之外，有调查数据显示，在我国草原野生植物中，具有药用价值的达6 000多种，可制作成食品的有近2 000种。可以说，在保持生态平衡的前提下，草原食物资源的合理开发利用潜力巨大。森林是人类另一座食物资源宝库，中国的森林面积是耕地面积的近2倍，开发潜力巨大。研究开发木本粮油、昆虫蛋白等森林食品，对于增加食物来源、确保营养安全具有重要意义。以板栗、核桃、油茶、油橄榄等为代表的木本粮油，在中国许多地区都已有相当可观的栽种规模。木本粮油大多营养丰富，比如板栗蛋白质含量超过10%，粗纤维含量超过2%；核桃富含亚油酸，可预防和治疗心脑血管疾病；橄榄油是公认的营养和品质最好的食用油；山茶油不饱和脂肪酸含量高达90%，且富含茶多酚等活性物质。木本粮油最突出的优势在于，其大多为多年生，属于典型的"铁杆庄稼"，受气候、降水等自然条件影响小。正是由于其具有这一特点，木本粮油在过去的战争时期和饥荒时期，都发挥了重要的作用。今天，以木本粮油为代表的森林食品，也正在成为居民餐桌上日益重要的存在。

（8）"生粮于海"就是有效利用海域，提高渔业产量，保障水产资源稳定持续增长，实现可持续生态渔业的养殖方式。地球71%的面积被海水覆盖，而我国就拥有1.8万千米的海岸线、超过300万平方千米的海域，相当于我国1/3的国土面积，这也是一座巨大的食物资源宝库。要建设"现代化蓝色粮仓"，大力发展水产养殖，全方位挖掘水生食物供给潜力，开辟粮食供给新途径，形成国家粮食安全新高地。2021年，中国首次实现国产海水三文鱼养殖的深远海网箱"深蓝一号"，仅用40个标准游泳池的面积，就能达到年养三文鱼30万尾、产值1.5亿元的巨大产能。山东海洋集团建设的"耕海1号"海洋牧场综合体平台，总养殖体积3万立方米，每年可养殖优质海水鱼类20万尾，年产约15万千克，按照2021年我国居民人均14.2千克的水产品消费量计算，可满足超过1万人的年消费量。

参考文献

[1] 毕玮，党小虎，马慧，等．"藏粮于地"视角下西北地区耕地适宜性及开发潜力评价 [J]．农业工程学报，2021 (4)：235-243．

[2] 毕于运，郑振源．建国以来中国实有耕地面积增减变化分析 [J]．资源科学，2000 (3)：8-12．

[3] 曹志洪，周健民，等．中国土壤质量 [M]．北京：科学出版社，2008．

[4] 陈姗姗，陈海，梁小英，等．农户有限理性土地利用行为决策影响因素：以陕西省米脂县高西沟村为例 [J]．自然资源学报，2012 (8)：1286-1295．

[5] 陈卫．中国未来人口发展趋势：2005—2050 年 [J]．人口研究，2006 (7)：93-95．

[6] 陈祥云，李荣耀，赵劲松．我国粮食安全政策：演进轨迹、内在逻辑与战略取向 [J]．经济学家，2020 (10)：117-128．

[7] 陈印军，易小燕，陈金强，等．藏粮于地战略与路径选择 [J]．中国农业资源与区划，2016 (12)：8-14．

[8] 陈云．陈云文选：第 2 卷 [M]．北京：人民出版社，1995．

[9] 陈展图，杨庆媛．中国耕地休耕制度基本框架构建 [J]．中国人口·资源与环境，2017 (12)：126-136．

［10］程国强.我国粮价政策改革的逻辑与思路［J］.农业经济问题，2016（2）：4-9.

［11］程国强.我国实施全球农业战略的总体思路［N］.中国经济时报，2013-09-17（A05）.

［12］程国强.重塑边界：中国粮食安全新战略［M］.北京：经济科学出版社，2013.

［13］程雪阳.新《土地管理法》土地用途管制制度改革的得与失［J］.中国法律评论，2019（5）：65-75.

［14］揣小伟，黄贤金，钟太洋.休耕模式下我国耕地保有量初探［J］.山东师范大学学报（自然科学版），2008（3）：99-102.

［15］邓大才.论粮食的经济性质［J］.北京社会科学，2001（2）：84-89.

［16］丁声俊.粮食安全与合理储备［J］.中国发展观察，2007（9）：15-18.

［17］杜国明，梁常安，李宁宁.建立国家耕地战略储备制度的思考［J］.农业经济与管理，2022（3）：20-27.

［18］杜国明，马海粟，高靖博.农村土地调查地类确认的原则［J］.中国国土资源经济，2011（7）：35-37，55-56.

［19］杜兴端，吕火明.四川实施"藏粮于地、藏粮于技"战略探析［J］.四川农业科技，2021（3）：5-7.

［20］段文婷，江光荣.计划行为理论述评［J］.心理科学进展，2008（2）：315-320.

［21］段雯娟.我国耕地后备资源发生较大变化 国土资源部公布新一轮全国耕地后备资源调查评价结果［J］.地球，2017（2）：28-30.

［22］范锦龙，吴炳方. 复种指数遥感监测方法［J］. 遥感学报，2004（6）：628-636.

［23］封志明，李香莲. 耕地与粮食安全战略：藏粮于土，提高中国土地资源的综合生产能力［J］. 地理学与国土研究，2000（3）：1-5.

［24］封志明，刘宝勤，杨艳昭. 中国耕地资源数量变化的趋势分析与数据重建：1949—2003［J］. 自然资源学报，2005（1）：35-43.

［25］冯志军. 巩固与强化：粮食统购统销制度研究（1961—1965）［D］. 上海：华东师范大学，2011.

［26］高鸣，姚志. 保障种粮农民收益：理论逻辑、关键问题与机制设计［J］. 管理世界，2022（11）：86-102.

［27］耕地问题研究组. 中国耕地递减问题的数量经济分析［M］. 北京：经济科学出版社，1992.

［28］郝晓燕，亢霞，袁舟航. 实施"藏粮于地、藏粮于技"的内涵逻辑与政策建议［J］. 山西农业大学学报（社会科学版），2022（5）：24-30.

［29］何清涟. 现代化的陷阱：当代中国的经济社会问题［M］. 北京：今日中国出版社，1998.

［30］何勇，李柏桥，向薇薇，等. 耕地重金属污染状况及安全利用措施［J］. 四川农业科技，2018（12）：45-47.

［31］贺汉魂. 农地公有："藏粮于地""藏粮于技"的制度保障［J］. 当代经济研究，2017（2）：29-36.

［32］侯现慧，王占岐，杨俊，等. 基于产能核算和土地质量地球化学评估的县域基本农田布局研究［J］. 中国土地科学，2016

（1）：89-97.

［33］胡承霖．试论"藏粮于地、藏粮于技"的战略意义［J］. 农村工作通讯，2017（3）：38-40.

［34］胡靖．中国粮食安全：公共品属性与长期调控重点［J］. 中国农村观察，2000（4）：24-30.

［35］黄道霞，等．建国以来农业合作化史料汇编［G］．北京：中共党史出版社，1992.

［36］黄国勤，赵其国．江西省耕地轮作休耕现状、问题及对策［J］．中国生态农业学报，2017（7）：1002-1007.

［37］黄海霞，胡月明．基于两维图论聚类法的耕地后备资源开发组合分析：以阳山县为例［J］．经济地理，2013（4）：139-143.

［38］黄季焜．对近期与中长期中国粮食安全的再认识［J］. 农业经济问题，2021（1）：19-26.

［39］柯炳生．怎样才能做到藏粮于地？［N］．农民日报，2018-08-15（A03）.

［40］匡兵，卢新海，韩璟．政策工具如何影响中国耕地保护效果［J］．中国人口·资源与环境，2019，29（11）：111-119.

［41］蓝红星，李芬妮．基于大食物观的"藏粮于地"战略：内涵辨析与实践展望［J］．中州学刊，2022（12）：49-56.

［42］李凡凡，刘友兆．中国粮食安全保障前提下耕地休耕潜力初探［J］．中国农学通报，2014，30（增刊）：35-41.

［43］李广泳，姜广辉，张永红，等．我国耕地摞荒机理及盘活对策研究［J］．中国国土资源经济，2021（2）：36-41.

［44］李国敏，王一鸣，卢珂．耕地占补平衡政策执行偏差及纠偏路径［J］．中国行政管理，2017（2）：108-112.

［45］李靖，于敏．美国农业资源和环境保护项目投入研究［J］．世界农业，2015（9）：36-39。

［46］李隆玲．中国农民工粮食需求水平与结构研究［D］．北京：中国农业大学，2018．

［47］李瑞锋，肖海峰．欧盟、美国和中国的农民直接补贴政策比较研究［J］．世界经济研究，2006（7）：79-83．

［48］李升发，李秀彬．耕地撂荒研究进展与展望［J］．地理学报，2016（3）：370-389．

［49］李圣军．中央储备粮功能定位及改革思路［J］．中国发展观察，2018（7）：18-22．

［50］李婷婷，刘长全．中国耕地撂荒现状、原因及治理策略［M］∥魏后凯，王贵荣．中国农村经济形势分析与预测（2022—2023）．北京：社会科学文献出版社，2023．

［51］李雯雯．国家粮食和物资储备局："十四五"统筹推进粮食安全治理体系和治理能力现代化［J］．中国粮食经济，2021（5）：30-33．

［52］李争，杨俊．鄱阳湖粮食产区农户休耕意愿及影响因素研究［J］．广东农业科学，2015（22）：162-167．

［53］李志强，吴建寨，王东杰．中国粮食消费变化特征及未来需求预测［J］．中国食物与营养，2012（3）：38-42．

［54］梁鑫源，金晓斌，韩博，等．藏粮于地背景下国家耕地战略储备制度演进［J］．资源科学，2022（1）：181-196．

［55］梁鑫源，金晓斌，韩博，等．新时期"藏粮于地、藏粮于技"战略解析与路径探索［J］．中国农业资源与区划，2022（4）：2-12，23．

［56］列宁. 列宁全集：第30卷［M］. 中共中央马克思恩格斯列宁斯大林著作编译局，译. 北京：人民出版社，1957.

［57］林毅夫. 解读中国经济［M］. 北京：北京大学出版社，2012.

［58］林毅夫. 制度、技术与中国农业发展［M］. 上海：上海人民出版社，2014.

［59］林玉锁. 我国土壤污染问题现状及防治措施分析［J］. 环境保护，2014（6）：39-41.

［60］凌静. 四川高标准农田建设的区域潜力、投入产出特征与绩效研究［D］. 雅安：四川农业大学，2017.

［61］刘洪彬，陈文亮，李顺婷，等. 基于政策文献量化的我国耕地保护制度演进规律研究［J］. 土壤通报，2020（5）：1079-1085.

［62］刘嘉尧，吕志祥. 美国土地休耕保护计划及借鉴［J］. 商业研究，2009（8）：140-142.

［63］刘洁璇. 基于粮食安全的粮食储备及耕地轮作休耕规模研究［D］. 成都：西南财经大学，2021.

［64］刘维. 论粮食的经济属性与政府的基本定位：与邓大才同志商榷［J］. 粮食问题研究，2003（4）：1003-2576.

［65］刘彦随，乔陆印. 中国新型城镇化背景下耕地保护制度与政策创新［J］. 经济地理，2014（4）：1-6.

［66］刘颖，许为，樊刚. 中国粮食安全储备最优规模研究［J］. 农业技术经济，2010（11）：83-89.

［67］陆福兴. 粮食准公共产品属性与国家农业政策［J］. 粮食科技与经济，2011（4）：11-13.

［68］路广鹏. 大庆市农民实施耕地轮作意愿研究［D］. 大庆：

黑龙江八一农垦大学，2019.

［69］罗婷婷，邹学荣. 撂荒、弃耕、退耕还林与休耕转换机制谋划［J］. 西部论坛，2015（2）：440-46.

［70］骆建忠. 基于营养目标的粮食消费需求研究［D］. 北京：中国农业科学院，2008.

［71］马克思. 资本论：第1卷［M］. 中共中央马克思恩格斯列宁斯大林著作编译局，译. 北京：人民出版社，2004.

［72］马克思. 资本论：第3卷［M］. 中共中央马克思恩格斯列宁斯大林著作编译局，译. 北京：人民出版社，2004.

［73］马永欢，牛文元. 基于粮食安全的中国粮食需求预测与耕地资源配置研究［J］. 中国软科学，2009（3）：11-16.

［74］普雁翔，张海翔. 粮食安全的公共属性及其政策含义［J］. 农村经济，2012（6）：12-15.

［75］仇焕广，雷馨圆，冷淦潇，等. 新时期中国粮食安全的理论辨析［J］. 中国农村经济，2022（7）：2-17.

［76］石玉林，康庆禹，赵存兴，等. 中国宜农荒地资源［M］. 北京：北京科学技术出版社，1985.

［77］宋红旭. 一口气读完粮食储备前世今生（三）［J］. 中国粮食经济，2022（3）：64-68.

［78］苏伟忠，叶高斌，杨桂山. 1985—2010年太湖流域粮食产能隐性增减评估研究［J］. 自然资源学报，2014（8）：1366-1376.

［79］谭永忠，吴次芳，王庆日，等. “耕地总量动态平衡”政策驱动下中国的耕地变化及其生态环境效应［J］. 自然资源学报，2005（5）：727-734.

［80］汤怀志，桑玲玲，郧文聚. 我国耕地占补平衡政策实施

困境及科技创新方向 ［J］. 中国科学院院刊，2020 （5）：637-644.

［81］唐华俊，李哲敏. 基于中国居民膳食平衡模式的人均粮食需求量研究 ［J］. 中国农业科学，2012 （11）：2315-2327.

［82］唐华俊. 积极实施"藏粮于地"战略 ［J］. 农村工作通讯，2005 （3）：3.

［83］汪希成. 西部地区农村公共品投入保障机制研究 ［D］. 成都：西南财经大学，2008.

［84］汪希成. 中国主要粮食品种生产的区域优势比较 ［J］. 财经科学，2014 （7）：102-113.

［85］汪希成，吴昊. 我国粮食供求结构新变化与改革方向 ［J］. 社会科学研究，2016 （7）：130-135.

［86］汪希成，伍骏骞，范丹，等. 如何打造更高水平"天府粮仓"？［J］. 四川省情，2023 （11）：28-30.

［87］汪希成，谢冬梅. 中国农业绿色发展：评价指标、水平测度与区域比较 ［J］. 中国西部，2023 （8）：54-68.

［88］汪希成，徐芳. 我国粮食生产的区域变化特征与政策建议 ［J］. 财经科学，2012 （4）：80-88.

［89］王钢，钱龙. 新中国成立70年来的粮食安全战略：演变路径和内在逻辑 ［J］. 中国农村经济，2019 （9）：15-29.

［90］王华春，唐任伍，赵春学. 实施最严格土地管理制度的一种解释：基于中国粮食供求新趋势的分析 ［J］. 社会科学辑刊，2004 （3）：69-73.

［91］王盼，阎建忠，杨柳，等. 轮作休耕对劳动力转移的影响：以河北、甘肃、云南三省为例 ［J］. 自然资源学报，2019 （11）：2348-2362.

［92］王庆日，郎海鸥，仲济香，等.2020年土地科学研究重点进展评述及2021年展望［J］.中国土地科学，2021（2）：71-83.

［93］王学，李秀彬，辛良杰，等.华北地下水超采区冬小麦退耕的生态补偿问题探讨［J］.地理学报，2016（5）：829-839.

［94］王禹.新形势下我国粮食安全保障研究［D］.北京：中国农业科学院，2012.

［95］吴宇哲，许智钇.休养生息制度背景下的耕地保护转型研究［J］.资源科学，2019（1）：9-22.

［96］向晶，钟甫宁.人口结构变动对未来粮食需求的影响［J］.中国人口·资源与环境，2013（6）：177-121.

［97］肖玉，成升魁，谢高地，等.我国主要粮食品种供给与消费平衡分析［J］.自然资源学报，2007（6）：927-936.

［98］谢花林，程玲娟.地下水漏斗区农户冬小麦休耕意愿的影响因素及其生态补偿标准研究：以河北衡水为例［J］.自然资源学报，2017（12）：2012-2022.

［99］谢花林，金声甜.基于利益博弈视角下的重金属污染区耕地休耕问题研究［J］.生态经济，2018，34（7）：190-195.

［100］谢雪.重金属污染地区耕地休耕的农户意愿与生态补偿研究［D］.南昌：江西财经大学，2018.

［101］许经勇.新体制下的我国粮食安全路径［J］.南通师范学院学报（哲学社会科学版），2004（4）：37-41.

［102］杨茂璋，肖春阳.中外粮食概念比较［J］.中国粮食经济，1997（10）：12-16.

［103］杨帅，温铁军.经济波动、财税体制变迁与土地资源资本化：对中国改革开放以来"三次圈地"相关问题的实证分析

[J]. 管理世界, 2010 (4): 32-41, 187.

[104] 杨文杰, 刘丹, 巩前文. 耕地休耕差别化动态补偿模式构建及其保障措施 [J]. 农村经济, 2018 (9): 36-42.

[105] 杨羽宇. 我国粮食储备管理制度建设研究 [D]. 成都: 西南财经大学, 2014.

[106] 杨正礼, 卫鸿. 我国粮食安全的基础在于"藏粮于田" [J]. 科技导报, 2004 (9): 14-17.

[107] 叶剑平. 2003 年中国房地产市场特点 [J]. 建筑经济, 2003 (2): 9-10.

[108] 尹珂, 肖轶. 三峡库区消落带农户生态休耕经济补偿意愿及影响因素研究 [J]. 地理科学, 2015 (9): 1123-1129.

[109] 俞振宁, 谭永忠, 茅铭芝, 等. 重金属污染耕地治理式休耕补偿政策: 农户选择实验及影响因素分析 [J]. 中国农村经济, 2018 (2): 109-125.

[110] 袁承程, 张定祥, 刘黎明, 等. 近 10 年中国耕地变化的区域特征及演变态势 [J]. 农业工程学报, 2021 (1): 267-278.

[111] 岳国君. 燃料乙醇: 消纳"问题粮食"保障粮食安全 [J]. 中国战略新兴产业, 2015 (11): 50-52.

[112] 翟宇. 张家口坝上地区马铃薯休耕的农户意愿及方案选择实证研究 [D]. 保定: 河北农业大学, 2021.

[113] 翟振武, 陈佳鞠, 李龙. 2015—2100 年中国人口与老龄化变动趋势 [J]. 人口研究, 2017 (4): 60-71.

[114] 张斌, 尹昌斌, 杨鹏. 实施"藏粮于地、藏粮于技"战略 必须守住耕地红线 持续保育耕地和土壤质量 [J]. 中国农业综合开发, 2021 (3): 17-22.

［115］张慧芳，吴宇哲，何良将. 我国推行休耕制度的探讨[J]. 浙江农业学报，2013（1）：166-170.

［116］张金光. 银雀山汉简中的官社经济体制［J］. 历史研究，2001（11）：54-64.

［117］张睿智，刘倩媛，山长鑫，等."藏粮于地"战略下高标准农田建设模式研究［J］. 中国农机化学报，2021（11）：173-178.

［118］张士功，王立刚. 我国耕地数量变化及其原因简析[J]. 中国农业资源与区划，2005（3）：5-8.

［119］章国勤. 水土流失治理中林业技术推广策略及价值探索[J]. 农家参谋，2019（2）：106，139.

［120］赵传普，贺伟. GIS 和 DEM 在渭北台塬区耕地后备资源分析中的应用：以白水县为例［J］. 西部大开发（土地开发工程研究），2018（3）：13-17.

［121］赵德余. 中国粮食政策史［M］. 上海：上海人民出版社，2017.

［122］赵云泰，黄贤金，钟太洋，等. 区域虚拟休耕规模与空间布局研究［J］. 水土保持通报，2011（5）：103-107.

［123］郑振源. 论我国耕地面积及其在经济发展中的作用[J]. 国土与自然资源研究，1991（1）：1-7.

［124］中共中央党史和文献研究院. 习近平关于国家粮食安全论述摘编［G］. 北京：中央文献出版社，2023.

［125］中国农业科学院农业经济研究所. 中国粮食问题的宏观剖析［J］. 农业经济问题，1995（2）：2-7.

［126］中华人民共和国国家统计局. 中国的国民经济建设和人民生活［M］. 北京：统计出版社，1958.

［127］钟钰. 从粮食安全看"藏粮于地"的必然逻辑与内在要求［J］. 人民论坛·学术前沿, 2022 (11)：78-85.

［128］周健民. 加强我国粮食安全保障能力建设的思考［J］. 中国科学院院刊, 2004 (1)：40-44.

［129］周立, 罗建章, 方平. 21世纪中国的食物安全与食物主权［J］. 中国农村经济, 2022 (10)：2-22

［130］周立, 潘素梅, 董小瑜. 粮食属性、AB模式与发展主义时代的食物主权［J］. 中国农业大学学报 (社会科学版), 2012 (2)：20-33.

［131］周庆元. 建国以来党领导粮食安全工作的历史进程与基本经验［J］. 河北工程大学学报 (社会科学版)：2016 (4)：8-12.

［132］周小萍, 陈百明, 张添丁. 中国"藏粮于地"粮食生产能力评估［J］. 经济地理, 2008 (3)：475-478.

［133］周萤. 家庭结构对农户农地投入的影响研究［D］. 武汉：华中农业大学, 2010.

［134］朱国宏. 人地关系论：中国人口与土地关系的系统研究［M］. 上海：复旦大学出版社, 1996.

［135］朱瑶瑶. 中国城乡居民在外就餐消费研究［D］. 南京：南京财经大学, 2018.

［136］ALBERT P. Risk and household grain management in developing countries［J］. Economic journal, 2006, 116 (514)：1088-1115.

［137］BLACK J K, WATSON D J. Photosynthesis and the theory of obtaining high crop yields［J］. Field crop absts, 1960 (13)：169-175.

［138］BONNER J. The upper limit of crop yields［J］. Science, 1962 (137)：11-15.

[139] BOUMAN B A M, LAAR H H VAN. Description and evaluation of the rice growth model ORYZA 2000 under nitrogen-limited conditions [J]. Agricultural system, 2006, 87 (3): 249-273.

[140] CHLOU PEK O, HRSKTOVA P, SCHWEIGERT P. Yield and its stability, crop diversity, adaptability and response to climate change, weather and fertilization over 75 years in the Czech Republic in comparison to some euro pean countries [J]. Field corps research, 2004 (85): 167-190.

[141] EATON D J. A system analysis of grain reserve [J]. Technical bulletins, 1980, 67 (S1-2): 122-127.

[142] EU. Impact assessment of health check [M/OL]. EU publishing, 2008. http://ec.europa.eu/agriculture/policy-perspectives/impact-assessment/cap-health-check/index_en.htm.

[143] IAN W H, PETER J P. Land use with heterogeneous land quality: an application of an area base mode [J]. American journal of agricultural economics, 1997, 79 (2): 299-310.

[144] JEFFREY K, DENNIS W. Public preferences regarding the goals of farmland preservation programs [J]. Reply land economics, 1998, 74 (4): 566-569.

[145] JERRY J, BRUCE M. The role of the conservation reserve program in controlling rural residential development [J]. Journal of rural studies, 2001 (17): 323-332.

[146] KRIEGER D J. Saving open spaces: public support for farmland protection [R]. Working Paper Series WP99-1. Center for Agriculture in the Environment, Chicago, IL: April 1999.

[147] LOUHICHI K, KANELLOPOULOS A, JANSSEN S, et al. FSSIM, a bio-economic farm model for simulating the response of EU farming systems to agriculture a land environmental policies [J]. Agricultural systems, 2010, 103 (8): 585-597.

[148] MARIA LUZ C GEORGE. Effective grain storage for better livelihoods of african farmers project [R]. Completion Report, June 2008 to February 2011. Submitted to: The Swiss Agency for Development and Cooperation (SDC), May 2011.

[149] PARKS P J, SCHORR J P. Sustaining open space benefits in the northwest: an evaluation of the conservation reserve program [J]. Journal of environmental economics and management, 1997, 32 (1): 85-94.

[150] RENKOW M. Household inventories and marketed surplus in semi subsistence agriculture [J]. American journal of agricultural economics, 1990 (8): 664-675.

[151] ROSENBERGER R S. Public preferences regarding the goals of farmland preservation programs: comment [J]. Land economics, 1998 (74): 557-565.

[152] SIEBERT R, BERGER G, LORENZ J, et al. Assessing german farmers' attitudes regarding nature conservation set - aside in regions dominated by arable farming [J]. Journal for nature conservation, 2010, 18 (4): 327-337.

[153] SUSANNE S, et al. Conserving biological diversity and the conservation reserve program [J]. Growth and change, 1995, 26 (3): 383-404.

［154］ W SCOTT. Steele, france's institutional food market devel-opments and prospects for U. S. exports ［R］. U. S. department of agri-culture, 1973.

［155］ ZELLEI A, GORTON M, LOWE P. Agri – environmental policy systems in transition and preparation for EU membership ［J］. Land use policy, 2005, 22 (3): 225–234.

后记

"民以食为天"。历史经验告诉我们，对于粮食安全问题，一时一刻都不能放松，尤其是在粮食生产形势一片大好的情况下，更不能放松警惕，"马尔萨斯幽灵"① 随时可能回归。2020年，突如其来的新型冠状病毒感染疫情加剧了全世界对于粮食危机的担忧。世界将何去何从？拥有 14 亿多人口的中国能否经受住考验？如何应对挑战？带着这个问题，我们展开了"新时代中国'藏粮于地'战略的实现路径"课题研究，希望为保障国家粮食安全作出微薄的贡献。

西南财经大学出版社编辑孙婧得知我们要展开此项研究，就立即进行策划，组织专家论证并进行各类出版项目申报。令笔者倍感欣喜的是，此研究先后获批四川省 2021—2022 年度重点出版规划项目、"十四五"国家重点出版物出版规划项目、四川出版发展公益基金会出版资助项目、全国高校出版社主题出

---

① 英国古典经济学家马尔萨斯在 1798 年发表的《人口论》中认为，人口如果不受限制则将按照几何级数增长，而食物生产将按照算术级数增长。为了防止人口增长超过可得到的食物供给，就会有周期性的战争、灾难和疾病发生。这种人口增长将受到有限食物约束的现象被称为"马尔萨斯约束"。马尔萨斯的论断就像幽灵一样，至今仍在全世界上空游荡，经济学界将其称为"马尔萨斯幽灵"。

版、国家出版基金资助项目等。在此，我们向孙婧编辑表示衷心的感谢！

感谢西南财经大学中国西部经济研究院、"中国粮食安全政策研究"四川省社会科学重点研究基地、西南财经大学全国粮食安全宣传教育基地对本书写作的大力支持。还要感谢山东财经大学孙小燕教授、西南财经大学硕士研究生张画贻和肖亮同学，他们在疫情严重的情况下，分别趁假期在山东、河南和江西发放调查问卷。尽管他们发放的问卷数量有限，但也为本书的顺利完成作出了巨大的贡献。特别感谢四川省粮食和物资储备局的张丽萍局长、王程副局长、胥镁处长和曹勇副处长，他们为项目组成员在川内调研提供了诸多方便，也对本书的相关研究提出了许多很好的建议，并参与组织召开了"成渝地区双城经济圈粮食安全保障""大食物观背景下的粮食安全保障"等学术研讨会，国内多所高校和科研院所的知名专家、学者出席了会议并提出了对本书写作十分有启发意义的观点，在此一并表示感谢！当然，要感谢的人员和单位很多，在此无法一一列举，但他（它）们对本书写作的支持和贡献，项目组成员将永远铭记在心。

本书各章写作分工如下：第一章由汪希成撰写；第二章由谢冬梅撰写；第三章由汪希成、范丹撰写；第四章由谢小蓉撰写；第五章由胥镁撰写；第六章由汪希成撰写。全书由汪希成修改定稿。

汪希成

2024 年 9 月